해양사의 명장면

해양사의 명장면

부경대학교 해역인문학 시민강좌 총서 01

1판 1쇄 발행 2019년 7월 25일
2판 1쇄 발행 2023년 11월 3일

지은이 김문기, 박원용, 박화진, 신명호, 이근우, 조세현
펴낸이 강수걸
편집 강나래 신지은 오해은 이선화 이소영 이혜정 김소원
디자인 권문경 조은비
펴낸곳 산지니
등록 2005년 2월 7일 제333-3370000251002005000001호
주소 부산시 해운대구 수영강변대로 140 BCC 626호
전화 051-504-7070 | 팩스 051-507-7543
홈페이지 www.sanzinibook.com
전자우편 sanzini@sanzinibook.com
블로그 http://sanzinibook.tistory.com

ISBN 979-11-6861-191-7 93900

* 책값은 뒤표지에 있습니다.
* 잘못 만들어진 책은 구입처에서 교환해드립니다.

부경대학교 해역인문학 시민강좌 총서 01

해양사의 명장면

김문기, 박원용, 박화진, 신명호, 이근우, 조세현

산지니

책을 펴내며

부산은 대한민국 동남단에 위치한 해양도시이자, 현재 국내 최대의 항구도시로 자리매김하고 있다. 예로부터 대한해협을 통한 한일 해양교류가 활발하였던 곳으로, 남해안과 동해안을 통한 민간교류의 역사 또한 매우 오래되었다. 때때로 부산 국제여객터미널에서 일본에서 오는 지인을 기다리고 있노라면 파도처럼 물밀듯이 밀려오는 인파 속에 저 머나먼 오랜 시절부터 계속되어왔을 사람들의 이야기 소리가 들리곤 한다.

일찍이 부산의 한 조용한 어촌 바닷가에 자리 잡아 발전해온 국립 부경대학교는 수산해양 분야에서 대한민국은 물론이고 세계적으로 유명한 수많은 연구 성과를 축적해왔다. 부경대학교 사학과 역시 국내에서는 독보적으로 가장 먼저 '해양인문학'이라는 개념을 주창하며, 『조선전기 해양 개척과 대마도』(2007), 『19세기 동북아 4개국의 도서 분쟁과 해양 경계』(2008), 『조선시대 해양환경과 명태』(2009), 『부산과 대마도 2천년』(2009), 『부산 화교의 역사』(2013), 『천하의 바다에서 국가의 바다로』(2016), 『해양대만과 대륙중국』(2017), 『해양도시 부산 이야기』(2018), 『바닷물고기 지식-근세 동아시아의 어류박물학』(2019) 등과 같은 해양문화 연구 성과들을 꾸준히 출판하였다.

또한 사학과 구성원들은 2016년부터 3년 동안 대학인문역량강화사업(Core 사업)의 지원을 받아 약 8,000여 권에 달하는 해양인문학 관련 서적을 구비한 '해양인문학 자료실'을 도서관 내에 만들었고, 희귀한 해양수산자료를 누구나 손쉽게 검색 · 활용할 수 있도록 준비한 '한국 해양수산아카이브'를 박물관 내 만들었다. 이런 공간은 앞으로 일반 시민들의 해양문화에 대한 궁금증을 해결하고 해양사에 대한 관심을 불러일으키는 데에 중요한 역할을 담당할 것이다.

이러한 배경 아래 해양문화 관련연구의 최전선에서 꾸준히 연구 성과와 교육 성과들을 축적해왔던 부경대학교 사학과 교수 여섯 명(김문기 · 박원용 · 박화진 · 신명호 · 이근우 · 조세현) 전원이 최근 전공과 관심 분야가 각각 다름에도 불구하고, 해양사의 관점에서 2018년 1월부터 12월까지 약 1년 동안 국제신문 '해양문화의 명장면'이란 기획연재를 진행하였다. 각자 자신의 연구 분야를 바탕으로 흥미롭고 다채롭게 쓴 글들은 국제신문 조봉권 기자의 세심한 배려에 힘입어 부산 시민들의 높은 호응을 얻을 수 있었다. 그 결과 주변 사람들의 권유에 힘입어 대학 교육현장 및 부산 시민강좌 등에 조금이라도 도움이 되기를 기원하며 『해양사의 명장면』이라는 제목으로 단행본 출간을 하게 되었다.

집필진의 순서와 주제는 다음과 같다. 세계 속의 해양문화라는 관점으로 서양부터 시작하여 동북아시아의 중국과 일본을 거쳐 한반도에 이르는 해양 교류와 분쟁을 분석하는 식으로 글의 순서를 잡아보았다. 서양 근현대사 전공인 박원용 교수는 대항해시대 유럽의 해적과 와인 · 설탕을 둘러싼 해상제국주의 양상을 다루었고, 중국 근현대사 전공인 조세현 교수는 근대 중국의 해양문명과 해양대만의 역사를 기술했으며, 한국 고대사 전공인 이근우 교수는 지도 · 해도 분석을 통한 한일 양국의 해양교류 등을 분석하였다. 일본 근세사 전공인 박화진 교수는 바다를 통한 조선통신사 · 초량왜관 · 북해도 표류 문제를 다루었고, 조선시대 왕실문화 전공인 신명호 교수는 관음신앙을 비롯한 해양신앙과 해양문화(미역국 · 상어가죽 · 곰솔 · 어업 등)를 기술했으며, 전근대 기후환경 · 해양사 전공인 김문기 교수는 청어를 비롯한 물고기의 정치 · 사회학적 분석을 시도하였다.

이 책은 부경대학교 인문한국플러스(HK+) 사업단(단장 손동주)의 지원을 받아 '해역인문학 시민강좌 총서' 시리즈 제1권으로 출판되는 행운을 얻었으며, 국제신문사의 넉넉한 호의에 힘입어 손쉽게 판권을 해결할 수 있었다. 두 단체에 고마운 마음을 전한다. 끝으로 많은 필자들로 인해 출판하는 데 어쩌면 다른 책들보다 까다로울 수 있었음에도 불구하고 묵묵하게 편집해주신 산지니 출판사의 강수걸 사장님과 이은주 선생님께 깊은 감사를 드린다.

필자들을 대신해 박화진 씀

차례

01
해상제국의 출현

1-1
인도양 '해상제국'의 출현을 가능케 한 아폰수 드 알부케르크

1926년까지 통용되다가 사라진 포르투갈의 옛 지폐 10에스쿠도스에는 포르투갈의 대양 진출의 역사에서 반드시 언급해야 할 인물이 등장한다. 그가 바로 아폰수 드 알부케르크라는 인물이다. 포르투갈 국민들이 빈번하게 찾는 리스본 중심부 광장의 이름을 그의 이름으로 명명한 것을 보더라도 포르투갈인들의 그에 대한 사랑과 자부심을 짐작할 수 있다. 알부케르크는 16세기 초부터 인도양에 진출한 후발주자 포르투갈이 해상제국의 기초를 만드는 데 기여했다. 포르투갈은 알부케르크 덕분에 지중해를 '우리의 바다'로 만든 로마인들을 본받아 인도양을 '포르투갈의 바다'로 부를 수 있는 여건을 만들어냈다.

포르투갈이 인도양에 세력을 확대하기 위해서는 사실 적지 않은 난관이 존재하고 있었다. 인도양은 1250년부터 1350년까지 유럽과 아시아를 연결하는 다양한 해상 세력과 육상 세력이 만나는 '세계경제'의 중심이었다. 몽골제국에 의해 통합된 중앙아시아의

알폰수 드 알부케르크의 초상화

육로 통상로가 아라비아반도를 넘어 유럽까지 연결되었고 연근해 무역에 만족하지 않는 중국의 해상세력과 무슬림 상인들이 인도양 내의 다양한 해상권역에서 활동하고 있었다. 인도양에서 우위를 확보하기 위한 해상세력, 즉 아랍인, 페르시아인, 중국 상인, 인도인 간의 경쟁은 치열했다. 그렇지만 그들 어느 누구도 인도양 전체에 대한 패권확보를 기도하지는 않았다. 14세기 중반까지 '세계체제'의 참여자들은 체제의 유지를 위해서 모두의 참여와 협력이 필요하다는 것을 인식하고 있었기 때문에 상대방에 대한 배타적 지배와 정복에 나서지는 않았다.

포르투갈이 인도양에 진출한 이후 기존의 인도양 '세계체제'는 흔들리기 시작했다. 후발 주자인 포르투갈은 인도양의 다양한 해상 권역, 즉 아라비아반도, 인도아대륙, 남중국해 각각의 해상권역의 거점 항구도시를 점령함으로써 이러한 해상권역이 포르투갈의 이익을 위해 봉사하는 체제로 변화시키려고 했다. 각 해상권역의 거점 항구를 선으로 연결하여 이 선 안에서 이루어지는 모든 해상무역을 포르투갈이 전적으로 통제한다면 포르투갈은 그야말로 인도양을 '포르투갈의 바다'로 전환하는 데 성공하는 것이었다. 알부케르크는 포르투갈의 인도양 정복사업의 대부분을 완성하여 포르투갈이 해상제국으로 도약할 수 있는 발판을 마련했다.

알부케르크가 인도양에서 포르투갈의 우위를 확보하기 위해 우

1926년까지 통용된 포르투갈의 10에스쿠도스 지폐. 아폰수 드 알부케르크의 얼굴이 그려져 있다.

선적으로 주목한 대상은 페르시아만에 위치한 호르무즈였다. 호르무즈는 페르시아만의 끝자락에 위치해 인도양과 동부 아프리카로 나갈 수 있는 통로와도 같았다. 이러한 지리적 이점을 가지고 있는 호르무즈는 중국과 아라비아반도의 상인뿐만 아니라 인도 상인들의 왕래도 끊이지 않아 부와 풍요로움이 넘쳐나는 도시였다. 호르무즈의 장악은 포르투갈에게 이러한 경제적 부를 활용할 수 있는 기회와 아라비아반도와 홍해를 포괄하는 인도양 서쪽의 해상권역에 교두보 확보의 기회를 제공하는 것이었다. 알부케르크는 1507년, 당시까지 이란의 사파비 왕조 이스마일 1세의 조공국가였던 호르무즈에 대한 1차 정복에 나섰다. 약간의 저항은 있었지만 호르무즈의 정복은 알부케르크에게 큰 문제는 아니었다. 알부케르크는 이전과 마찬가지로 사파비 왕조에게 조공을 바치라는 요구를 하는 이스마일 1세의 사절단에게 포탄과 활 등이 담겨 있는 포대를 선사하며 호르무즈가 앞으로 사파비 왕조에게 조공을 바치지 않을 것이라는 의지를 표명했다. 그렇지만 호르무즈의 1차 정복은 오래가지 못했다. 알부케르크가 호르무즈의 방어를 위한 요새 건설에 병사들을 지나치게 동원하여 반란이 일어났던 것이다. 인도로 잠시 물러나 있던 알부케르크는 호르무즈를 1515년에 다시 장악했다. 호르무즈는 이때부터 1622년까지 포르투갈의 수중에 남아 인도양에서 포르투갈의 영향력 유지를 위한 장소로 기능했다.

인도양 서쪽 해역은 홍해와 페르시아만에 면해 있는 해역이다. 이 지역을 장악하면 유럽으로 들어가는 후추 거래를 독점할 수 있었기 때문에 포르투갈은 인도양에 처음 진출할 때 이 지역에서의 활동에 집중했다. 그렇지만 인도양 전체를 포괄하는 중간지점인 인도아대륙에 포르투갈의 거점을 마련하지 못한다면 인도양에서의 포르투갈의 우위는 지속될 수 없었다. 즉 인도양을 동서로 나누는 기준이 되는 인도아대륙에 포르투갈의 상관을 설치하여 인도양에서 무역행위를 하는 상선들을 통제할 필요가 있었던 것이다. 포르투갈의 인도 1대 부왕이었던 알메이다에 이어 1509년 2대 부왕으로 즉위한 알부케르크는 이러한 상관의 필요성을 확신하였다. 즉 알메이다가 대포로 무장한 배가 인도양에서의 포르투갈 힘의 원천이라고 생각한 데 비해 알부케르크는 '강력한 함대'만으로는 인도양에서 포르투갈의 우위를 지속시킬 수 없고 요새와 상관 설치가 보다 중요하다고 주장했다. 1차 고아(Goa) 공략에 실패했던 알부케르크는 1510년 10월 2차 공략에 나서 무슬림 지배자와 오토만의 원군을 물리치고 인도 서해안에 위치한 고아를 장악하는 데 성공했다. 고아는 이후 인도 부왕령의 핵심 도시로 기

포르투갈 리스본에 있는 알부케르크 동상

능하면서 인도양에서의 포르투갈 관리 해역, 즉 '포르투갈의 고리' 내부에서 무역을 하는 배에 대한 통행증인 카르타스를 발행하는 권리를 보유했다. 카르타스를 소지하지 않은 배가 나포되었을 경우 모든 화물은 몰수되고 승무원의 생명도 보장받지 못했다. 인도양을 안전하게 항해할 수 있는 권리를 보장하는 카르타스를 발행함으로써 포르투갈은 인도양을 왕래하는 무역선으로부터 세금을 징수할 수 있었다.

고아 점령은 알부케르크의 이전 정복사업인 호르무즈의 정복과 이후 정복사업인 말라카 점령의 징검다리였다. 말레이반도의 말라카는 유럽인이 탐내는 고급 향신료나 중국산 견직물, 도자기 등과 같은 매력적 상품이 집결하는 동아시아 국제 상거래의 중심지였다. 알부케르크는 경제적 이익과 더불어 말라카의 점령을 종교적 사명과도 연결시키려고 했다. 즉 말라카 해협을 통한 무슬림의 향료 운송을 종식시킬 수 있다면 카이로와 메카마저도 이슬람으로부터 해방시킬 수 있다고 주장하였던 것이다. 알부케르크는 수적으로는 말라카 수비군을 압도할 수 없었지만 무슬림 상인들에게 지나치게 호의적이었던 말라카 술탄에게 반감을 가졌던 지역 상인들의 지지를 받을 수 있었다. 특히 중국 상인들이 제공한 정크선은 알부케르크의 병력과 무기 수송에 큰 역할을 하였다. 1511년 말라카는 알부케르크의 수중에 떨어졌다. 말라카까지 장악함으로써 이제 포르투갈은 보다 동쪽에 위치한 고급 향신료 산지 순다해협과 말루쿠제도까지 진출할 수 있는 여건을 확보한 셈이었다. 이는 또한 포르투갈에게 다른 유럽국가보다 먼저 당시에 가장 부유했던 무역 상대국인 중국과 대면할 수 있는 기회를 제공했다.

알부케르크는 인도양 동서해역에 포르투갈의 거점을 확보함으로써 '인도양 세계체제'에 변화를 가져왔다. 1513년에 유럽인 최초로 중국 땅을 처음 밟은 조르쥬 알바레즈나 마카오의 포르투갈 상업 교역지는 알부케르크의 정복 사업이 없었더라면 등장하지 못했을 것이다. 네덜란드와 영국이 인도양에 진출하기 이전 알부케르크는 인도양에서의 포르투갈 '해상제국' 성립을 가능케 한 '위대한 정복자'였다.

덧붙이는 글

13~16세기의 인도양은 유라시아 대륙 해상교역의 중심무대로서 인도와 중국, 동남아시아, 중동지역, 아프리카가 모두 인도양을 통해 소통하였다. 중동지역의 낙타대상인 카라반을 매개로 유럽도 간접적으로 연결되어 있었기 때문에 인도양은 유럽 패권 이전의 '세계체제'의 중심이었다. 이러한 인도양을 누가 차지하느냐가 세계사의 큰 흐름을 좌우했던 결정적 요소라고 할 수 있는데 유럽인들이 희망봉을 돌아 인도양으로 진입하여 인도의 식민화를 달성하면서 그러한 기반을 만들어나갔다. 즉 유럽의 해상세력은 인도양 중심의 '세계체제'에서 이익을 확대해나가면서 대서양으로의 진출을 위한 자원을 확보할 수 있었다.

1-2
코르테스의 아메리카 원정: 에스파냐령 아메리카 형성의 기초

멕시코시티 국립미술관은 16세기부터 20세기까지 멕시코 미술의 대표적 작품을 볼 수 있는 문화의 보고이다. 관람객들이 멕시코인들의 역사, 풍습, 삶을 소재로 한 다양한 그림을 접할 수 있어서 작품들을 시대별로 보고 나면 멕시코 역사의 대강의 흐름을 파악할 수 있다. 그중에서 나의 시선을 유난히 끌었던 한 작품이 있다. 14세기 유럽 문명의 수준과 비교해도 후진적이지 않다고 얘기할 수 있는 아즈텍 문명의 통치자 중 한 사람 쿠아우테목의 고문 장면이다. 에스파냐 정복부대를 이끌었던 코르테스는 아즈텍 문명의 숨겨진 보물을 찾기 위해 쿠아우테목에게 참기 힘든 고통을 가한다. 코르테스는 쿠아우테목의 발을 석탄이 타고 있는 화로에 밀어 넣고 보물이 어디에 숨겨져 있는지 말하라고 강요한다. 극심한 고통을 수반하는 고문에도 굴하지 않고 코르테스를 똑바로 응시하는 쿠아우테목의 결연한 눈빛에서 후대의 멕시코인들은 비록 에스파냐의 정복을 피하지는 못했지만 무한한 민족적 자부심과 긍지를 확인하고 있는 듯했다.

콜럼버스의 인도로 가는 항로 개척은 코르테스를 비롯한 에스파냐 정복자들의 금에 대한 욕망을 촉발시키는 계기였다. 콜럼버스는 자신의 항해 일지에서 항해의 목적이 금으로 가득 찬 땅의 발견과 정복에 있음을 명백히 밝혔다. 콜럼버스가 의도했던 만큼 막대한 양의 귀금속을 확보하지는 못했지만 신대륙의 노다지를 꿈꾸고 있던 이후의 에스파냐 탐험가들의 욕망은 식지 않았다.

아즈텍의 황제 목테수마의 위용. 금으로 장식한 화려한 옷을 입었다.

에스파냐는 이미 1511년부터 벨라스케스를 쿠바의 총독으로 임명하면서 아메리카 대륙의 탐험을 위한 대서양 기지로 활용하고 있었다. 코르테스는 그런 벨라스케스의 휘하에 있으면서 야망을 키워나갔다.

1519년 쿠바에서 멕시코의 유카탄반도 해안으로 떠나는 원정대를 이끌었던 코르테스에게 기회가 왔다. 총독 벨라스케스는 이번 원정의 목적이 교역과 탐험에 있다고 선언하면서 코르테스에게 멕시코의 어떤 지역을 정복하거나 정주하라고 명령하지는 않았다. 그러나 코르테스와 그의 측근들은 멕시코에서 새로 발견할 땅에 자신들의 마을을 세우고 거주할 의도를 가지고 있었다. 이러한 의도를 실현하기 위해서 상관인 벨라스케스의 통제에서 벗어나 에스파냐 국왕으로부터 직접 권한을 위임받는 절차가 필요했다. 코르테스는 이를 위해 에스파냐 왕국의 구성에서 핵심 역할을 담당했던 카스티야 왕국의 중세법을 활용했다. 이에 따르면 특정 상황에서 공동체는 '전제적인' 군주나 그 대리인에 반대하여 집단행동을 할 수 있었다. 코르테스의 원정대는 스스로를 하나의 도시 공동체로 재편하고 쿠바의 '전제적인' 총독 벨라스케스 대신 왕의 이름으로 코르테스를 그 도시의 시장 겸 국왕군 사령관으로 임명했다. 코르테스는 이렇게 '전제적 지배자' 벨라스케스에게 지고 있었던 책무에서 벗어나 에스파냐 국왕의 최대 이익을 취한다는 명분을 내걸고 멕시코반도의 내륙지역으로 침투해 들어갈 수 있었다.

유카탄반도에서 코르테스는 아즈텍 제국의 수도 테노치티틀란, 즉 현재의 멕시코시티로 300여 명의 병사를 이끌고 진군했다. 아즈텍 황제의 지배에 불만을 품고 있었던 지역의 일부 부족장들을 회유하면서 코르테스의 부대는 마침내 수도 테노치티틀란에 진입한다. 아즈텍의 황제 목테수마는 금과 녹색 깃털을 장식한 망토를 걸치고 여러 명의 귀족을 대동한 채 코르테스를 맞이했다. 목테수마가 대서양 너머의 이방인을 이렇게 호의적으로 맞이한 이유는 역사가들 사이에서 여전히 논쟁거리이지만, 이 만남은 세계사의 기념비적 사건이라고 충분히 부를 만하다. 목테수마는 멕시코 중부지역에 거주하는 여러 부족 동맹의 우두머리로서 유럽 문명에 버금가는 중부 아메리카 문명을 이끌고 있었으며 코르테스는 르네상스기 유럽에서 최강의 군주로 인정받던 에스파냐 왕이자 신성로마 제국의 황제였던 카를 5세의 대리인이었다. 상이한 성격의

두 문명의 대표자가 최초의 만남에서 보였던 평화적이고 우호적 관계를 지속했더라면 그 이후의 세계사의 전개는 우리가 알고 있는 것과는 많이 달라졌으리라.

스페인의 아메리카 점령을 주도한 장군 코르테스

코르테스는 우호의 표시로서 자신이 차고 있던 진주-유리 목걸이를 목테수마의 목에 걸어주었고 황제는 답례로 두 개의 목걸이를 코르테스에게 선물했다. 목테수마의 목걸이에는 각각 새우 모양의 금덩어리가 여덟 개씩 달려 있었다고 한다. 목테수마는 코르테스의 일행에게 자신의 부왕이 쓰던 화려한 궁전을 숙소로 제공하면서 호의를 베풀었지만 아즈텍 제국의 엄청난 금은보화를 목격한 코르테스는 그 정도로 만족할 수 없었다. 급기야 코르테스는 목테수마를 인질로 잡아 놓고 아즈텍 제국의 지배권을 에스파냐로 이양하기 위한 본격적 행동에 나섰고, 목테수마에게 코르테스에게 복종하겠다는 공식적 약속을 받아냈다.

에스파냐 정복자에게 어떤 의미에서 얌전히 굴복한 목테수마가 사망한 이후 아즈텍 제국의 귀족들은 새로운 황제를 옹립하고 정복자에게 저항했다. 이러한 저항으로 코르테스의 군대는 1520년 7월, 테노치티틀란에서 잠시 퇴각했다. 코르테스는 테노치티틀란 재정복을 위해 본국 정부에 추가 병력을 요구했다. 또한 아즈텍 제국의 지배에 적대적이었던 부족장을 회유하여 병력을 더욱 보강했다. 이런 와중에 1520년 9월에 발발한 천연두는 70여 일에 걸쳐

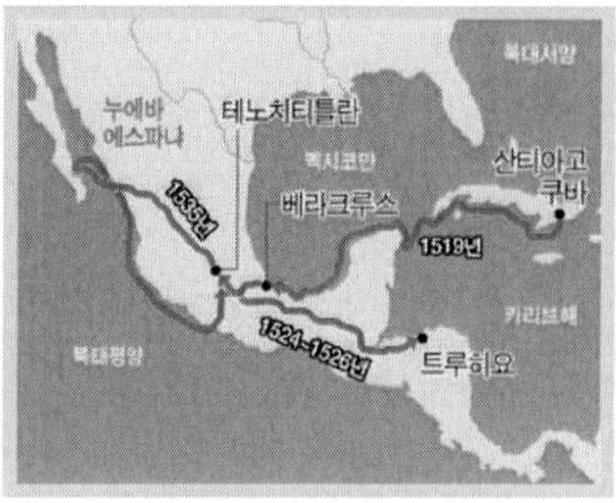

코르테스의 멕시코 원정로

아즈텍인들을 공포에 떨게 했다. 유럽인들과의 접촉으로 발발한 이 전염병에 대한 항체를 전혀 가지고 있지 못한 아즈텍인들은 속수무책으로 죽어갔다. 목테수마의 뒤를 이은 아즈텍의 황제도 천연두로 목숨을 잃었다. 에스파냐 정복자들이 가지고 있던 뛰어난 무기도 아즈텍 제국의 멸망을 초래한 주요 요인이지만 전염병의 확산 또한 유럽인들의 아메리카 정복에서 빠질 수 없는 중요한 요인이다. 코르테스는 결국 이러한 요인에 힘입어 테노치티틀란을 필사적으로 방어했던 마지막 황제 쿠아우테목을 1521년 8월에 생포하고 황금을 얻기 위한 가혹한 고문을 가했던 것이다. 쿠아우테목의 저항 의지를 확인한 코르테스는 1525년 그를 교수형에 처하고 아즈텍 제국은 역사의 뒤안길로 사라졌다. 이로써 아즈텍 제국의 영토는 에스파냐 왕정의 소유영토가 되었고 에스파냐의 첫 번째 아메리카 부왕령, 즉 누에바에스파냐 부왕령을 위한 기초가 되었다.

코르테스의 아메리카 원정은 사적 동기에서 출발하긴 했지만 그 결과는 개인의 차원에 한정되지 않았다. 에스파냐는 코르테스의 멕시코 정복을 시작으로 아메리카 대륙에 그 영토를 넓혀나갔다. 아메리카의 에스파냐 영토를 분할 통치하는 기구로서 설립된 부왕령만 하더라도 위에서 언급한 누에바에스파냐 부왕령, 페루 부왕령, 누에바그라나다 부왕령, 리오델라플라타 부왕령에 이르기까지 총 4개의 부왕령이 있었다. 미국 남서부, 멕시코, 중앙아메리카, 카리브해 등에 이르는 광대한 영토가 에스파냐의 식민지로 편입된 것이었다. 또한 에스파냐는 아메리카의 금과 은을 유럽 대륙으로 유출하여 왕실의 부를 증대시킴과 동시에 해상강국으로의 부상을 위한 기본자원으로 활용했다. 코르테스의 원정은 대영제국에 못지않은 '에스파냐 제국' 건설을 위한 시발점이었고 아메리카 원주민의 아메리카를 '에스파냐령 아메리카'로 바꿔나간 시발점이기도 했다.

덧붙이는 글

에스파냐의 아메리카 부왕령 확립에 있어서 주목할 또 하나의 인물은 프란시스코 피사로이다. 1531년에 피사로는 180명의 병사와 37필의 말로 꾸린 근소한 병력으로 잉카인들의 영토를 침략했다. 상당한 병력 차이에도 불구하고 피사로는 단 두 해 만에 잉카제국을 파괴했다. 피사로가 이렇게 승리한 데는 에스파냐 군대의 무기의 우월함도 중요한 요인이었지만 면역력이 없는 아메리카 원주민들이 유럽인들과 접촉에 의한 질병에 그대로 노출되었기 때문이기도 하다. 이러한 '생태 제국주의'의 도움으로 피사로는 1535년 잉카 제국의 잔해 위해 에스파냐 왕이 직접적인 주권을 갖는 페루 부왕령을 건설하였다. 페루 부왕령은 현재의 페루 영토뿐만 아니라 오늘날의 볼리비아와 칠레, 베네수엘라, 파라과이, 콜롬비아, 에콰도르, 기타 접경 지역들까지 아우르고 있었다.

1-3
바야돌리드 논쟁: 해양공간을 통해 접촉한 '타자'의 정체성

해양공간은 에스파냐의 모험가들에게 '타자'와의 접촉을 가능케 한 통로였다. 에스파냐의 팔로스항을 출항한 콜럼버스 선단은 68일 만에 카리브해의 한 섬에 도착했다. 68일간의 힘든 항해 끝에 도착한 이 섬이 콜럼버스에게는 구원의 빛과도 같았기 때문에 콜럼버스는 이 섬에 '성스러운 구원자'라는 뜻의 산살바도르라는 이름을 붙였다. 원주민에게는 이미 구하나하니라는 이름으로 알려진 섬에 자신만의 생각이 반영된 이름을 일방적으로 붙였다는 점에서 '정복자'로서의 오만이 느껴진다. 원주민에 대한 콜럼버스의 시선도 일방적이었다. 구하나하니섬의 원주민을 대면한 콜럼버스는 그들을 종교도 없는 존재이자 악, 살인, 범죄, 체포라는 말의 의미도 모르는 존재라고 규정하였다. 콜럼버스는 인종적 타자를 보는 유럽의 시선을 가지고 문명사회의 성원이 지녀야 하는 가치를 결여한 존재로 원주민들을 바라보았다.

콜럼버스 이후 아메리카로 진출한 에스파냐의 초기 정복자들은 열등한 존재로 간주했던 원주민들의 노동력 착취를 강화함으로써 자신들의 이익을 증대시키려고 했다. 에스파냐의 정복자들이 토지를 확보했다 하더라도 이러한 토지를 경작할 수 있는 노동력이 존재하지 않는다면 그러한 토지는 무용지물이었다. 코르테스와 피사로 같은 초기 정복자들은 이러한 사정을 감안하여 자신들의 부하들에게 토지는 물론 그 토지에 살고 있는 원주민들을 할당했다. 원주민들은 자신들을 '위탁'받은 사람들을 위해 노동으로 봉사할 의무를 지며, 원주민들을 위탁받은 자들은 인디언들에게 기독교 신앙을 가르치고 친절하게 대해야 할 의무가 있었다. 초기 정복자들에 의해 이렇게 시작된 아메리카의 관리 체계를 에스파냐의 국왕도 머지않아 승인한다. 엔코미엔다라고 이름 붙인 이러한 관리 체계는 한 마디로 정복자들에게 토지와 원주민을 하사하여 아메리카의 식민사업을 확대해나간다는 의미였다.

엔코미엔다의 확대에 따라 제도의 혜택을 입은 에스파냐인들도 늘어났다. 엔코멘데로라고 불린 이들은 '신세계판 봉건귀족'의 출현을 예고하는 존재였다. 이들의 성장은 그렇지만 에스파냐 국왕에게는 적지 않은 근심거리로 다가왔다. 국왕은 엔코멘데로들에게 부여한 특권이 에스파냐 제국의 이익 증진을 위해 활용되길 희망했지만 엔코멘데로들은 그러한 특권을 사적 이익의 증진을 위한 수단으로 바라보았다. 원주민들에 대한 학대와 야만적 노동착취의 일상화는 인디언 인구의 급속한 감소를 초래하기도 했다. 이러한 엔코미엔다가 대대로 세습된다면 아메리카에는 국왕의 통제가 완전히 미치지 못하는 특권계층이 출현할 수도 있었다. '모든 엔코미엔다는 현재 그것을 보유한 자가 죽으면 곧 국왕에게 귀속된다'고 규정한 1542년의 신법은 이러한 맥락에서 등장했다. 신법은 엔코멘데로들의 맹렬한 반대로 관철되지는 못했지만 엔코미엔다가 세습되는 관행을 아메리카 스페인 정복지에서 뿌리내리지 못하게 했다. 명목상으로 엔코미엔다의 주인은 에스파냐의 국왕이었기 때문이다. 그렇지만 엔코멘데로들 중 일부는 자신들이 가지고 있는 특권적 지위와 사회적 영향력 등을 통해 토지를 구입하고 재산을 증식시켜나갈 수 있었다. 그러므로 엔코멘데로의 후손들이 에스파냐령 아메리카에서 지배적 지위를 차지할 수 있는 기반마저 사라진 것은 아니었다.

엔코멘데로에게 부여된 특권은 에스파냐 왕실의 '문명화 사업', 즉 원주민들에게 그리스도교를 전파한다는 사명과 결부된 특권이었다. 일부 엔코멘데로들은 이러한 사명을 망각하고 원주민들에 대한 과도한 착취를 일삼아 원주민들을 기독교의 가르침으로부터 멀어지게 하고 있다는 우려가 제기되었다. 1550년 에스파냐의 도시 바야돌리드에 모인 성직자와 신학자들은 에스파냐의 식민지 확대과정에서 접하게 된 아메리카 원주민들을 어떻게 대할 것인

바야돌리드 논쟁에서 아메리카 원주민을 함부로 대해도 된다고 주장한 세풀베다(왼쪽)와 그들의 문화를 존중해야 한다고 한 라스카사스(오른쪽)

아메리카 대륙에서 에스파냐(스페인) 식민주의자들이 노역하는 원주민들을 감시하고 있다.

가의 문제를 놓고 열띤 토론을 벌였다. 다양한 관점이 바야돌리드 회의에서 제기되었지만 그중에서도 세풀베다와 라스카사스의 논쟁은 아메리카 원주민들의 권리와 그들의 정체성을 둘러싼 에스파냐 식민주의자들의 대립적 관점을 가장 잘 드러내었다.

세풀베다는 아메리카 원주민에게 복음 전파를 위해서는 전쟁도 필요하다고 주장했다. 왜냐하면 원주민은 천성적으로 미개하여 이성적으로는 설득이 불가능하기 때문이다. 미덕과 사리 분별력이 있는 그리스도인들이 원시적 문화를 지닌 미개인에게 우월한 문화를 강제로 부여할 권리가 있다는 것이 세풀베다의 신념이었다. 세풀베다는 또한 아리스토텔레스의 사상을 인용하며 원주민들을 '태생적 노예'로 규정했다. 즉 원주민들에게 육체적 봉사보다 더 나은 것을 기대할 수 없기 때문에 그들은 태생적 노예와 다를 바 없으며 그런 상태로 살아가는 것이 그들에게는 더 좋다는 주장이었다. 유럽 식민주의자들의 지배를 받아들이는 것이 원주민들의 본성에 부합한다고 세풀베다는 생각했다.

라스카사스는 모든 인간은 이성적 존재라는 키케로의 관점에 따라 아메리카 원주민들의 본질 역시 에스파냐인들과 동일하기 때문에 그들이 태생적 노예일 수는 없다고 주장했다. 아메리카 원주민들은 잉카 문명이나 마야 문명의 존재에서 확인할 수 있듯이 나름의 문자, 법, 종교 등을 갖추고 통치능력을 가지고 있다. 유럽인의 시각에서 야만적으로 비치는 인신공희와 같은 행위는 그들 나름의 종교에 충실한 자연스러운 행위로 간주해야 한다는 것이 라스카사스의 주장이었다. 따라서 세풀베다와 같이 전쟁도 불사하는 무력에 의한 원주민의 개종보다는 그들의 문화와 신앙을 존중하는 선교사업이 올바른 방식이었다. 라스카사스에게 복음전파의 의무가 전쟁을 정당화할 수는 없었고 그러한 방식은 그리스도에 대한 증오만을 유발하기 때문에 배척되어야 했다.

바야돌리드 논쟁의 결과는 표면적으로는 라스카사스의 승리였다. 아메리카 원주민들의 권리를 바야돌리드 회의 이전부터 옹호한 바 있었던 살라맹카 대학의 신학교수들은 세풀베다의 주장이 세속적 관점에 지나치게 치우친 논리라며 라스카사스의 손을 들어주었다. 에스파냐 왕실의 입장에서도 원주민들의 노예화를 옹호하는 세풀베다의 견해는 엔코멘데로의 권리를 에스파냐 식민지에서 강화할 수 있기 때문에 우려스러운 것이었다. 원주민들이 왕실이 아닌 엔코멘데로에게 전적으로 귀속된다면 왕실의 통제는 어려워질 수도 있는 것이었다. 바야돌리드 논쟁은 라스카사스에게 "원주민의 보호자"라는 위상을 부여했던 사건으로 비칠 수도 있지만 거기에는 에스파냐 제국의 경제적 이해도 결부되어 있었다. 라스카사스 자신이 원주민의 권리를 제국의 경제적 이해보다 우선시하기는 힘들었다는 의미이다. 바야돌리드 논쟁은 원주민

개개인에 대한 식민주의자들의 태도를 실질적으로 바꾸는 데까지 나아가지는 못했다 하더라도 엔코미엔다의 착취체계에 내재해 있는 정복의 만용을 일정 정도 약화시켰다. 아메리카 원주민들에 대한 일방적 착취가 지속되었다면 에스파냐령 아메리카 제국의 수명은 오래가지 못했을 것이다.

덧붙이는 글

'신대륙'을 '발견'하여 대항해 시대를 가능케 한 콜럼버스의 유해는 그로 인한 아메리카 대륙 원주민의 피해를 반영이라도 한 듯 편히 쉬지 못했다. 콜럼버스는 1506년 5월 20일에 사망하여 에스파냐 바야돌리드의 한 수도원에 묻혔으나 1513년에는 며느리의 청에 따라 세비야 인근의 산타마리아 데 라스 쿠에바스 성당으로 이장되었다. 그녀는 다시 1537년에 콜럼버스가 발견한 신대륙에 유해를 옮길 것을 요청하여 그의 유해는 대서양을 넘어 산토도밍고 성당에 묻혔다. 그렇지만 1795년, 에스파냐가 산토도밍고(도미니카 공화국의 옛 이름) 섬을 프랑스에 넘겨주어야 했기 때문에 콜럼버스의 유해는 쿠바의 아바나로 이장하게 되었고 다시 한 세기가 지난 1898년 미국-스페인 전쟁의 결과로 쿠바가 독립하게 되자 그의 유해는 다시 스페인으로 돌아와야 했다. 오늘날 세계 각지의 많은 사람이 콜럼버스의 유해가 있는 세비야 성당의 멋진 조형물을 보기 위해 몰려들고 있지만 그의 유해가 이렇게 정착하기까지는 많은 시간이 필요했다.

1-4
프랜시스 드레이크: 기사 작위를 받은 잉글랜드의 '해적'

2011년 소말리아 해적의 삼호 주얼리호 납치사건을 생생하게 기억하고 있는 우리에게 해적은 악의 무리에 다름 아니다. 디즈니의 영화 〈캐리비안의 해적〉에서 해적 이미지는 다소 희화적으로 표현되어 친근하게 다가오기도 하지만 잉글랜드의 국가 권력에 대항하는 집단으로 그려진다는 점에서 부정적이긴 마찬가지이다. 국민의 안전과 생명 보호의 책임을 지는 국가권력의 권위를 인정한다면 해적에 대한 부정적 평가는 피할 수 없을 것이다. 그러나 우리가 통칭 해적이라 부르는 해상집단을 유럽의 소위 '대항해시대'의 개막과 연관시켜 보면 국가권력에 대항하는 단일한 이미지로 그들을 규정할 수는 없다. 새롭게 열린 해양 공간에서의 주도권 확보를 위해 현재의 관점에서 배척되고 탄압받아야 할 '해적'을 적극적으로 지원하고 활용하기도 한 유럽의 국가들도 있기 때문이다. 이때의 '해적'은 국가권력을 대신하여 적국의 해상세력을 공격하고 또한 적국의 해양무역 자원을 자국을 위해 탈취하는 집단이었기 때문에 현재의 관점으로 평가한다면 '애국자들'이었다. 국가권력의 지원과 허가 아래에서 이러한 해상활동을 하는 집단들을 역사학자들은 '해적'과 같은 넓은 개념의 용어로서 설명하지 않고 '사략선 업자'라는 용어로 설명하려고도 한다.

사략선 업자의 해상활동을 적절히 지원하여 국가의 위신을 드높인 나라가 잉글랜드이다. 19세기의 영국은 해가 지지 않는 제국이라는 표현이 무색하지 않을 정도로 세계 전역에 식민지를 거느린 1등 국가였다. 16세기에 이러한 지위는 에스파냐의 차지였다. 콜럼버스의 대서양 항해 지원을 기점으로 에스파냐의 해외 영토 획득은 지속적으로 증가하여 아메리카 대륙은 물론 동남아시아로까지 뻗어 나갔다. 세계 제국으로서 면모를 영국보다 앞서 에스파냐는 보이고 있었던 것이다. 헨리 8세의 종교개혁으로 잉글랜드 왕실은 세계제국이자 가톨릭을 대변하는 에스파냐의 심기를 불편하게 만들었다. 헨리 8세의 뒤를 이은 엘리자베스 여왕은 신교국가로서 잉글랜드의 정체성을 포기할 의사가 전혀 없었을 뿐만 아니라 에스파냐가 아메리카 대륙에서 반출하는 금과 은을 왕실의 권력 강화에 활용하고 싶었다. 그렇지만 잉글랜드 왕실의 해군력은 에스파냐의 최강 무적함대 아르마다를 대항하기에 너무나 허약했다. 엘리자베스는 에스파냐의 지배력에 대항할 수 있는 또 다른 힘이 필요했는데 프랜시스 드레이크라는 해상무역업자가 그러한 도움을 제공했다.

프랜시스 드레이크 초상화

드레이크가 처음부터 잉글랜드를 위해 에스파냐의 상선과 전함을 공격하는 데 전념한 것은 아니다. 드레이크는 사촌 형인 존 호킨스와 더불어 카리브해 섬들의 설탕 플랜테이션 운영의 필수요소인 노예무역으로 부를 축척해나갔다. 아프리카 서해안의 원주민들을 생포하여 카리브해 섬들과 중남미 아메리카 에스파냐 식민지에 노예로 팔아넘기는 무역은 운송과정에서 많은 수의 노예들이 사망했음에도 불구하고 막대한 이익을 보장하는 사업이었다. 에스파냐 왕실은 노예무역을 금지하고 있었기 때문에 호킨스와 드레이크는 불법무역을 자행하고 있는 셈이었다. 이러한 과정에서 호킨스와 드레이크의 배는 에스파냐 선박과 교전을 벌이기도 했고 에스파냐가 통제하는 항구도 습격하여 에스파냐 해군의 경계 대상이었다. 1568년 항해 도중의 날씨 악화로 호킨스와 드레이크의 선단의 일부가 파손되어 현 멕시코의 베라쿠르스 인근의 항구에 정박할 수밖에 없었다. 지역의 책임자였던 에스파냐의 총독은 호킨스와 드레이크 선단의 노예 일부를 양도받는 조건으로 정박을 허가하고 그들의 안전한 출항을 약속했다. 그러나 호킨스와 드레이크가 저지른 그동안의 '악행'이 갑자기 생각난 것일까, 총독은 약속을 어기고 호킨스와 드레이크 상선에 대한 기습공격을 감행했다. 이 공격으로 호킨스와 드레이크가 지휘하는 선박만 간신히 살아남고 나머지 배들은 침몰하고 말았다. 이는 드레이크가 에스파냐에 대한 복수심을 가슴 깊이 새기는 계기가 되었다.

1568년 사건 이후 드레이크는 무역 선단의 외피를 벗어버리고 본격적으로 에스파냐 선박들에 대한 공격에 나섰다. 엘리자베스 1세는 드레이크에게 에스파냐 선박의 공격을 허락하는 왕실의 허가장을 발행하여 드레이크에게 에스파냐 선박을 나포하고 약탈할 수 있는 권리를 부여했다. 1573년에는 남아메리카의 포토시 광산 등에서 반출한 은을 가득 싣고 시에나로 향하는 에스파냐 선단을 공격했다. 강탈한 은을 자신의 선단에 전부 옮길 수 없어 15톤 정도는 카리브해에 버릴 수밖에 없었다. 그러고 나서도 2만 파운드 가치에 해당하는 은을 싣고 잉글랜드에 돌아갈 수 있었다고 하니

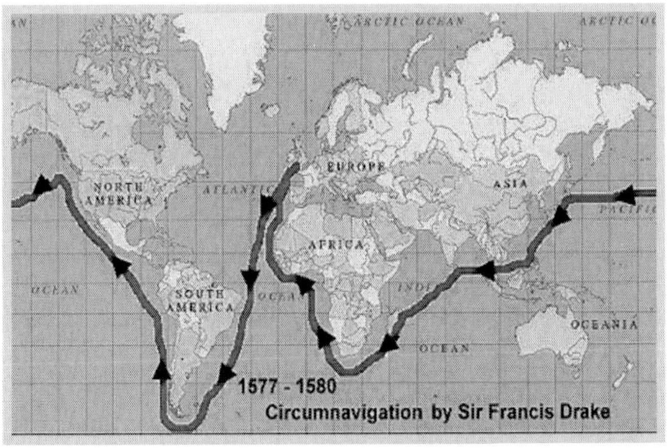

영국 왕실에 엄청난 경제적 이익을 가져다준 드레이크의 세계일주 경로

엘리자베스 영국 여왕이 드레이크에게 기사 작위를 수여하는 모습

강탈한 은의 양이 어느 정도인지 짐작할 수 있다. 그런데 드레이크의 에스파냐 선단 공격을 함께 한 집단 중에는 에스파냐 식민지의 도망 노예집단인 시마론이라는 집단도 있었다. 드레이크는 에스파냐 식민지에서 착취당했던 노예들의 불만을 활용하는 방법도 알고 있었던 것이다. 에스파냐 왕실에게 이런 드레이크는 증오 그 자체였다. 펠리페 2세는 드레이크의 목에 2만 두카트, 현 화폐 가치로 환산할 때 수백만 달러에 해당하는 현상금을 내걸기도 했다.

드레이크가 에스파냐 왕실에 끼친 손해는 이것이 전부가 아니었다. 드레이크는 1577년 120톤의 기함 골든 하인드호를 이끌고 남아메리카 남단을 돌아 태평양, 인도양을 거쳐 잉글랜드로 돌아오는 역사적 항해에 나섰다. 태평양 연안의 북아메리카 항로개척의 명분도 있었지만 드레이크 원정의 주된 목적은 남아메리카 태평양 연안을 항해하는 에스파냐 선박의 약탈이었다. 드레이크의 기대에 어긋나지 않게 1579년 3월, 현 샌프란시스코 연안에서 엄청난 양의 금은보화를 실은 카카푸에고호를 만날 수 있었다. 드레이크는 상선으로 위장 접근한 후 기습공격으로 카카푸에고호를 나포하는 데 성공했다. 카카푸에고호에는 80파운드의 금과 26톤의 은을 포함하여 현 시가로 1200만 파운드의 가치에 해당하는 보물이 실려 있었다고 하니 1573년 약탈규모를 훨씬 상회하는 것이었다. 여기에 더해 향신료 산지인 말루쿠제도의 테르나테섬의 술탄으로부터 엄청난 양의 향료를 선물로 받고 잉글랜드로 귀환했기 때문에 드레이크의 세계일주 항해로 인한 영국왕실의 경제적 이익은 엄청났다. 엘리자베스 여왕은 드레이크의 공적을 치하하지 않을 수 없었다. 엘리자베스는 1581년 4월, 드레이크의 골든 하인드호에 승선하여 귀족 작위를 수여했다. 에스파냐의 시각에서 '해적'에 불과한 불한당이 잉글랜드의 상층 신분으로 격상되었으니 펠리페 2세의 분노가 어느 정도일지 상상해보시라.

1588년 펠리페 2세가 잉글랜드를 응징하기 위해 무적함대를 보냈을 때 드레이크는 이제 국가의 고위관리로서 에스파냐에 대적했다. 영국 함대의 부제독으로서 에스파냐의 침공을 막아내는 역할을 부여받은 것이다. 몇 차례의 교전에도 불구하고 그 어느 쪽도 유리한 전세를 잡지 못했다. 잉글랜드 도버에서 34킬로미터 거리의 칼레 연안까지 다다른 무적함대에 드레이크는 색다른 전술을 선보였다. 대형을 유지하고 있는 에스파냐 함대에 화공선을 보내 대형을 흩뜨린 다음 가까운 거리에서 화포 사격을 가했던 것이다. 칼레의 전투에서 잉글랜드 함선은 한 척도 침몰하지 않았지만 에스파냐의 무적함대는 두 척이 격침되고 세 척이 나포되었다. 스코틀랜드와 아일랜드를 돌아 에스파냐로 돌아오는 과정에서도 무적함대의 손실은 엄청났다. 에스파냐를 떠났을 때 선박의 수는 132척이었지만 돌아온 선박의 수는 65척에 불과했다. 이후 무적함대에게 그 이름에 합당한 위상 회복의 기회는 없었고 이에 따라 해양강국으로서 에스파냐의 위상도 하락했다.

이후로도 드레이크는 왕실의 허가를 받아 경쟁국인 에스파냐의 선박을 약탈하고 공격하는 사략선 업자로 두각을 나타내었다. 에스파냐에 귀속되어야 할 재산을 중간에 가로채어 잉글랜드로 가져온 드레이크는 잉글랜드에서는 '국민적 영웅'이 되었다. 새롭게 열린 해양 공간을 선점하고 있었던 에스파냐를 국가의 공적 기구만으로 상대하기에는 잉글랜드의 힘이 모자랐고, 국가권력을 도와 에스파냐에 대항할 원군이 필요했다. 드레이크는 잉글랜드 왕실이 기대하였던 역할을 충실히 수행하여 잉글랜드가 에스파냐를 누르고 새로운 강자로 부각할 수 있는 기회를 제공했다. 이렇게 해양진출의 후발국가에게 '해적'은 선두국가를 따라잡을 수 여지를 제공했기 때문에 국가권력의 탄압대상이 아닐 수 있었다.

덧붙이는 글

사략선 이외에 근대 해적의 유형으로는 코르세어(corsair)와 버커니어(buccaneer)가 있다. 코르세어는 지중해를 기반으로 활동한 해적으로 그중 가장 유명한 것은 바르바리 해안의 해적이었다. 이들은 알제리 · 튀니지 · 살레와 북아프리카 북부 해안을 따라 활동했다. 코르세어들은 이 지역의 이슬람 통치자들로부터 허가를 받고 기독교 국가들의 선박을 공격했다. 버커니어는 17세기 카리브해와 남미해안을 거점으로 활약했던 해적들이다. 버커니어는 스페인 정부가 산토도밍고의 밀렵꾼들을 없애기 위해 사냥꾼을 동원해 동물을 잡아 죽이자 생활 터전을 빼앗긴 밀렵꾼들이 스페인 정부에 맞서 해적이 되었고 그들의 패권에 도전했다고 한다.

1-5
키드 선장: 정치가들의 이해관계로 버림받은 비운의 해적

오륙십 대 장년층 대부분이 어린 시절 읽어봤을 것이라고 여겨지는 로버트 루이스 스티븐슨의 『보물섬』이라는 그림책이 있다. 이 책에는 외딴 섬의 보물을 찾아 헤매는 해적선의 선장 롱 존 실버라는 인물이 등장하는데 그는 실제 존재했던 윌리엄 키드, 혹

스티븐슨의 소설 『보물섬』(왼쪽)과 소설 『보물섬』의 해적 롱 존 실버의 모델이 된 키드 선장의 현상수배지(오른쪽)

은 키드 선장이라고 불리는 인물을 모티브로 창작되었다. 키드는 앞에서 설명한 드레이크와 비교한다면 비극적으로 삶을 마감했다. 권력을 쥐고 있던 정치가들의 배신 때문에 1701년 47세의 나이로 교수형에 처해졌고, 교수형에 처해진 그의 시신이 해적 행위에 대한 처벌의 본보기로 3년간 효시되었다고 한다. 그는 죽어서도 편히 쉬지 못한, 국가 권력에 의해 철저히 버림받은 비운의 해적이었다.

키드의 출생지는 스코틀랜드의 던디이고, 그의 아버지가 목사라는 설이 있지만 단언할 수는 없다. 키드의 행적이 보다 명확하게 드러난 시기는 그가 뉴욕에 진출한 다음부터다. 1691년 30대 후반의 키드는 20대의 부유한 미망인과 결혼하여 어느 정도의 재력을 확보하게 되었다. 또한 그는 월 스트리트에서 가장 오래된 교회로 남아 있는 트리니티 교회 건립에도 도움을 주고 지역의 정치인과도 교제할 정도로 명망을 쌓아나갔다. 뇌물 수뢰 혐의로 윌리엄 3세에게 파직당한 벤자민 플레처를 대신하여 뉴욕과 메사추세츠 총독으로 임명된 벨로몬트 백작 리차드 코트가 키드와 관계를 맺었던 유력 정치인 중의 하나였다. 이러한 사회적 지위의 키드가 결국 '해적'으로 처형을 받게 된 배경은 무엇일까? 키드와 친분이 있는 벨로몬트 백작은 식민지로 들어오는 물건들을 약탈하여 식민지의 경제적 이해를 위협하는 해적 토마스 튜, 존 아일랜드 등의 제거를 키드에게 요청했다. 잉글랜드의 국왕 윌리엄 3세도 키드에게 잉글랜드 식민지의 적국 선박을 나포하여 이에 따른 경제적 이해를 챙길 수 있는 권리를 부여했다. 단 나포로 인한 경제적 이익의 10%는 국왕에게 귀속된다는 단서조항도 있었다. 키드는 이러한 사략선 선장의 조건을 수락하고 1695년부터 본격적 활동에 나섰다. 키드는 후원자들의 도움으로 대략 300톤에 34문의 대포를 갖추고 150명의 선원을 승선시킬 수 있는 사략선 '어드벤처 갤리'호를 구입했다. 키드가 정치권력의 지원을 지속해서 받았더라면 그는 '해적'이라는 오명을 쓰지는 않았을 것이다.

시련은 이내 찾아왔다. 어드벤처 갤리호를 처음 출항할 당시 키드는 자신이 선발한 선원들이 최고의 자질을 갖추었다고 자부했다. 이런 선원들을 태운 키드의 배가 템즈강을 따라 항해하고 있는 도중 왕실의 해군 선박과 마주치게 되었다. 당시의 관례는 왕실 소속의 선박을 지나칠 때 모자를 벗는 등의 예의를 표시하는 것이었다. 키드의 선원들은 그러한 관례를 지키지 않았을 뿐만 아니라 관례를 지키지 않은 것에 대한 항의표시로 경고 사격을 하는 해군 선박을 조롱하는 행위도 마다하지 않았다. 왕실 해군선박의 선장은 이러한 관례를 무시한 키드의 선원들을 처벌하기 위해 어드벤처 갤리호를 떠나 왕실해군 선박으로 근무하라고 명령했다. 키드가 가장 우수한 자질의 선원이라고 자부했던 선원들을 항해 초반에 빼앗긴 셈이었다. 키드는 뉴욕에 도착하여 어드벤처 갤리호에 승선시킬 새로운 선원들을 모집해야 했다. 새로 승선한 이들 중에는 밀수업자, 해적 등의 전력을 가지고 있는 선원들이 다수였다. 후원자들이 기대했던 성과를 키드가 이러한 선원들의 도움으로 완수할 수 있을지는 미지수였다.

뉴욕에서의 재정비 이후 키드는 1696년 희망봉을 향한 항해에 나섰다. 희망봉을 돌아 인도양에 진출하는 과정에서 프랑스 선박에 대한 공격을 감행했지만 소득은 미미했다. 키드의 배에 승선한 선원들은 경제적 보상 없이 길어지는 항해에 불만이 늘어갔다. 1697년에는 네덜란드 동인도회사의 배를 만나 경제적 보상을 얻기 위한 공격을 선원들이 제안했지만 키드는 이를 거부했다. 윌리엄 3세가 태어난 네덜란드 선박에 대한 공격은 명백한 '해적질'이라고 생각했기 때문이다. 키드는 이런 결정에 강력히 항의하던 포수 윌리엄 모어를 논쟁 끝에 살해하고 말았다. 선장이 권한이 강력했다 하더라도 키드의 이러한 행위는 선원에 대한 살인을 금지한 당시의 17세기 잉글랜드의 해사법을 위반한 행위였다. 선상 반란도 불사할 것 같은 선원들의 불만을 해소하기 위한 전기가 필요했다.

1698년 어드벤처 갤리호는 프랑스 국기를 내건 상선 '퀘다 머천트'호를 나포했다. 퀘다 머천트호에는 비단, 금, 은 등 값비싼 화물이 가득 실려 있었다. 프랑스 국기를 단 적국의 상선 나포는 사략선장 키드의 권리였기 때문에 여기까지는 문제가 없어 보였다. 그러나 퀘다 머천트호의 선장이 영국인이었고 그가 자신의 항해를 영국 동인도회사가 중개한 것이라고 증언하자 키드는 우려하기 시작했다. 키드는 약탈한 화물들을 되돌려주자고 선원들을 설득해보았지만 프랑스의 여권을 가지고 있는 선박의 나포는 정당하다고 생각하는 선원들의 마음을 돌릴 수는 없었다. 선상 반란도 불사할 것 같은 선원들의 불만을 달래야 했고 또한 선원들이 주장하듯이 나포행위를 정당화할 수 있는 근거가 있었기 때문에 키드는 약탈한 화물을 싣고 뉴욕으로 향했다.

키드가 인식하지 못한 문제 하나가 있었다. 퀘다 머천트호의 화물은 무굴제국의 황제와 가까운 귀족의 소유였다. 퀘다 머천트호의 약탈은 동인도회사에 대한 무굴제국 지배층의 반감을 야기할 수 있었다. 1685년에도 잉글랜드 해적이 수라트와 예멘을 오가던

순례선박을 약탈한 바가 있었기 때문에 무굴제국의 황제는 이번 약탈도 동인도회사의 보호를 받는 해적의 행위라고 생각했다. 무굴제국 황제는 동인도회사의 상관이 설치되어 있는 수라트의 잉글랜드 상인 체포도 주저하지 않았다. 이런 무굴제국 황제의 노여움을 해소하지 않는다면 동인도회사의 인도양 무역은 크게 위축될 수밖에 없었다.

키드의 사략선 활동을 후원하면서 부수적 이득을 챙기고 있었던 휘그 정치가들에게 동인도회사의 위상 축소는 인도양 무역 전체를 위험에 빠뜨릴 수 있었다. 네덜란드, 프랑스 등과 인도양 무역의 패권을 다투고 있던 잉글랜드의 집권세력 휘그당이 이러한 상황을 초래한다면 정권을 토리당에게 넘겨줄 수도 있었다. 토리당의 정치공세를 이겨내기 위해서라도 키드의 사략선 활동을 후원했던 휘그의 정치세력은 그와의 관계를 단절할 필요가 있었고 그를 사략선업자가 아닌 '해적'으로 재규정해야 했다. 키드는 이제 잉글랜드 왕실의 수배자가 되었다. 뉴욕으로 도착하기 이전 키드가 자신이 수배자가 되었다는 사실을 듣고 약탈한 보물의 일부를 석방을 위해 카리브해의 섬 어딘가에 숨겨 놓았다는 소문도 돌았지만 현재까지 키드의 보물 위치는 확인되지 않고 있다. 뉴욕에 도착한 키드는 벨로몬트 백작의 도움을 기대했지만 백작 역시 키드의 변호가 자신의 정치적 입지를 위태롭게 할 수 있다고 생각하여 그를 외면했다. 1701년 잉글랜드로 압송된 키드는 해적 행위와 윌리엄 모어의 살해 혐의로 유죄를 선고받고 교수형에 처해졌다. 키드는 결국 해양에 대한 국가권력의 통제가 아직 확실하게 미치지 못할 때 국가권력에 의해 이용되다가 버려진 비운의 인물이었다.

덧붙이는 글

동인도회사는 유럽인들에게 아시아의 후추와 향료와 같은 값비싼 기호품의 해상무역을 통해 상업적 이익을 극대화하기 위한 조직이었다. 1600년 동인도 모든 지역으로 무역을 하는 런던 상인들의 회사인 '영국 동인도회사'를 법인으로 인정하는 특허장이 엘리자베스 1세로부터 발급되면서 영국이 그 출범은 앞섰다. 그러나 영국 동인도회사보다 10배 이상의 자본금을 모은 세계 최초의 주식회사인 네덜란드 동인도회사가 1602년에 출범하여 향신료를 중심으로 하는 유럽과 아시아의 초기 무역은 네덜란드 동인도회사가 주도했다. 영국의 동인도회사는 이러한 상황에서 향신료 무역을 위해 네덜란드 동인도회사와 경쟁하기보다는 인도경영을 그 주된 목적으로 설정하여 인도 식민화를 위한 실질적인 기반을 마련했다.

1-6
'설탕 제국주의' : 해양공간의 교류가 만든 일상의 변화

그리스 · 로마 시대부터 전개된 해양공간의 물자교류는 지역에서 얻기 어려운 생산물을 전달해주는 통로였기 때문에 당대인들의 일상생활을 풍요롭게 했다. 그렇지만 또 다른 측면에서 이러한 생산물 전파는 지역의 거주민은 물론 그 물자의 생산과 관련을 맺고 있는 다양한 사람들의 생존방식을 엄청나게 변화시키는 계기로 작용하기도 했다. 설탕의 생산과 전파는 변화의 계기를 보여주는 극명한 역사적 사례이다.

이미 6세기경 페르시아인들은 사탕수수로부터 설탕을 정제하는 기술을 알고 있었으며 이를 지중해에 전파했다고 한다. 중세 남유럽의 시실리에서 9세기경 처음으로 사탕수수가 집약적으로 재배될 수 있었던 것도 이슬람이 지중해에서 가지고 있었던 당시의 영향력과 무관하지 않았다. 이슬람이 지배하고 있던 스페인 남부의 알-안달루스는 10세기에 이르러 지중해 지역에서 설탕 생산의 중심지로서 부각되기도 했다. 지중해 유역을 중심으로 설탕이 유럽인들에게 조금씩 알려지긴 했지만 설탕은 육두구, 정향, 후추 등의 아시아 향신료에 버금가는 고가의 산물이었고, 상층 귀족계급만이 즐길 수 있는 사치품이었다. 특권계층의 사람들만이 즐길 수 있는 사치품에서 대중적 소비재로 설탕이 전환되기 위해서는 또 다른 전기가 필요했는데 유럽인들의 해양 진출이 바로 그것이다.

인도나 중국에 도달할 수 있는 새로운 항로를 찾는 과정에서 유럽의 항해세력들은 아프리카 북서부 대서양의 카나리아제도와 마데이라섬을 차지했다. 이들 섬의 목재와 천연자원이 처음에는 주된 수탈대상이었지만 그것이 한계에 도달하자 포르투갈과 에스파냐의 지배자들은 새로운 수익원을 찾아야 했다. 설탕 생산을 위한 사탕수수 경작은 자원수탈만에 의존하는 이익창출 방식에 변화를 가져왔다. 그런데 이러한 변화로 이익을 지속적으로 창출하기 위해서는 설탕생산에 필요한 노동력 확보가 무엇보다 중요했다. 사탕수수 재배로부터 이를 수확, 운반하여 최종적으로 설탕 정제과정까지 이르려면 많은 노동력이 필요한데 섬의 원주민 노동력만으로는 한계가 있었기 때문이다. 마데이라섬을 차지하고 있던 포르투갈은 설탕생산의 주된 장소를 남아메리카 대륙의 브라질로 이전했다.

대규모의 설탕생산 체제는 대서양 연안의 브라질 북동부 바이아와 페르남부쿠에서 16세기 초반부터 확립되었다. 사탕수수 재배를 위한 경작지와 이것의 가공공장을 한 군데로 집결시킨 설탕 플랜테이션 체제는 이미 마데이라와 카나리아제도에서도 도입된 바 있지만 노동력과 경작지의 부족으로 크게 발전하지는 못했다. 남아메리카 대륙의 원주민 노동력뿐만 아니라 아프리카

19세기 남아메리카 설탕 플랜테이션에서 고통스럽게 일하는 아프리카 노예

의 노예 노동력까지 활용한 브라질의 설탕 플랜테이션은 설탕의 대량생산을 가능케 하는 기반을 마련했다. 1630년, 포르투갈로부터 페르남부쿠를 획득한 네덜란드 서인도회사의 투자로 브라질 동북부의 설탕생산은 더욱 증가했다. 1612년, 브라질의 설탕 총생산량이 14,000톤이었다면 1640년대에 들어서는 페르남부쿠 지역에서만 매년 암스테르담에 24,000톤 이상을 수출했다. 그렇지만 설탕생산의 중심지는 브라질에서 카리브해의 섬들로 또다시 이전했다.

설탕 생산의 중심지로 바베이도스를 비롯한 카리브해 섬들의 부각을 설명하기 위해서 다양한 이유를 들 수 있지만 중요한 것 중 하나가 1654년 페르남부쿠 지역을 포르투갈이 네덜란드 서인도회사로부터 재탈환한 사건이었다. 페르남부쿠 지역의 포르투갈 농장주들은 네덜란드의 지배를 인정한 적이 없었고 이전 시대의 농장주들은 고금리의 사채 상환으로 어려움을 겪고 있었다. 이러한 갈등을 해결하지 못한 네덜란드의 서인도회사는 페르남부쿠 지역을 포르투갈에 넘기게 되고 서인도회사는 설탕생산을 위한 자본투자처를 카리브해 지역의 섬들로 이전했다. 영국인 제임스 드락스(James Drax)의 주도 아래 설탕산업을 발전시키고 있던 카리브해의 바베이도스가 대안으로 부상했다. 페르남부쿠에서 포르투갈과 네덜란드 설탕생산의 방법과 조직을 습득한 바 있는 드락스는 1620년대에 바베이도스로 이주하여 1630년대 후반에는 상당한 정도의 토지를 소유하고 있었다. 카리브해에서 담배농사가 장기간 침체상황을 벗어나지 못하자 드락스는 설탕생산이 이러한 상황에 대한 타개책이라 생각하고 네덜란드의 자본과 기술을 바베이도스 설탕생산에 활용하기 시작했다. 이와 더불어 드락스는 노예 노동력을 대규모로 활용하여 바베이도스를 영국뿐만 아니라 유럽 설탕 공급의 핵심 장소로 부각시켰다.

1640년 이전, 바베이도스 노동력의 핵심원천은 유럽의 계약노동자였다. 계약노동자는 특정 고용주 아래에서 정해진 시간 동안 부자유한 신분으로 노동의무를 다하면 자유로운 신분으로 전환될 수 있었는데, 이러한 고용형태는 대규모 노동력을 지속적으로 요구하는 설탕생산에는 적합하지 않았다. 드락스는 아프리카의 흑인노예들을 수입하여 설탕생산에 필요한 지속적 노동력을 확보해 나갔다. 1642년에 22명의 노예를 부리기 시작한 드락스는 1650년대에 자신의 광대한 영지를 200명의 노예로 채웠다. 드락스의 노예노동에 기반한 설탕생산은 카리브해 여타의 섬들에서도 전형적 형태로 확립되어갔고 노예들의 후손은 자신들의 뿌리를 단절당한 채 디아스포라의 삶을 지속해나가야 했다.

가혹한 환경의 설탕 플랜테이션에서 일한 노예와 감독관

카리브해의 설탕 플랜테이션 모두를 영국이 장악한 것은 물론 아니다. 이미 1568년에 에스파냐 해상세력들은 히스파니올라와 푸에르토리코에 가축의 동력을 이용하는 46개의 설탕공장을 가동하고 있었다. 그러나 에스파냐 식민세력들에게 카리브해의 설탕 플랜테이션은 멕시코의 누에바에스파냐 부왕령이나 페루 부왕령에서 얻을 수 있는 금은의 수탈에 비해 수지가 맞는 사업이 아니었다. 에스파냐로 떠나는 선단의 중간 기착지라는 지정학적 위치로 인한 쿠바 아바나에 대한 관심을 제외하면 카리브해의 섬들은 에스파냐 왕실의 경제적 고려 대상에서 멀어졌다. 18세기에 들어와 카리브해의 설탕 플랜테이션 대부분은 영국과 프랑스의 수중에 들어갔다.

유럽의 두 강대국이 카리브해의 설탕 플랜테이션을 지배하면서 설탕은 이제 더 이상 상층계급만을 위한 소비재가 아니었다. 아프리카의 노예노동력을 기반으로 대량 생산체제에 들어가면서 설탕은 싼 가격에 구입할 수 있는 소비재가 되었다. 특히 영국이 산업혁명으로 공장제 생산양식을 점차 확대하자 설탕의 소비도 비약적으로 늘어났다. 영국인들이 즐기는 차의 소비가 늘어나면서 차에 설탕을 첨가하는 형태가 자리 잡기 시작했던 것이다. 공장노동자들은 한때 귀족층의 전유물이었던 설탕의 소비기회를 갖게 되면서 새로운 사회관계 안에 편입되었다는 심리적 만족감을 얻을 수 있었다.

'단맛'을 부담 없이 누릴 수 있었던 영국 공장노동자들의 형성 이면에는 그러한 '단맛'을 끊임없이 제공하기 위해 엄격한 작업규율과 가혹한 노동조건에 시달려야 했던 흑인 노예들이 있었다. 순백의 설탕을 만들어내기 위해 흑인 노예들은 사탕수수액을 뽑아내기 위한 착즙기에 사탕수수를 밀어 넣다가 손이 절단당하는 사고를 당하기 일쑤였다. 또한 사탕수수액을 정제하여 설탕을 만들기 위해 고온의 작업장에서 장시간 노동을 견뎌내야 했다. 저명한 인류학자 시드니 민츠(Sydney Mintz)의 지적대로 근대사회의 설탕 소비에는 제국주의적 권력관계가 강하게 반영되어 있었다. '설탕 권력'은 그것을 보유하지 못한 아프리카와 카리브해 원주민들의 삶을 송두리째 변화시킨 힘이 원천이었다.

덧붙이는 글

바베이도스를 카리브해 설탕산업의 전진 기지로 확보한 영국은 바베이도스보다 30배나 큰 자메이카는 물론 그 외 카리브해 섬들로 지배를 확장함으로써 프랑스와 더불어 설탕 대량생산국가로서의 지위 확보를 위한 기반을 마련했다. 설탕 생산국가로서의 영국의 부상에 중요한 기여를 한 또 하나의 인물이 달비 토마스 경이다. 그는 17세기 말 자메이카 총독에 부임한 관리이면서 사탕수수 농장의 소유자이기도 했다. 토마스 경은 설탕에 대한 유럽시장의 잠재적 수요를 간파하여 이를 충족시키기 위해서는 실질적인 소비에 이르기까지의 전 과정에 국가권력의 적극적 보호가 있어야 한다고 주장했다. 즉 설탕생산은 생산을 위한 식민지, 노동력, 자본의 축적, 그리고 완성품의 운송을 위한 해운업의 모든 요소를 필요로 한다는 것이다. 토마스 경은 설탕생산 이면에 존재하는 경제적 의미와 정치적 의미를 파악하여 이를 영국의 제국주의적 이해 확대에 적극적으로 활용했다.

1-7 마데이라 와인: 미국혁명의 성취를 알리는 상징

15세기, 포르투갈의 항해왕자 엔히크가 대서양으로의 진출을 본격적으로 추진하는 과정에서 포르투갈령으로 귀속된 '마데이라'라는 섬이 있다. 아프리카 대륙에서 약 520킬로미터, 포르투갈에서 약 1000킬로미터 떨어져 있는 마데이라섬의 지정학적 위치 때문에 그곳은 대서양과 아프리카 서해안으로 포르투갈이 진출하는 데 교두보로 활용될 수 있었다. 현재의 포르투갈 국민에게 마데이라섬은 지난 시대의 역사적 의미보다는 그들이 자랑스러워하는 축구영웅 크리스티아누 호날두의 출생지로서 각별한 의미를 가지고 있다. 마데이라섬의 아름다운 풍광을 즐기기 위해 세계 각지에서 모여드는 관광객들이 마데이라의 수도 푼찰에 도착하면 그의 이름을 딴 호날두 공항의 이름을 맨 처음 듣게 되고 입국장에 있는 그의 흉상부터 보게 될 정도이다. 그렇지만 마데이라섬을 보다 넓은 역사적 맥락에서 바라보면 현시대의 영웅 호날두뿐만 아니라 포르투갈 해양진출의 교두보로서의 역할 또한

미국 건국의 아버지들을 상표에 그린 마데이라 와인

뛰어넘는 큰 의미를 발견할 수 있다.

마데이라섬을 첫 번째 해외 영토로서 확보한 엔히크 등의 해상세력은 그곳이 제공할 수 있는 경제적 이익을 찾아내기 위해 부심했다. 당시의 인도양 무역에서 유럽인들에게 가장 인기가 높았던 향신료를 마데이라에서 확보할 수는 없었기 때문에 이를 대체할 산품이 필요했다. 사탕수수 재배는 포르투갈의 이러한 의도에 부합했다. 십자군 원정 때 설탕의 달콤한 맛을 유럽인들은 처음 접하게 되었지만 유럽 대륙 내에서 사탕수수 재배에 적합한 지역이 존재하지는 않았다. 포르투갈의 식민 정착세력들은 점차 성장하는 유럽인들의 설탕 수요를 충족시키는 장소로 마데이라를 활용하고자 했다. 1420년경부터 마데이라의 식민사업을 시작한 포르투갈은 마데이라에서 사탕수수 재배농장의 면적을 점차 넓혀 나갔다. 1455년경에 이르면 마데이라의 설탕 생산량은 66,000킬로그램 내지 72,000킬로그램까지 늘어났다. 지리적 접근성이 용이한 마데이라 설탕산업의 성장은 현재의 벨기에 서부, 네덜란드 남부, 프랑스 북부를 포함하는 플랑드르 지역과 제

노바의 상인들의 투자를 유발하기도 했다. 대량의 설탕 생산을 위해서는 노동력 확보도 필수였는데 이를 위해 아프리카로부터 다수의 흑인노예들을 들여왔다. 16세기에 이르면 아프리카 수입 노예의 수가 마데이라 전체 주민의 10%에 달했다고 하니 마데이라의 설탕생산은 이미 마데이라에 한정된 지역산업의 모습을 벗어나 여러 지역의 자본과 노동력과 연계된 산업으로 성장했다고 말할 수 있다.

마데이라는 그렇지만 포르투갈 설탕생산의 주력지로서의 지위를 유지할 수는 없었다. 남아메리카의 브라질까지 세력권을 넓힌 포르투갈은 16세기 중반 이후 대서양 연안의 브라질 지역을 설탕 생산의 중심지역으로 발전시키려고 했다. 이에 더해 에스파냐, 영국 등의 해상세력이 바베이도스 등을 비롯한 카리브해의 여러 섬을 차지하여 그곳에 본격적 설탕 플랜테이션을 조성함에 따라 설탕 생산지로서의 마데이라의 중요성은 하락할 수밖에 없었다. 따라서 마데이라의 경제적 활성화를 위한 다른 수단이 필요했다.

포르투갈령 마데이라섬의 위치. 마데이라는 축구 영웅 크리스티아누 호날두의 고향이기도 하다.

마데이라의 와인이 17세기부터 마데이라의 주력 수출품으로 부각할 수 있었던 것은 이러한 상황에 힘입은 바 크다. 마데이라의 식민사업을 시작한 초기부터 엔히크 왕자는 크레타섬에서 포도나무의 종자를 들여와 와인을 식민 이주자들에게 제공하려고 했다. 마데이라의 초기 와인 생산은 이렇게 개인적 욕구를 충족시키는 차원에 머물러 있었고 설탕산업에 눌려 활발하지 못했다. 인도양에 진출하려는 유럽의 해상세력이 늘어날수록 마데이라는 중간 기착지로서 그 중요성이 더해갔다. 장시간의 항해를 앞두고 있는 선원들에게 마데이라의 와인은 막막한 대양 위에서의 무료함을 달랠 수 있는 수단 중의 하나였다. 인도양으로 떠나는 상선의 중요 적재물로 실리면서 마데이라 와인의 소비는 늘어났다.

마데이라 와인의 소비가 늘어나는 과정에 해결해야 될 한 가지 문제가 발생했다. 장시간의 항해와 높은 온도에 노출된 마데이라의 와인이 항해 도중 상해버렸던 것이다. 와인 생산업자들은 사탕수수를 재료로 만든 증류 알콜을 마데이라 와인에 혼합하면 와인의 알콜 성분을 강화시키면서 와인의 부패도 방지할 수 있다는 것을 발견했다. 이러한 마데이라의 주정 강화와인은 인도양으로 떠나는 네덜란드 동인도회사의 선박들에게 인기 품목이었다. 그런데 사탕수수로 만든 증류 알콜의 첨가가 와인의 독특한 맛을 변질시킨다는 또 다른 문제를 발견한 와인 생산업자들은 18세기 중반부터는 와인을 증류한 브랜디만을 마데이라 와인에 첨가하도록 하여 유럽지역에서 생산되는 와인에 비해 알콜도수가 높고 풍미가 독특한 와인을 생산할 수 있었다. 바야흐로 18세기 마데이라 와인의 전성시대가 열리는 순간이었다.

마데이라 와인의 역사에서 또 하나의 비약적 계기는 포르투갈이 영국과 체결한 메수엔 조약이었다. 에스파냐 왕위계승전쟁 중에 포르투갈은 에스파냐를 지지하던 애초의 입장을 저버리고

1703년 영국과 메수엔 조약을 체결했다. 메수엔 조약에 의해 포르투갈 와인은 프랑스 와인에 비해 1/3 이하의 관세만을 부과받는 특혜를 누릴 수 있었다. 마데이라 와인은 영국의 북아메리카 식민지 뉴잉글랜드에서 이러한 관세상의 특혜와 독특한 풍미로 선풍적인 인기를 누렸다. 영국의 입장에서는 뉴잉글랜드 식민지 이주자들의 와인에 대한 욕구를 자국과 적대적인 프랑스 와인을 통해서 해소시키고 싶지는 않았기 때문에 마데이라 와인의 수입을 적극 장려했다.

부유한 상인이었으며 초대 메사추세츠 주지사였던 존 핸콕

존 핸콕과 같은 매사추세츠의 부유한 상인은 마데이라 와인의 이러한 인기를 보다 적극적으로 활용하여 더 많은 부를 축적하고자 했다. 핸콕은 유산으로 거대한 해운회사를 물려받았는데 이 선박들은 뉴잉글랜드에 들어오는 상품들 중에 적지 않은 양의 물건들을 밀수하면서 핸콕의 부를 증대하는 데 기여했다. 세관업무를 담당하는 영국의 관리들은 날로 수요가 늘어가는 마데이라 와인이 핸콕의 주요 밀수품목 중의 하나라는 혐의를 거둘 수 없었다. 1768년 5월 9일, 핸콕의 범선 리버티호가 마데이라 와인을 싣고 보스턴에 들어왔다. 핸콕은 리버티호에 적재된 마데이라 와인 전체에 대한 관세를 모두 지불했다고 주장했지만 보스턴 세관원들은 핸콕이 관세를 피하기 위해 야밤에 상당한 양의 마데이라 와인을 하역했다고 의심했다. 영국 정부

는 전함 롬니를 파견하여 리버티호를 압류하는 강수를 두었다. 이미 1764년에 설탕법, 1765년에 인지법으로 식민지 거주민들에 대한 과세를 강화한 바 있었던 영국정부의 이러한 행동은 그들의 불만을 더욱 가중시켰다. 그들의 불만은 1769년 영국 해군에 편입되어 로드아일랜드 뉴포트 항에 억류되어 있던 리버티호에 대한 방화와 1770년 보스턴 학살사건, 1773년 보스턴 티파티로 이어졌다. 바야흐로 미국혁명의 본격적인 불꽃이 타오르는 순간이었다.

마데이라 와인이 갖는 이러한 상징성 때문에 미국 건국의 아버지들은 독립 선언서를 작성한 뒤 축배의 와인으로 그것을 사용했다. 1대 대통령 조지 워싱턴 역시 취임식 때 마데이라 와인을 축배의 와인으로 사용했다. 영국의 식민주의자들이 자국의 이익 증진을 위해 식민지에 소개하였던 마데이라 와인이 결국에는 그들의 식민지배를 끝내는 순간의 상징물로서 부각되었던 것이다. 이처럼 해양공간을 통한 문물의 교류는 역사를 전혀 예측할 수 없는 곳으로 끌고 가기도 했던 역동적 활동이었다.

덧붙이는 글

영국이 카리브해를 설탕생산의 중요지로 활용하는 과정에서 식민지 아메리카의 이주민과 갈등을 빚게 되었던 요인 중의 하나가 럼주 산업에 대한 과세이다. 럼주는 카리브해의 당밀을 원료로 하였는데 영국령 카리브해 전체의 당밀 생산량은 로드 아일랜드 한 곳의 수출용 럼주 생산에 필요한 당밀 양의 2/3도 충족시키지 못하고 있었다. 보스턴을 비롯한 뉴잉글랜드 지역의 럼주 생산업자들은 럼주에 대한 수요를 충족시키기 위해 영국령 카리브해의 당밀뿐만 아니라 프랑스령 카리브해 지역으로부터 당밀을 수입하여 이를 해결하려고 하였다. 그렇지만 식민지 상인들의 이러한 조치가 아메리카 대륙에서 영향력 확대를 위해 경쟁하고 있는 프랑스를 이롭게 할 수 있다고 판단한 영국정부는 1733년 당밀조례를 발표하여 영국령 카리브해를 제외한 다른 지역에서 생산된 당밀에 대해 무거운 수입관세를 부과했다. 식민지 이주민들이 과도한 세금을 피하기 위해 밀수에 나서자 영국정부는 1764년 당밀에 대한 세금을 인하했지만 설탕과 마데이라 와인에 대한 새로운 세금을 부과하면서 또 다른 불만을 야기하게 되었다.

02
해양중국의 역사

2-1
정성공 정권과 해양대만

정성공의 여러 얼굴들

해양영웅으로 한국에 장보고가 있다면, 중국에는 정성공(鄭成功, 1624~1662)이 있다. 그런데 정성공 이미지는 나라마다 다르다. 중국대륙에서 정성공은 네덜란드 식민주의자로부터 대만을 수복한 민족영웅이라는 이미지가 강하다. 그가 중국영토였던 대만섬을 다시 조국의 품으로 돌아오게 한 영웅이라고 보기 때문이다. 일본에서는 정성공이 나가사키 히라도에서 출생했으며 어머니가 일본인이란 사실을 강조한다. 대만 식민통치시기에는 신사를 세워 정성공을 모시면서 대만통치논리로도 이용했다. 반청 운동을 한 사실을 반중국 정서로 활용한 것이다. 그런데 대만에선 정성공 정권을 대만섬 일부를 점령해 38년간 통치한 네덜란드 동인도회사와 같은 외래정권의 하나에 불과하다고 본다. 대만사 연구가 정씨왕조의 의의를 과장하기보다는 대만섬 원주민을 주목하는 방향으로 선회했기 때문이다. 이렇듯 한 인물에 대해 나라마다 다양한 해석이 나오는 까닭은 무엇 때문일까?

대만, 어민과 해적의 공간

명조의 해금정책과 왜구의 창궐은 대만 역사에 큰 영향을 미쳤다. 중국대륙의 복건지역은 산이 많고 농지가 적어 연해 백성은 어쩔 수 없이 바다에서 생계를 꾸려야 했다. 특히 값비싼 물고기인 숭어를 찾아 팽호섬을 넘어 대만 연안까지 몰려갔다. 일부 사람들은 해적집단을 형성하기도 했다. 일본 왜구와 합류해 강소, 절강, 복건, 광동 연해의 거주민들을 괴롭혔으며, 그 세력은 대만해협의 양안까지 미쳤다. 16세기 말부터 17세기 초까지 대만은 명과 일본 사이 밀무역 중계지로 자리 잡았다. 이 무렵 대만을 근거지로 활동한 중국인 중에 가장 영향력이 있던 인물로는 안사제(顏思齊)와 정지룡(鄭芝龍) 등이 있었다.

국성야의 반청복명

정성공의 초상

정성공은 국제무역상이자 해적집단의 우두머리였던 아버지 정지룡과 일본인 어머니 사이에서 태어났다. 그는 일본에서 어린 시절을 보내다 부친을 따라서 7살 때 복건으로 이주했다. 1644년 명조가 멸망하고 명조의 후예들이 남명(南明)정권을 세우자 그 가운데 한 황제인 융경제(隆慶帝)를 모셨다. 충성의 대가로 국성

정성공 함대와 당시 대만을 통치하던 네덜란드 군대의 전투를 그린 기록화

인 주(朱)씨 성을 하사받아 국성야(國姓爺)라고 불렀다. 외국인들은 복건발음인 콕싱가(Koxinga)로 불리기도 했다. 융경제가 만주족에게 살해당하자 아버지 정지룡은 청에 투항했으나 아들인 정성공은 하문을 근거지로 삼아 청에 대항했다. 17만의 병력으로 남경수복을 시도하다 실패하여 물러났다. 청조는 정성공이 항복하지 않자 정지룡을 처형했다. 분노한 정성공은 반청복명(反淸復明)의 기치 아래 명조 회복을 위해 십수 년간 저항했다.

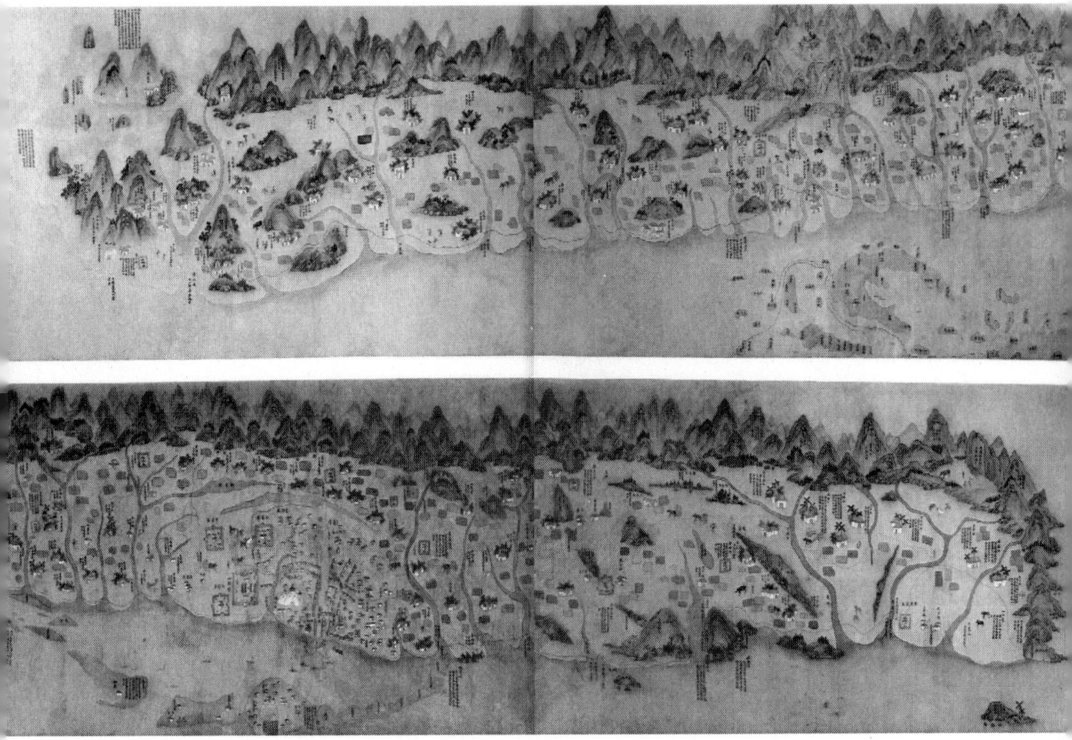

대만 연안을 그린 청나라의 지도

정성공의 대만점령

정성공은 장기적인 반청운동을 위한 근거지가 필요했다. 그 무렵 대만의 네덜란드 군대에서 통역하던 하정빈(何廷斌)이 하문에 있던 정성공을 찾아와 대만점령을 권했다. 네덜란드 군대가 배치된 지도도 함께 건넸다. 대만은 원래 아버지 정지룡의 근거지였을 뿐만 아니라 네덜란드 동인도회사의 개발로 상당한 인력과 생산성을 갖추고 있었다. 1661년 3월 정성공은 2만 5천여 명의 병력과 4백여 척의 함선을 이끌고 금문을 출발해 대만해협을 건넜다. 팽호섬에서 전투준비를 마친 후 만조를 이용해 대남의 녹이문(鹿耳門)으로 침투해 상륙했다. 치열한 해전과 육전이 벌어졌다. 네덜란드인들은 전세가 불리해지자 성 안으로 물러나 농성에 들어갔다. 한편으로 동인도회사 근거지가 있던 바타비아(지금의 자카르타)에 구원병을 요청하고, 정성공과 화의를 시도했다. 수비병이 1,100여 명에 불과한 네덜란드군대는 8개월간의 대치 끝에 결국 투항할 수밖에 없었다. 정성공이 대만에 상륙한 사건을 보통 한인왕조가 처음 대만에 출현한 것으로 본다.

정경과 동녕왕국

정성공은 네덜란드 성곽을 점령한 후 이름을 안평진(安平鎮)으로 바꾸고 지금의 대남을 중심으로 통치했다. 이곳은 1860년대 개항 이후 발전중심이 지금의 대북으로 옮겨갈 때까지 200여 년 동안 대만의 정치경제 중심지였다. 정성공은 대만을 점령하고 5개월 후 39세의 젊은 나이로 돌연 사망했다. 그의 죽음에 대해서는 지금까지 의문이 많다. 아들 정경(鄭經, 1643~1681)이 즉위해 대만 이름을 동녕(東寧)으로 바꾼 후 동녕왕국을 건국했다. 국제적으로는 '대만의 왕(The King of Tyawan)'이라고 불렸다. 그 후 해양입국의 정씨왕조는 일본 나가사키와 대만 및 복건 광동 연해의 국제무역을 장악해 동아시아와 남양을 포괄하는 해상무역왕국을 만들었다. 1674년 정경은 아버지를 이어받아 반청운동을 재개해 복건 연해까지 진출한 후 6년간 전쟁을 벌였다. 대만섬은 유교를 추종하던 진영화(陳永華)에게 맡겨졌다. 1680년 정경이 별다른 성과 없이 대만으로 철수할 무렵 의지하던 진영화가 죽었다. 다음 해 자신도 39세의 젊은 나이로 죽었다. 곧 이은 왕위계승을 둘러싼 참혹한 권력투쟁은 국력을 약화시켰다.

시랑의 대만정벌

12세에 불과한 어린 정극상(鄭克塽, 1670~?)이 정경을 승계했으나 대만사회는 큰 혼란에 빠져 있었다. 1683년 청 왕조는 정성공의 부하였다가 투항한 시랑(施琅)을 수사제독으로 임명했다. 600여 척의 선박에 6만의 병사를 실어 팽호를 점령하고 대만을 공격했다. 해군사(史)의 각도에서 시랑의 수군이 팽호에서 정씨왕조의 수군과 벌인 해전은 무려 500척 이상의 범선전함이 동원된 것이어서 주목한다. 당시로서는 중국역사상 가장 큰 규모의 해전이었다. 결국 정씨왕국은 오래 버티지 못했다. "조선의 예를 따라 삭발하지 않고 다만 신하를 칭하며 공납을 바치는 선에서 관계 유지를 희망한다."는 오랜 요구는 받아들여지지 않았다. 정극상을 비롯한 문무관원은 모두 변발한 채 청에 항복했다. 이로써 정씨통치시기 22년간의 독립정권이 막을 내렸다. 그 후에도 대만섬에는 "3년에 한 번 작은 반란이 있고, 5년에 한 번 큰 반란이 있다."는 속어처럼 관방과 민중과의 대항이 계속되었다.

민족영웅 정성공 vs 국가영웅 시랑

중국대륙에서 "대만은 중국의 불가분의 일부분"이라는 관점을 줄곧 유지해왔다. 기본적으로 대만사는 중국의 지방사라는 것이다. 따라서 대륙학계의 정씨통치시기 연구는 정씨해상집단의 흥망과 정성공의 반청복명을 다루면서 네덜란드를 구축시키고 대만을 수복한 업적을 높이 평가한다. 그런데 시랑이 대군을 이끌고 정씨왕조의 대만을 정벌한 사건 역시 높이 평가한다. 그는 애국주의 영웅이라는 것이다. 문제는 민족영웅 정성공과 국가영웅 시랑 사이에 불일치가 발생한다는 사실이다. 반청복명을 역사적 뿌리로 삼아 정성공을 숭상하는 해외화교의 입장에서 이런 이중적 해석은 무척 혼란스러운 것이다. 한편 대만학계에선 정성공이 반란을 일으킨 까닭은 만주족 정권에 불만이 있어서이고 대만을 점령한 것도 반청운동이 실패했기 때문이라고 한다. 게다가 정씨통치시기는 청이 중국을 대표할 뿐 정씨집안이 중국을 대표하는 것은 아니라고 본다. 이처럼 역사 속에서 국가와 민족의 이름 아래 이율배반적인 해석이 나타나는 것이 어찌 정성공만의 사례뿐일까? 권력이 역사해석에 간섭하려는 시도가 사라지지 않는 한 이런 왜곡현상은 되풀이될 수밖에 없을 것이다.

덧붙이는 글

대만해양사의 개척자 차오용허(曹永和)는 '대만도사(臺灣島史)'의 개념을 제안하면서, 대만역사의 해양성 특색을 주장했다. 대만섬 인민을 주체로 하여 대만의 역사를 바라보았는데, 한인이 대만을 개발했다는 관점에서 벗어나 대만 원주민을 중시했다. 대만인들은 수천 년 동안 섬으로 집을 삼았고, 바다로 길을 삼았다며, 자신들이 고도의 개방성과 포용성을 지닌 까닭은 역사발전이 해양과 불가분의 관계를 가졌기 때문이라고 말한다.

2-2
중국인 장더이의 세계일주와 대양항해

1869년 7월 25일 프랑스 파리에서 변발한 중국인이 말을 타던 중 낙마했다. 상처가 깊어 치료 후에도 체력이 회복되지 않았다.

중국 청나라 때 범선 기영호. 미국과 영국을 거쳐 세계일주에 성공한, 탁월한 원양 항해 능력을 갖춘 배였다.

어쩔 수 없이 일행과 떨어져 먼저 귀국길에 올랐다. 우연치 않은 사고가 한 젊은이에게 '최초로 세계일주한 중국인'이라는 영예를 안겨주었다. 그의 이름은 장더이(張德彝, 1847~1918)였다.

여덟 번의 해외여행과 여덟 권의 여행기

장더이는 근대 중국인 가운데 가장 해외여행을 많이 한 사람이다. 첫 번째는 1866년 봄 불과 19세의 나이에 외국어를 공부하는 동문관(同文館) 졸업생의 신분으로 최초의 민간사절단인 빈춘(斌椿) 사절단을 따라 인도양을 건너 유럽에 갔다. 두 번째는 1868년 통역신분으로 청조의 공식사절단인 벌링게임(Anson Burlingame) 사절단을 수행해, 태평양을 건너 미국을 거쳐 유럽을 장기간 방문했다. 세 번째는 1870년 텐진교안을 사죄하기 위해 파견한 총호우(崇厚)사절단을 따라 프랑스에 갔다. 이처럼 초기 세 번의 해외사절단에 모두 참가했다. 뿐만 아니라 1876년 12월 다시 중국 최초의 주외공사 궈송타오(郭嵩燾)를 따라 영국으로 건너가 외교활동을 펼쳤다. 장더이는 평생 동안 무려 여덟 번의 해외여행을 통해 여덟 권의 여행기를 남긴 것으로 알려졌다. 이른바 『칠술기(七述奇)』를 제외한 일곱 권이 전해지면서 중국인 가운데 가장 이르고 상세한 세계견문록을 남겼다. 그중에는 해양문명에 관한 것들이 많은데, 이 장에서는 초기 여행기 가운데 대양항해에 관한 기록 몇 조각을 찾아 읽어보고자 한다.

증기기관·등대·선상 죽음

장더이는 빈춘사절단을 통해 첫 번째 여행기 『항해술기(航海述記)』를 남겼다. 당시 화륜선에 대한 소문이 무성했으나 직접 구경

장더이가 참여한 청나라의 벌링게임(Burlingame)사절단 모습이다.

한 중국인은 거의 없었다. 장더이는 외국선박의 증기기관을 보고 감탄하며 “화륜기는 불로써 물을 끓여 증기로 하여금 철륜을 상하로 회전시키면 배가 스스로 움직인다.”라고 썼다. 항구 밖 등대도 신기했는지 높은 탑처럼 생긴 등대는 빛이 백 리 밖을 비칠 수 있어 야간에 운항하는 선박이 항구 위치를 알도록 한다고 했다. 유럽에 가서도 원형모양의 등대와 유리등을 묘사했다. 밤에는 등을 켜서 위험을 알리는데, 안개로 등광이 어두우면 종을 울려 위험을 알린다고 했다. 대양으로 나간 중국인들은 망망대해에 대한 경이로움이 사라지기도 전에 강한 바람과 높은 파도를 만났다. 항해의 힘든 과정은 모든 여행기에서 나타나는데, 대표적인 고통은 배 멀미였다. 항해의 어려움은 이뿐만이 아니었다. 스리랑카에서 아덴으로 항해 도중 한 인도인의 죽음을 목격했다. 시체가 썩어 전염병이 선내에 돌 것을 우려해 재빨리 처리한다고 썼다. 그 방법은 선박규정에 따라 시체를 바다로 던지는 것이다. 보통 시신을 넣은 관에 무거운 철도 함께 넣어 바닷속으로 가라앉히는 방법을 썼다. 선상 전염병은 근대 유럽인들이 무척 두려워한 존재였다.

지구설

대부분의 여행서는 지리서의 성격을 띤다. 『항해술기』에는 「지구설(地球說)」이란 글을 실어 지구의 개념을 설명하고 지구가 둥글다는 사실을 확인했다. 그 표현이 흥미롭다. "(지구의) 모양을 말하자면, 혹자는 하늘은 둥글고 땅은 네모라 하고, 혹자는 하늘 모양은 덮개와 같다고 하고, 혹자는 하늘과 땅의 모양이 계란과 같다고 한다. 요컨대 뒤의 학설이 사실에 가깝다. 대체로 하늘 모양은 바깥을 둥글게 둘러싸고 있으며, 땅 모양은 가운데 둥글게 모여 있으니 공 모양이 지구의 모습에 가깝다."(장더이, 『항해술기』) 장더이는 고대 중국인의 천문관 중 하나인 혼천설(渾天說)이 대체로 서양인의 천문학과 부합한다고 보았다. 혼천설은 천체가 계란과 같이 생겨 하늘이 땅을 둘러싸고 노란자와 같은 지구가 그 가운데 있는 형상이다. 이것은 서양인의 학설과 비슷할 뿐만 아니라, 중국인이 그들보다 3천 년이나 빨리 생각했다고 주장했다.

최초로 세계를 일주하다

장더이는 벌링게임사절단을 통해 두 번째 여행기 『구미환유기(歐美環遊記)』를 남겼다. 첫 번째 여행이 유럽만을 구경한 것이라면, 이번 여행은 2년 8개월 동안 지구를 한 바퀴 돈 장거리 여행이었다. 이번에는 동남아를 거쳐 인도양으로 가는 방향이 아니라 정반대로 일본을 거쳐 태평양을 건넜다. 배를 탄 후 오직 하늘과 바다만을 보았다고 했으며, 역시 폭풍우를 경험했다. "대동양(大東洋)이거나 혹은 태평양이라고 부른다. 풍랑이 이처럼 험악하니 아마도 명실이 부합하지 않는다."라고 기록했다. 이번 사절단은 처음으로 "동양의 동쪽이 서양의 서쪽"이라는 사실을 확인했다. 장더이는 미국을 경유해 유럽에 갔다가 프랑스에서 우연한 낙마사고로 어쩔 수 없이 빨리 귀국했다. 그래서 중국인으로서는 최초로 세계를 일주한 사람이 되었다.

전통적 지리관과 근대적 지리관의 충돌

이번 여행기에서도 지구의 자전과 공전을 설명했다. 지구의 자전으로 낮과 밤이 나뉘고, 지구의 공전으로 사계절이 나뉜다고 했다. 지구 자전에 따른 시차에 대한 관념도 나타난다. "태양과 반대 방향으로 주행하면 지구는 매일 몇 분 늦어진다. 태양을 따라 주행하면 지구는 매일 몇 분 빨라진다. 만약 그 증감을 계산하지 않는다면, 어떤 곳에 도착한 날은 달력과 다를 것이다."라고 썼다. 또한 지구의 5분의 3은 물이 차지하는데, 물이 모여 있어도 새지 않는 까닭은 중력의 힘에 의존하기 때문이라고 했다. 앞서 혼천설이 서양인의 천문관을 앞섰다는 주장처럼 이번에는 고대 추행(鄒行)의 학설이 잘못되지 않았다는 주장을 폈다. 구주설(九州說)을 견강부회해 중국이 천하의 81분의 1이라는 사실을 옛 중국인은 이미 알고 있었다고 우겼다. 장더이의 중국우월주의 사고방식은 다른 일기에서도 종종 나타나는데, 전통적 세계관과 근대적 세계관의 충돌을 잘 보여준다.

수에즈운하와 우공이산

장더이는 총호우사절단을 통해 세 번째 여행기 『수사법국기(隨使法國記)』를 남겼다. 당시 프랑스는 프로이센-프랑스전쟁의 혼란 중이라 마르세이유 항구에 도착한 사절단은 위험을 피해 곳곳을 전전했다. 그러다가 장더이는 우연히 1871년 3월 파리코뮌을 진압

하는 광경을 직접 목격한 중국인이 되었다. 이번 여행기에는 바다 관련 기록이 적지만 수에즈운하에 대한 인상은 깊었다. 장더이가 처음 여행을 시작할 때는 수에즈지역에 아직 운하가 완성되지 않았다. 이곳은 두 대륙이 연결되는 지역인데, 동쪽이 아시아이고 서쪽이 아프리카이며 북으로는 지중해가 남으로는 홍해가 연결된다고 소개했다. 1869년 수에즈운하가 완성되자 아프리카 연해를 따라 희망봉을 도는 것보다 수만 리 단축되었다. 세 번째 여행에서는 아시아와 유럽을 연결시킨 수에즈운하를 배를 타고 통과했다. 프랑스인 레셉스(Ferdinand Marie de Lesseps)에 의해 10년간 추진된 대운하공사에 감탄하며, 이 공사를 인간의 노력이 하늘을 이긴 우공이산의 고사에 비유했다. 중국인의 눈에 수에즈운하는 서양인의 해양개척정신을 잘 보여준 사례였다.

동양과 서양 사이

장더이는 서양식 교육을 받은 신형 지식인의 탄생이라고 볼 수 있다. 그를 비롯해 청말 대양을 건넌 중국인들은 동양(東洋)에 대한 자부심을 가지고 떠났다. 그러나 구미사회에서 상상하지 못했던 서양(西洋)을 발견했다. 과거 불교로 상징되는 인도문명에 충격을 받아 큰 변화를 겪은 이래, 과학기술로 상징되는 유럽문명의 출현은 세계관의 전환을 가져왔다. 물론 중국 중심적 세계관에 익숙했던 그들에게 오랑캐의 신문명을 받아들이는 데는 심리적 갈등과 더불어 적지 않은 시간이 필요했다.

덧붙이는 글

장더이에게 대양에 사는 해양생물은 무척 신기한 동물이었다. 무엇보다 유럽의 박물관에서 본 고래에 대한 기억은 강렬했다. 고래의 입은 커서 문과 같이 출입할 수 있고, 그 뱃속에 6~7명의 사람이 들어갈 정도라고 했다. 북해에 있는 고래는 배 여러 척을 뒤집을 정도로 크다고 했다. 그래서 장더이는 장자의 우언에 나오는 곤(鯤)이라는 물고기가 고래가 아닐까, 라고 생각하기도 했다.

2-3 장더이가 본 빅토리아시대 영국의 해양문명

2018년 여름, 부경대학교 해양문화 탐방프로그램의 하나로 대학생들과 함께 영국에 다녀왔다. 영국 해양산업의 현재를 보여주는 런던과 리버풀, 해양역사문화를 일목요연하게 전시한 그리니치 해양박물관, 영국해군의 역사를 실감 나게 재현한 포츠머스 해군박물관 등을 구경했다. 여행 도중 문득 런던은 물론 그리니치나 포츠머스를 방문했던 150여 년 전 중국인들이 떠올랐다. 그중에는 궈숭타오(郭嵩燾)와 같은 외교관도 있었고, 옌푸(嚴復)와 같은 유학생도 있었다. 이 장에서는 중국 최초로 세계일주한 통역관 장더이(張德彝, 1847~1918)를 통해 대영제국 전성기였던 빅토리아시대의 해양문명을 살펴보자.

장더이의 '첫' 인상들

장더이는 중국 최초의 민간사절단인 빈춘(斌椿)사절단을 따라 1866년 5월 15일 영국 런던에 도착했다. 런던에 대한 첫 인상은

2018년 여름 필자가 방문한 영국 포츠머스해군박물관(National Museum of the Royal Navy)에 전시된 범선 빅토리호

"도로가 평탄하고, 원림이 울창하며, 길거리가 가지런하고, 도시가 번성하다."는 것이었다. 그 후 장더이는 외교관 신분으로 여러 차례 걸쳐 영국을 방문해 풍부한 여행기록을 남겼는데, 도시시설, 신문사, 수정궁, 감옥, 의회, 종교, 여성, 기차, 전보, 의학, 악기 등을 묘사했다. 어떤 중국인보다 서양문명에 대한 '첫인상'들을 많이 기록했는데 양식요리, 표점부호, 파리코뮌, 피라미드,

자전거, 재봉틀, 피임도구 등이 있었다. 여기에는 영국의 최신 해양문명들도 포함된다. 그가 경험한 해양문명은 적어도 2백 년 이상 뿌리를 가진 영국의 과학기술로 결코 이해하기 쉬운 일은 아니었다. 중국인들은 무엇보다 군함과 대포와 같은 무기에 큰 관심을 보였다.

문자선(蚊子船) 관람

장더이의 여행기에는 조선소에서 건조 중인 군함을 관람한 기록이 자주 보인다. 특히 중국이 구매하기로 한 문자선에 대한 기록이 자세하다. 문자선이란 군함의 선두에 큰 신식대포 1문이 놓였는데 모기처럼 생겨 붙여진 이름이다. 리훙장(李鴻章)이 스코틀랜드인 캠벨(C. A. Compbell)에게 군함을 구매하도록 지시해 처음으로 두 척이 만들어졌다. 주영공사인 궈송타오를 따라 런던에서 좀 떨어진 포츠머스군항에 가서 관람하기도 했다. 배에 올라 군함과 함포 모양을 살폈으며 직접 대포를 발사했다. 어떤 날에는 영국 빅토리아여왕이 해군함대를 사열하는 행사에 초대받아 눈앞에 펼쳐진 신식군함의 위용에 압도되었다. 장더이는 우연히 만난 외국인에게 2천 년 전 한 무제가 만든 배는 만 명을 실을 수 있었으며, 수 양제 때에는 5층짜리 군함에 8백 명의 군인을 실을 수 있었다고 자랑하며 자신을 위로했다.

대포의 개량

화포창에서 대포를 만드는 과정을 구경한 기록도 종종 보인다. 장더이는 대포성능이 나날이 개량된 사실에 주목했다. 본래 포탄

포탄을 앞에서 장전하는 구식 대포인 전당포(前膛炮)

을 앞에서 장전하던 전당포(前膛炮)가 주종이었지만 이 무렵 각국은 경쟁적으로 요즘과 같은 후당포(後膛炮)를 개발했다. 후당포 가운데 불량한 것은 폐기되었고 새롭게 만든 후당포는 화력이 대단할뿐더러 쉽게 폭발하지 않았다. 포의 머리가 크고 꼬리가 작아 마치 화병과 같았고, 머리와 꼬리가 고르면 대나무 통과 같았다. 서양포는 생철과 동으로 주조했는데 쉽게 폭발하자 숙철로 대포를 개량했다. 숙철도 순철의 견고함과 가벼움만 못하자 다시 개량했다. 그는 서양포대가 나날이 정교해져 외적이 항구를 쉽게 공격할 수 없다는 사실도 적었다. 해안포대의 내부시설에 대해 자세히 묘사했는데, 대포를 자유자재로 이동하거나 적선 몰래 갑작스레 포격할 수 있는 시설 등을 소개했다.

수뢰에서 어뢰로

장더이는 수뢰 만드는 공장도 구경했다. "바닷속에 들어가 있는데 앞에는 작은 물건이 붙어 있고 가운데는 전선이 연결되어 있다. 크고 작은 병선을 막론하고 접촉하면 폭발한다."라고 설명했다. 이 시대는 수뢰에서 어뢰로 진화하던 때였다. 장더이는 신형어뢰를 처음 구경한 사람 중 하나이다. 어뢰란 "수뢰 가운데 물고기 모양을 한 것"이라며, 그 모양이 머리와 꼬리가 뾰쪽하고 지느러미와 날개가 있어 어뢰라고 부른다고 했다. 세 부분으로 구성되었고, 앞부분은 국화모양의 기계인데 동으로 만들어졌으며 어뢰가 이동하는 원근을 정한다. 중간 부분은 기계가 내장되어 입수 깊이를 정하는 곳인데 비밀이어서 다른 사람에게 보여주지 않는다. 뒷부분은 화약이 들어 있는데 모두 무연화약이어서 폭발력이 대단하다. 수중에서 발사하면 소리가 없고 파동도 미세하지만, 폭발하면 솟구치는 물기둥이 운무 같다고 기록했다. 아직 잠수정이 발명되지 않았을 때라 별도의 어뢰정을 만들어 사용했다.

선정(船政)

여행기에는 해군무기말고도 해양문화에 관한 글들이 있다. 영국의 선정에 대한 기사에는 선박관리 관련 내용이 있다. "선박이 완성되면 상부(商部)가 공정과 재료가 견실한지를 점검한 후에 그 가치를 계산한다. 항해기간을 년으로 제한하여 10년 혹은 20년으로 정한다. 규정에 따르지 않으면 운항을 허락하지 않으며 위반한 자는 벌칙을 준다. 상부는 또한 탑재한 화물과 탑승한 사람을 살펴 화물을 실을 수 있는 양이 넘거나 사람을 수용할 수 있는 수가 초과되면 모두 금지하여 위반한 자는 벌을 준다. 항해에 필요한 선원과 휴대할 식량은 반드시 숫자를 채워야 하는데, 수를 채우지 못하면 벌을 준다. 날마다 선원과 기술자에게 쌀 소금 고기를 지급하는데 모두 기준이 있고 기준을 어기면 벌칙을 준다." (『수사영아기(隨使英俄記)』) 장더이는 선정의 엄격함에 무척 놀랐는데, 다른 날 일기에는 해군 교육선에서 빈민을 훈련시켜 선원을 양성해 구제하는 정책에 대해서 자세히 설명하기도 했다.

어정(漁政)

여행기에는 어정을 설명하면서 영국인들은 관청에서 포어기간을 정해 어업을 통제한다고 했다. 낚시를 제한하거나 금지하는 기간은 대체로 5개월 반을 기준으로 한다면서 판매금지 품목도 열거했다. 물고기가 많이 나는 어장을 지정해 관리인들이 감시하도록 한다. 영국인은 어업뿐만 아니라 수렵도 관청에서 기간을 정해 백성들이 마음대로 포획하는 것을 막아 생산량을 보존한다. 금지 기간에는 시장에서 팔지 못하게 하고 이를 지키지 않은 사람에게는 벌금을 부과한다. 겨울에는 시장에서 생선을 살 수 없다고 적었다. 이처럼 영국의 해양문명을 작동하게 만드는 선정과 어정과 같은 제도에 주목했다. 그 밖에도 박물관에서 본 거대한 고래에 대한 강렬한 기억 혹은 북극 에스키모인에 대한 놀라운 경험 등도 남아 있다.

서양과 동양 사이

본래 이질문화와의 첫 만남에서는 자신의 고유문화를 가지고 새로운 사물이나 이념을 해석하려는 경향이 있다. 장더이의 여행기에 묘사된 영국은 편견에 의해 과장되거나 잘못 소개된 내용도 없지 않다. 하지만 그의 일기는 빅토리아시대 영국의 모습을 중국인에게 소개한 것만으로 가치가 있다. 영국문명에 대한 감탄을 연발했지만, 아직까지 중국문화에 대한 자부심을 잃지 않아 뚜렷한 자괴감은 발견되지 않는다. 당시 그리니치 왕립해군학교에 유학 온 해군유학생인—훗날 유명한 번역가이자 사상가가 될—옌푸의 기록에도 영국문명에 대한 찬사가 가득하지만 중국문화의 우수성에 대한 집착은 여전히 남아 있었다.

덧붙이는 글

장더이는 그 밖에도 북극 에스키모인의 생활을 쓴 기록이 있다. "얼음 위에도 사람이 사는데 얼음으로 집을 짓고 눈으로 문을 만든 후 들어오면 막는다. 생선과 짐승을 수렵해 식량으로 삼고 옷은 사슴가죽으로 만들며 그 가죽으로 침낭을 만든다. 물고기를 잡을 때는 얼음을 10여 장 깊이만큼 뚫어 낚시한다. 생선기름을 연료로 삼고 밤에는 등을 밝힌다. 생선과 짐승을 찾아 이동하는 것이 몽골의 유목과 같으니 매우 황량하다" 등을 적었다.

2-4
만국공법(萬國公法)과 근대 동북아 해양분쟁

동아시아의 국제관계를 설명할 때, 전통시대에서 근대 시기로 넘어오는 것을 흔히 '책봉조공 체제에서 만국공법 체제로의 전환'이라고 표현한다. 여기서 만국공법(萬國公法)은 좁은 의미에서 책 제목이고, 넓은 의미에서 국제법의 또 다른 명칭이다. 미국인 국제법 학자 헨리 휘튼(Henry Wheaton)이 쓰고, 미국인 선교사 윌리엄 마틴(W. A. P. Martin, 중국명 丁韙良)이 번역한 『만국공법』이란 책은 서양의 근대질서를 상징하는 대표적인 국제법 서적이었다. 『만국공법』은 1864년 북경 경사동문관에서 처음 300부가 인쇄되었는데 지방관의 수요에 책이 크게 부족할 정도였다. 이 책이 출판되어 얼마나 큰 영향을 미쳤는지는 19세기 후반에 국제법을 보통 '공법' 혹은 '만국공법'이라고 부른 사실에서도 알 수 있다.

『만국공법』 속의 해양

『만국공법』에는 해양 관련 조항이 풍부하다. 가장 중요한 내용

홍콩해사박물관의 소개 책자에 실린 청나라 수사의 모습

가운데 하나는 '영해'에 대한 조항이다. 조항은 "대개 포탄이 미치는 데는 국권이 미친다. 무릇 이러한 곳은 그 나라 관할에 전부 속하고 다른 나라는 함께 공유하지 않는다."라고 쓰여 있다. 영해조항뿐만 아니라 해적에 대한 심판, 항해에서의 예절, 연해지역을 관리하는 권리, 고기잡이에 관한 권리, 대양을 공유하는 문제, 해전에 관한 조항 등 근대 해양에 관련된 거의 모든 규정들이 망라되어 있다. 당시 해양 관련 주요 법률들을 충실히 담고 있어서 해양국제법 서적이라고 해도 무리가 없다. 특히 해적이나 민간선박의 포획면허장과 같은 내용은 근대 서양의 특징을 잘 보여주며, 선점과 정복 관련 항목은 제국주의적 특색을 적나라하게 보여준다. 이 번역서는 동아시아인들에게 해양 분쟁에 활용되면서 바다에 대한 새로운 인식과 각성을 가지게 만들었다.

중국: 대고구(大沽口)선박사건

청조는 갓 번역을 마친 『만국공법』을 이용해 프로이센-덴마크 간 벌어진 대고구선박사건을 성공적으로 해결하면서 국제법의 유용성에 주목하였다. 대고구선박사건이란 프로이센이 천진 주변 항구에서 덴마크 선박을 억류한 사건이다. 1864년 초 프로이센의 수상 비스마르크는 슐레스비히-홀슈타인 공국문제로 덴마크와 전쟁 중이었다. 전쟁이 한창이던 그해 봄 중국으로 발령받은 신임 프로이센공사 레프스(G. von Rehfues)는 군함을 타고 천진을 경유해 북경으로 올 예정이었다. 그런데 대고구에서 천진으로 가는 도중 바다에 정박 중인 덴마크 선박 세 척을 발견하고는 이들을 나포하

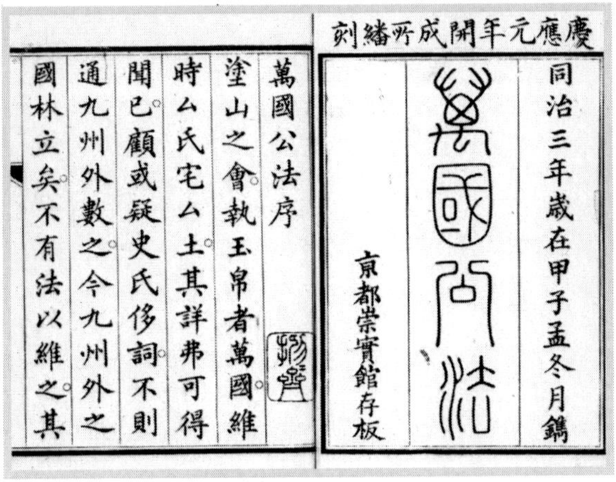
慶應元年開成所繙刻

同治三年歲在甲子孟冬月鐫

萬國公法

京都崇實館存板

萬國公法序

塗山之會執玉帛者萬國維時ム氏宅ム土其詳弗可得聞已顧或疑史氏侈詞不則通九州外數之令九州外之國林立矣不有法以維之其

청나라에서 간행된 만국공법 일본 출판본

였다. 이 일로 말미암아 청조는 프로이센과 외교마찰을 빚게 되었다. 문제의 핵심은 프로이센이 중립국인 중국의 영해에 있던 덴마크 선박을 나포할 권리가 있는가 여부였다. 레프스는 자신의 행동이 국제법에 어긋나지 않으며, 선박을 구류한 곳은 공해이지 중국 영해가 아니라고 주장하였다. 하지만 선박을 구류한 장소는 의심할 바 없는 중국 관할의 내양(內洋)으로 『만국공법』에서 규정한 폐해(閉海)에 해당하였다. 총리아문이 『만국공법』의 설을 암묵적으로 활용하여 사건을 성공적으로 해결하였는데, 프로이센은 덴마크선박을 풀어주었을 뿐만 아니라 보상금까지 지불하였다. 대고구선박사건은 동아시아에서 국제법이 해양분쟁 해결에 처음 이용된 사례이다.

일본: 이로하마루(伊呂波丸)사건

『만국공법』은 출간된 다음 해 일본에도 전래되어 대단한 주목을 끌었다. 일본 역시 만국공법의 수용과 전파과정에서 사카모토 료마(坂本龍馬)가 주도한 해양분쟁인 이로하마루사건이 큰 영향을 미쳤다. 1867년 4월 사카모토 료마는 오오즈번(大洲藩)으로부터 160톤급 증기선 이로하마루호를 빌려 무기와 탄약을 가득 싣고 나가사키에서 오사카로 향하였다. 항해 도중 이로하마루는 해상에서 기슈

이로하마루 사건 당시 만국공법을 활용해 상황을 유리하게 풀어간 일본의 개혁 운동가 사카모토 료마

번(紀州藩)의 887톤급 증기선 아카미스마루(明光丸)호와 충돌하여 배가 침몰하였다. 해상충돌에 관한 예방규칙이 없는 상태에서 빌린 배가 침몰한 것이다. 쌍방은 이로하마루의 손실배상을 놓고 담판을 벌였으나 별다른 진척이 없었다. 료마는 아카미스마루의 항해일지를 압수해 세부적인 사실들을 확인하였다. 그 과정에서 항해 시 갑판에 파수꾼을 배치해야 하는 것이 국제법규임에도 불구하고 충돌할 때 아카미스마루에는 파수꾼이 없었다는 사실을 확인하였다. 료마는 이를 만국공법의 위반이라고 주장해 기슈번을 궁지에 몰아넣었다. 결국 아카미스마루 측이 배상금 8만 3천 냥을 지불할 것을 결정함으로써 사건은 일단락되었다.

대만과 류큐(琉球): 류큐표류민사건

청의 책봉조공체제에서 처음으로 균열이 일어난 것은 류큐와의 종속관계였다. 그 계기는 대만에서 발생한 이른바 '류큐표류민사건'(혹은 대만사건)으로 류큐어민의 조난사고에서 비롯되었다. 대만원주민이 류큐인 54명을 살해했다는 명분으로 1874년 일본군은 해군을 동원해 대만을 침공하여 목단사(牧丹社)를 비롯한 원주민 부족들을 공격하였다. 청과 일본이 북경에서 담판할 때 오쿠보 도시미치(大久保利通)는 만국공법상 대만은 무주(無主)의 땅이라는 관점을 제시하였다. 총리아문에서는 대만은 청의 속지라며 "청일수호조약을 지키지 않을 것인가"라고 반박하였다. 이에 일본은 생번의 땅은 화외(化外)의 땅이며, 중국이 비록 대만을 중국판도라고 하지만 유효한 통치를 하지 못하므로 국제법상 무주지로 선점과 정복의 원칙에 따라 출병해 점령한 것은 당연하다고 했다. 총리아문이 가진 제한된 만국공법 지식으로는 담판을 유리하게 끌고 나가지 못하였다. 결국 양국은 청일 '북경전조'(1874년 10월 31일)를 맺으면서 류큐에 대한 일본의 우월권을 인정하였다.

조선: 운요(雲揚)호사건

1875년 조선에서 일어난 강화도사건 역시 해양과 관련이 깊다. 일본군함 운요호가 중국으로 가는 해로를 측량한다는 명분으로 조선 연해에 접근하다 조선 측과 무력충돌이 일어났다. 청일 간 담판 과정에서 모리 아리노리(森有禮) 공사는 운요호는 단지 담수를 얻기 위해 접근했는데 조선 측이 발포했다고 항의하였다. 이에 리훙장은 『만국공법』 가운데 3해리 영해규정을 이용해 연해 10리의 땅은 본국의 영토인데 일본이 불법 측량하자 대포를 발사한 것이라고 대응하였다. 이에 모리 공사는 중국과 일본은 만국공법을 원용할 수 있으나 조선은 아직 조약을 체결하지 않아서 이를 원용할 수 없다는 논리로 맞받아쳤다. 조선처럼 공법을 알지 못하는 나라는 공법이 적용되지 않는다고 반론한 것이다. 이 사건은 국제문제로 비화하여 청과 일본 간 종주국 담판으로 이어졌고 결국 강화도조약이 맺어졌다.

앞의 사례처럼 만국공법의 수용과 전파에 대고구선박사건이나 이로하마루사건과 같은 해양분쟁이 직접적으로 관련되어 있음을 알 수 있다. 게다가 류큐표류민사건이나 운요호사건에서 보여주듯 초기 동북아 국제분쟁은 해양문제와 깊이 맞물려 있었다. 어쩌면 전통적 책봉조공질서의 해체는 해양을 매개로 진행되었다고 볼 수 있을 것이다. 동아시아인들이 『만국공법』을 받아들인 후, 적지 않은 사람은 순진하게 공법을 이상적인 국제법이나 국제질서라고 생각하는 경향이 있었다. 공법을 공리(公理)로 인식한 것이다. 하지만 서양의 국제법은 유럽공법이었지 진정한 의미의 만국공법은 아니어서 강자의 입장에 따라 자의적으로 해석될 여지가 많다는 사실을 간과하였다.

덧붙이는 글

옛날에도 육지의 국경과 비슷한 해계(海界)가 있었다고 한다. 지방관청이나 수군이 관할하는 지역에서 바다 구분이 있었다는 것이다. 군사적 통제 범위 안에 있는 바다를 내양(혹은 내해)이라고 하고 그 밖의 바다를 외해(혹은 외양)라고 했다. 아마도 해안초소나 봉수대에서 사람의 시야로 바라볼 수 있는 범위 정도였을 것이다. 전근대사회에서 해양관의 특징이라면 시종일관 방어하는 데 초점이 맞추어져 근해 항구와 섬을 중심으로 해방(海防)체제를 갖추는 데 역점을 두었다는 점이다.

2-5
북양해군의 전설:
정원호와 진원호

어뢰에 피습당한 정원호

청일전쟁이 막바지로 치닫던 1895년 2월 4일 밤의 일이다. 일본 연합함대 소속 '제9호' 어뢰정은 북양함대사령부가 있던 류궁다오(劉公島)해역에 잠입했다. 칠흑 같은 어둠 속에서 일본 어뢰정이 발사한 어뢰는 정체를 알 수 없던 거대한 군함의 선미 좌현 기계실을 명중시켰다. 북양함대에 대한 야간 기습작전은 종종 있었지만, 이번 공격은 놀라운 행운을 가져왔다. 조그마한 어뢰정이 상대한 군함은 아시아를 통틀어 가장 거대한 독일제 철갑선인 '정원(定遠)호'였던 것이다. 선체에 구멍이 나서 바닷물이 들어오는 것을 막을 수 없게 되자 류궁다오의 동쪽 측면에 선체를 기대어 포대로 활용할 수밖에 없었다.

암초에 부딪힌 진원호

하필이면 불과 몇 달 전인 1894년 11월 14일 새벽, 정원호의 자매함인 '진원(鎭遠)호'도 사고를 쳤다. 황해해전에서 입은 상처를 복구하지 못한 상태에서 웨이하이만에 진입하다 암초에 부딪혀 파손이 심각해진 것이다. 유일하게 대형군함 수리가 가능했던 뤼순항 조선소는 이미 일본군에 함락된 상태였다. 결국 진원호는 작전을 수행할 수 없었다. 함장 린타이쩡(林泰曾)은 죄책감을 이기지 못하고 음독자살했다. 얼마 전 북양함대를 대표하는 정원호와 진원호는 세계해전사에도 길이 남은 황해해전에서 일본 연합함대를 맞이해 영웅적인 전투를 수행한 바 있었다. 이들의 어이없는 운명은 청일전쟁의 패배를 암시했다.

리홍장의 군함구매

전설적인 군함 정원호와 진원호를 알려면 우선 북양해군의 건설자인 리홍장(李鴻章) 이야기를 빼놓을 수 없다. 제1 · 2차 아편전쟁에서 중국인들은 영국함선 한 척 제대로 침몰시키지 못한 채 일방적인 패배를 맛보았다. 그들은 여전히 서양 오랑캐에게 뒤처지는 것은 중국문화가 아니라고 믿었다. 단지 '견선리포(堅船利炮, 견고한 함선과 예리한 대포)'로 상징되는 군함과 대포의 차이일 뿐이라고 생각했다. 외국에서 무기만 들여오면 서양을 이길 수 있으리라는 순진한 생각으로 군함 구매에 나섰다.

청나라 북양해군의 창설 주역 리홍장

강력한 철갑선 진원호

복원된 정원호. 현재 중국 웨이하이시 항구에 정박해 박물관으로 쓰이고 있다.

모기를 닮은 포선: 문자선

1874년 일본이 대만 섬을 침공한 대만사건이 일어났다. 청조 내부에서 대규모 해양방어(海防)논쟁이 있었는데, 이를 주도한 인물이 바로 리훙장이다. 1875년 그는 직례총독과 북양대신을 겸임하면서 북양수사를 만들었고, 1888년에는 훗날 근대적 함대인 북양

청일전쟁 때 정원호에 대한 공격을 기록한 일본 역사화

해군(1888년)을 창설했다. 우선 항구를 방어할 수 있는 소형 포함 구매에 나섰다. 리훙장을 도와준 인물은 해관총세무사인 영국인 하트(Robert Hart)였다. 그는 영국 암스트롱공사를 통해 가격이 저렴하면서 철갑선을 공격할 수 있는 소형 포함 문자선(蚊子船)을 구입했다. 이 포선은 작은 선체에 거포를 장착했다. 그 모양이 모기처럼 생겼다고 해서 문자선이라 불렸다. 리훙장은 단번에 철갑선을 구매하고 싶었지만 재정상의 이유로 어쩔 수 없이 하트의 제안에 따랐다.

조선과 인연이 깊은 순양함: 초용과 양위

1879년 일본이 류큐왕국을 오키나와현으로 편입시키자 다시금 해양위기가 고조되었다. 문자선과 같은 소형 포함은 항구를 방어할 뿐 연해작전을 수행할 수 없다는 사실을 절감했다. 청의 주적이 해국 일본임을 실감한 리훙장은 일본군함을 이기기 위해 신형 군함 구매에 나섰다. 이번에도 대형 철갑선을 구매하고자 했다. 그런데 재정상 이유로 반대하는 하트의 주장에 또다시 가로막혔다. 영국정부와 연락하며 중국의 해군총사령관을 꿈꾸던 하트의 희망대로 영국제 순양함 초용(超勇)호와 양위(揚威)호를 구매할 수밖에 없었다. 이 두 척의 순양함은 철갑선과 직접 충돌해 이길 수 있는 당각을 갖추었다고 선전했다. 초용호와 양위호는 임오군란과 갑신정변 때 황해를 건너 조선으로 출동한 배로 우리 역사와 인연이 깊다. 하지만 어뢰애호가였던 리훙장은 처음 약속과 달리 순양함이 작아 어뢰정을 탑재할 수 없다는 사실에 실망했다. 게다가 군함건조가 정해진 기한보다 늦어지고 정적들에 의해 비판이 쏟아지자 하트에 대한 신뢰를 접었다.

증기시대 해군주력인 철갑선: 정원과 진원

리훙장은 무기거래선을 영국에서 독일로 바꾸었다. 신임주독공사이자 과학기술자인 리펑바오(李鳳苞)를 통해 독일 불칸조선소와 꿈에 그리던 철갑선 두 척을 계약했다. 이것이 진원호와 정원호라고 불린 바로 그 군함이다. 독일식 모델과 영국식 모델의 장점을 결합시킨 최신식 철갑선이었다. 군함 내부에는 세계적으로 유명한 독일산 크루프 대포가 안장되었다. 리훙장이 좋아하던 어뢰정도 함께 실렸다. 진원호와 정원호는 제작부터 운송까지 숱한 우여곡절을 겪었다. 영국전문가들의 독일군함에 대한 혹평, 뇌물수수를 둘러싼 리펑바오에 대한 탄핵, 청프전쟁에 따른 군함의 인수지연 등을 겪은 후에야 겨우 리홍장의 손에 넘겨졌다. 그리고 제1세대 해군유학생으로 영국에서 공부한 류부찬(劉步蟾)과 린타이쩡이 두 철갑선의 함장이 되었다. 정원호와 진원호를 중심으로 몇 척의 순양함과 여러 척의 포선이 합쳐져서 새로운 편제를 이루었다. 기존의 '북양수사'가 근대적인 함대인 '북양해군'으로 재탄생한 것이다. 이로써 작전범위가 항구와 연해를 넘어 대양으로 나아갔다. 청과 일본의 해군력이 뒤집혀 동북아 해양질서가 바뀌는 듯했다. 그때는 알았을까? 군사력 경쟁이 결국 전쟁을 불러온다는 사실을.

정원호와 진원호의 몰락

청일전쟁이 막바지였던 웨이하이웨이의 전세가 악화되어 정원호가 일본군의 손에 넘어갈 위기에 처했다. 1895년 2월 9일 오후 함장 류부찬은 배 한가운데에 다량의 폭약을 장치해 폭파시켰다. 그날 밤 류부찬은 자신의 청춘과 함께했던 정원호를 추억하며 자살했다. 평소 "구차하게 군함을 잃기보다 반드시 자신을 희생한다."라는 약속을 지킨 것이다. 임무를 버리고 도망친 군인들도 적지 않았다. 정원호는 자폭 후 류궁다오의 동부 해안가에 버려졌다. 일본군은 정원호를 활용할 수 없자 선체를 다시 폭파시켜 철저하게 파괴했다. 한편 고장 난 자매함 진원호는 일본군의 전리품이 되었다. 뤼순으로 옮겨져 수리를 거친 후 일본함대에 편입시켰다. 훗날 이 군함은 러일전쟁에도 참전하여 뤼순전투와 황해해전 및 대마도해전 등에 동원되었다.

'신'북양해군을 추구하는 중국

정원호와 진원호는 청말 북양해군이 소유한 아시아 최대의 군함으로 과거 정화(鄭和)함대의 기함인 보선(寶船)의 영광을 잇는 배였다. 하지만 정화함대가 역사 속에서 홀연히 사라졌듯이 이들 철갑선도 서글픈 추억만을 남긴 채 사람들의 기억 속에서 사라졌다. 현재 정원호는 복원되어 류궁다오 맞은편 웨이하이시 항구에 정박해 박물관으로 변신한 후 중국의 애국주의 교육기지로 활용되고 있다. 오늘날 중국해군이 랴오닝호나 산둥호와 같은 항공모함을 연이어 건조하면서 해군 강국을 외치는 데는 이런 비운의 역사를 만회하려는 간절함이 자리 잡고 있다. 일대일로와 관련해 해양중국을 구상하는 중국인에게 '신(新)'북양해군의 건설은 중국몽을 이루는 핵심 키워드일 것이다.

덧붙이는 글

리훙장이 처음 외국군함을 수입한 사람은 아니다. 태평천국운동이 한창이던 1860년대 중반 청조는 제1대 해관총세무사인 레이(Nelson Lay)로 하여금 영국에서 중소형 포함 7척을 한꺼번에 구매하려는 계획을 세웠다. 이 소형함대는 오스본(Catain Sherard Osborn)이란 영국인 해군장교의 지휘 아래 대양을 건너 중국까지 왔다. 그런데 남·북양대신과 레이 간에 군함지휘권을 놓고 갈등이 빚어졌다. 결국 계약이 파기되면서 신식함대를 단번에 만들려던 꿈은 무산되었다.

2-6
황해를 둘러싼 근대 한중관계의 전환

1882년 8월 26일 딩루창(丁汝昌)이 이끄는 청군은 한성에 진입해 군란의 책임을 물어 대원군을 구금했다. 비 오는 밤길 120리를 행군해 다음 날 새벽 마산포에 도착했다. 그리고 대원군을 곧바로

1894년 청일해전 때 조선 연안에서 벌어진 청나라와 일본의 해전을 그린 일본 역사화

등영주(登瀛洲)호에 태워 텐진으로 압송했다. 한두 줄로 요약한 임오군란 당시 대원군 납치사건이다. 그런데 이 사건 속에는 2천 년 한중관계사의 극적인 변화가 숨겨져 있다.

청의 군사개입

무엇보다 충격적인 사실은 임오군란 중에 중국이 조선 문제에 직접적인 군사개입을 했다는 점이다. 조선 5백 년 역사를 통틀어 전무후무한 사건이었다. 누구는 병자호란을 떠올려 중국의 침략이 있지 않았느냐고 반문할지 모르겠다. 하지만 병자호란은 엄격한 의미에서 북방민족이던 후금의 만주족이 갓 청으로 국명을 바꾼 후 남침한 사건이다. 고려 시대에 거란의 요, 여진의 금, 몽골의 원도 이찌 보면 북방민족의 침략사건이라고 보는 것이 타당하다. 그런 면에서 보면 중국의 왕조와 한국의 왕조 사이에는 세계사에 유례없는 오랜 친선관계가 이어져왔다. 물론 요동이라는 지리적 방어막이 있어서 가능했지만.

황해를 건너 마산포로

다시 주목할 대목은 '임오군란 때 어떻게 3천여 명의 청군이 조선에 신속하게 왔을까'이다. 그들은 육로가 아닌 북양수사(北洋水師)의 군함과 민간용 윤선을 타고 황해를 건너 마산포로 들어왔다. 마산포는 인천에서 27킬로미터 남쪽에 위치한 남양만의 포구이다. 청 수사가 인천과 더불어 자주 이용한 미개항 항구로 전략적 요충지였다. 근대는 바다로부터 왔다는 말이 있다. 옛날에는 한국에서 중국으로 가려면 육로를 통해 몇 개월이 걸렸다. 비록 해로가 있었지만 너무 위험해서 기피했다. 범선이 아닌 윤선이 등장하면서 상황이 달라졌다. 한중 간 교통로에서 증기선의 출현은 전신망과 더불어 혁명적인 변화를 몰고 왔다.

수리 중인 청나라의 전함 진원호

북양수사, 최초의 대외군사행동

'북양수사'란 1881년 말 리홍장(李鴻章)이 딩루창에게 북방의 해양방어 책임을 맡기면서 처음 공식문서에 나타난 해군이다. 조선왕조실록에는 대원군 납치사건 기사 중에 언급된다. 리홍장이 영국에서 구매한 순양함 초용(超勇)과 양위(揚威)라는 자매함과 몇 척을 배를 보태어 연근해 군사작전이 가능하도록 만든 부대이다. 보통 군함은 두 척 이상을 동시에 건조하는 경우가 많다. 이미 초용호와 양위호는 텐진에서 황해를 건너 조선과 영국 미국 독일 간 통상조약을 체결할 때 능력을 입증한 바 있었다. 과거 군함이 없어 일본의 대만침공사건이나 강화도사건 때 개입하지 못한 것과 비교하면 놀라운 발전이었다. 청의 시각에서 보면, 임오군란은 북양수사가 처음 실행한 대외군사작전으로 매우 성공적이었다. 이 사건은 조청관계에 큰 변화를 몰고 왔다.

「조선선후사의」와 리홍장

1882년 10월 말 장페이룬(張佩綸)이란 젊은 학자가 「조선선후사의(朝鮮善後事宜)」(6조)라는 글을 청 조정에 올려 조선정책에 대한 근본적인 전환을 요청했다. 거물 정치인 리훙장이 이 젊은이의 글을 하나하나 논평했는데, 여기서 대조선정책의 전환이 잘 드러난다. 장페이룬은 "육군이 왕도(王都)를 수호함은 해군이 해구(海口)를 보호함만 같지 못하다."라며 육군에 의한 한성지배보다는 북양수사에 의한 인천지배가 유리하다는 주장을 폈다. 리훙장도 영국이나 독일에서 신형군함을 구입해 장차 조선해안까지 수비하겠다고 맞장구를 쳤다. 더 나아가 삼면이 바다로 둘러싸인 조선의 지리적 여건상 청의 육군보다는 해군력을 강화하는 것이 조선을 통제하는데 가장 적합한 방법이라고 강조했다.

북양육군에서 북양수사로

당시 리훙장의 말을 그대로 옮겨보자. "당(唐)부터 명(明)까지 조선에 일이 있으면 항상 랴오선(遼沈)에서 병력을 보낸 것은 바다로부터 건너가는 병사가 없었기 때문입니다… 오늘날 동서양의 윤선이 발전하여 하루에 천 리를 갑니다. 조선 형세는 삼면이 바다에 접해 있어서 수사가 더욱 적당합니다. 윤선은 옌타이(煙臺)에서 조선의 한강 입구까지 하룻밤이면 도달할 수 있고, 톈진 다구(大沽)에서도 사흘이 걸리지 않습니다. 만약 랴오선에서 육로로 조선왕성까지 가려면 반드시 20여 일이 소요되어 종종 일에 늦습니다. 조선을 방어하려면 반드시 병선을 추가하는 것이 핵심인데, 이는 시대변화에 따른 변통입니다."(「조선선후사의」 제5조) 이것은 조선에 대한 군사전략을 육군에서 해군으로 전환하겠다는 선언이었다.

북양수사, 두 번째 대외군사행동

1884년 12월 한성에서 갑신정변이 일어났다. 조선 대신들이 청군에 도움을 청하자 한성에 머물던 위안스카이(袁世凱)의 군대가 왕궁으로 진입해 개화파를 지지하던 일본군을 몰아내었다. 이때에도 리훙장은 청프전쟁으로 말미암아 남양에 파견했던 북양소속 초용호와 양위호를 불러들였다. 배들이 조선에 도착했을 때는 정변이 이미 평정되었다. 하지만 인천항에 군함 세 척을 순환 배치해 인천을 북양수사의 전진기지로 만들었다. 청의 조선에 대한 기본 전략이 북양육군에서 북양수사로 바뀐 것을 확인한 셈이다.

나가사키사건과 청일 해군력 경쟁

얼마 후 나가사키사건이 일어났다. 이 사건은 1885년 4월 영국 해군이 러시아 남하를 막기 위해 거문도를 점령한 일과 관련이 깊다. 리훙장은 고종에게 영국의 거문도 점령을 허락하지 말라는 편지를 보냈다. 러시아와 일본도 영국의 군사행동에 반발하며 무력 시위를 했다. 북양수사는 새로 구입한 철갑선 정원(定遠)과 진원(鎭遠)을 중심으로 함대를 부산과 원산 일대로 출동시켰다. 문제는 북양함대가 선박을 수리하고 연료를 공급받는다는 이유로 나가사키에 기항하면서 일어났다. 보통 역사책에는 나가사키사건을 청의 수병과 나가사키 경찰 사이에 두 차례 난투극이 벌어져 다수 사상자를 내면서 중일 양국 간 갈등이 고조된 사건으로 기억한다. 하지만 더욱 주목할 사실은 얼마 후 북양함대가 자신들의 능력을 과시할 요량으로 일본지도층을 초대해 선상파티를 연 점이다. 청의 첨단 해군력이 적나라하게 노출되자 일본 국내는 충격에 휩싸였다. 그 후 해군력 강화를 최고 목표로 삼아 경쟁적으로 군사력 증강에 나서게 된다.

북양수사가 황해의 제해권을 장악하면서 조선에 수시로 군함을 파견해 육군보다 먼저 군사 행동한 사실 등은 전통적 책봉조공관계에서 이탈해 유사 제국주의적인 형태로 전환했다는 해석이 가능하다. 그런데 이런 급격한 변화는 일본 해군력의 팽창을 가져와 얼마 후 청일전쟁이라는 엄청난 사건의 불씨가 되었다. 최근 동북아의 군사경쟁, 특히 해군력 증강이나 도서영해 갈등을 보노라면 근대 청일 간 군함구매를 둘러싸고 벌어진 경쟁상황을 떠오르게 한다. 끊임없는 군사력 경쟁이 결국 서로의 안전이 아닌 파멸로 이끈 불길한 경험과 함께 말이다.

덧붙이는 글

1882년 8월 15일 딩루창은 산둥 덩조우(登州)에서 우창칭(吳長慶)부대와 함께 배를 나누어 타고 마산포로 건너왔다. 우창칭은 회군(淮軍)계열 장군으로 조선 가까이에 주둔했기에 임오군란 때 동원된 주력군이었다. 우창칭부대 중에는 23세 청년 위안스카이(袁世凱)도 있었다. 병사들의 군수문제를 해결하기 위해 수십 명의 상인들도 함께 조선에 왔다. 이 상인들이 보통 한국화교의 시조로 알려져 있다. 그래서 화교들은 지금도 우창칭 장군에게 제사를 지낸다.

2-7
몇 가지 키워드로 보는 해양중국

우리는 중국 하면 중국대륙이나 황하문명을 연상하게 되어 바다와는 별로 상관없는 나라로 인식한다. 실제로 중국은 중원지역을 중심으로 발달한 국가여서 상대적으로 바다와 관련한 화려한 이야기는 많지 않다. 하지만 최근 시진핑정부의 일대일로(一帶一路) 국책사업과 맞물려 중국해양사가 학계의 화두가 되어 광범위한 연구가 이루어지면서 해외무역을 하지 않는 폐쇄적인 왕조라는 인식에 변화가 일고 있다. 여기서는 해양 관련 몇 가지 역사개념을 통해 간단하게 바다의 중국사를 살펴보고자 한다.

해(海), 양(洋), 해양(海洋)

우선 바다를 의미하는 해(海)라는 용어는 중국 고대문헌에 자주 나타나는데, 『설문(說文)』에는 "해는 천지이다. 많은 하천이 모이는 곳이다(海, 天池也. 以納百川者)"라고 기록하여 모든 강이 모이는 곳으로 보았다. 양(洋)이라는 용어는 본래 바다와는 별로 상관없이 넓고 많은 것을 묘사하는 한자였으나, 당나라 때부터 한없이 펼쳐진 물을 가리키는 해역이란 의미로 확대되었다. 해양(海洋)은 해와 양을 합쳐 부른 용어로 해상무역이 발달한 송나라 이후에야 해는 육지를 낀 바다, 양은 해보다 너른 바다를 의미하였다. 그 후 고유명사가 되었는데 양해(洋海)라고 쓴 경우도 있었다. 해는 Sea로, 양은 Ocean으로 표기하지만 정확하게 일치하지는 않는다.

일반적으로 사용하는 동양(東洋)과 서양(西洋)이란 용어는 원래 아시아의 바다를 양분하는 개념이었다. 중국인이 해양활동을 확대하면서 아시아의 바다를 동서로 구분한 것에서 시작했는데, 점차 중국 남해(현재의 남중국해)를 기준으로 동쪽을 동양으로, 서쪽을 서양으로 각각 지칭했다.

시박사(市舶使)

중국왕조에서 해상의 대외무역을 담당하는 관청이 생긴 것은 당나라 때로 시박사(市舶使)를 설치해 국가가 통제하면서부터이다. 송나라 때에는 좀 더 체계적인 시박사를 만들어 해외교통과 무역을 제도적으로 관리하였다. 남송시대의 기록에 따르면 시박사의 수입이 전체 재정수입의 15~20%에 다다랐다고 하는데, 이것은 비단과 도자기로 대표되는 중국 수출품이 국가재정에 얼마나 많은 비중을 차지했는지를 보여준다. 원나라 때에는 당송을 이어받아 국제무역에서 미증유의 활황국면이 나타났는데, 특히 천주와 광주는 남해무역의 거점으로 동중국해-인도양-아라비아해에 이루는 해양실크로드가 만들어졌다. 지금도 천주에는 아랍상인들의 집결지였음을 보여주듯 수백 기의 이슬람묘비가 남아 있으며, 광주에는 아랍상인을 위한 중국 최초의 이슬람사원이 남아 있다.

해금(海禁)

명나라의 성립(1368)과 더불어 해상무역은 돌연 중단되었다. 홍무 7년(1374)에 시박사가 폐지되고 "나무 조각 하나도 바다에 띄울 수 없다"는 엄격한 해금(海禁)정책이 시행되었다. 해금이란 "바다로 나가 오랑캐와 교통하는 것을 금지하는 것(下海通番之禁)"으로 중국인이 해외에 나가 무역하는 것을 금지하거나 외국상선의 수출입무역을 제한하는 조치였다. 명나라의 해금정책은 몇 차례 변동은 있었지만 그 골간은 청나라 때까지 이어졌다. 15세기 후반부터 유럽에서 대항해시대가 본격화하는 것과 극적인 대조를 이룬다. 해금정책이 엄격하게 실행되기 직전인 명나라 초기에 아이러니하게도 중국해양사를 상징하는 정화(鄭和)의 남해(南海)원정이 이루어지기도 했다. 정화의 원정은 원정목적부터 선단규모와 항해과정에 이르기까지 미스터리가 많다. 심지어 함대가 평화적인 목적이었는지 군사적인 목적이었는지조차 이견이 있다.

왜구(倭寇)

명나라는 중농억상의 전통적 정책으로 회귀하면서 해안지역에 출몰하는 왜구조차 막지 못하는 신세로 전락하였다. 여기서 '왜구'는 일본인 해적이란 의미이지만 '왜구=일본해적'이라는 도식은 간단치 않다. 역사적으로 초기에는 일본인 위주의 해적집단이 분명하지만 16세기에 접어들면서 중국인이 다수를 점하는 등 변화양상이 나타난다. 동아시아 바다에서 왜구의 활동이 극심했던 시기는 14세기 중반과 16세기 중반으로 명나라 가정제 통치 시기인

1550년대가 가장 심각하여 이 시기의 왜구를 가정대왜구라고 부른다. 당시 왜구는 해외의 밀무역 등을 포함한 국제무역과 관련이 깊었다. 비록 중앙에서는 바다로 나가는 것을 엄금했지만 복건 광동지역을 중심으로 해안가 주민들은 먼 바다로 나가는 것을 멈추지 않아 동남아화교의 뿌리를 이루었다.

고서에 나타난 왜구 모습

해방(海防)

명나라 중기 이후 자주 등장하는 용어로 해방(海防)이 있다. 해방이란 말 그대로 바다를 지켜 막는다는 의미로, 국가의 안전을 도모하기 위해 연해와 영해 안에 설치한 일체의 군사조치를 말한다. 당시 해방은 수사(水師)와 해안포대의 이중구조였는데 항구를 방어하고 해도를 체포하는 정도에 불과했고 관제도 육군과 별다른 차이가 없었다. 이것은 왜구가 연해지역에 자주 출몰한 상황과 관련이 깊다. 명을 이어받은 청나라도 대만에서 반청운동을 펼쳤던 또 다른 해상영웅 정성공(鄭成功)에 대항하기 위해 강력한 해방정책을 실시하였다. 정씨왕조는 일본부터 동남아에 이르는 해상네트워크를 형성하면서 네덜란드 등 서양국가와도 무역을 통해 큰 이득을 취하였다. 1661년 강력한 천계령(遷界令)을 내려 연해주민을 강제로 내지로 이주시켰으며, 1683년 대만이 평정되자 천계령을 철회하여 제한적이나마 바다로 나가는 것을 허용하였다.

해관(海關)과 해군(海軍)

청나라 후기 중국과 영국 간 벌어진 아편전쟁(1840)의 결과에 따른 근대적 조약체제의 출현은 곧 해금체제의 해체를 의미하였다. 이른바 해금에서 개해(開海)로의 정책 변화는 근대사의 출발을 상징한다. 해금의 해체를 보여주는 변화 가운데 대표적인 사례는 바로 근대적 해관(海關)의 설치와 근대적 해군(海軍)의 출현이다. 청은 1685년 처음으로 해금정책을 잠시 중지하고 외국무역을 허가하여 광주, 장주, 영파, 상해 등지에 해관을 설치하고 감독을 두어 관세를 징수하였다. 그리고 개항 이후 서양열강과의 전쟁에서 연이어 패배하자 전통적인 수사가 아닌 근대적 해군을 리홍장(李鴻章)을 중심으로 건설했으나 그의 북양해군은 청일전쟁 때 일본 해군에 의해 몰락하였다.

16세기 왜구의 영향으로 해금, 해방, 해강 등과 같은 전통적인 해양관련 개념이 정착했다면, 다시 19세기에 접어들어 서구열강의 침략에 따라 이런 전통적인 용어들이 점차 사라지고 근대적인 해양개념인 해군, 영해, 해권 등이 나타났다. 그리고 중화민국과 중화인민공화국에 이르는 시기는 서양의 해양문명을 학습하는 때였다. 그것은 근대국가의 형성에 따라 근대적 해양이 만들어지는 과정이었으며, 국가의 영토로서 영해가 탄생하는 과정이었다.

덧붙이는 글

21세기에 들어와 중국정부는 해양의 세기를 맞이해 전통적인 대륙중심적인 사고에서 탈피하여 해양중심적인 사고로 전환할 것을 선언하며 큰 변화를 보였다. 이를 잘 드러내는 사건은 2011년 말 CCTV에서 방영한 대형해양문화 다큐멘터리 『주향해양(走向海洋)』(총8편)이다. 이 방송은 해양은 중화민족의 미래이며 짙은 남색은 중화민족의 바탕색이라며 선전했다. 과거 개혁개방 직후 『하상(河殤)』이란 다큐멘터리에서 황색은 중국문명으로 남색은 서양문명으로 대비시키며 대륙중국을 비판한 방식과는 정반대의 구도를 가지고 '해양중국'을 제창했다.

03
지도에 숨겨진 비밀

3-1
근대의 갈림길, 조선의 지도

「혼일도」

근대는 바다에서 시작되었다. 바다에 대한 지식과 활용이 근대의 지평을 결정하였고, 수평이 지평을 좌우하는 시대가 된 것이다. 근대 이전의 제국은 육지를 아우른 결과였으나, 근대의 제국은 바다를 개척하는 과정에서 탄생하였다. 조선은 왜 근대에 제대로 대응하지 못했을까? 그 해답은 지도에서 찾을 수 있다.

조선은 1402년에 「혼일강리역대국도지도」라는 보기 드문 세계지도를 제작하였다. 동으로는 일본열도로부터 서로는 아프리카까지 나타내고 있는 세계지도이자, 중국 일본을 포함한 동아시아 전체의 지도 중에서 현존하는 가장 오래된 세계지도다.

놀랍게도 「혼일도」에는 아프리카 대륙의 최남단이 확실히 그려져 있다. 포르투갈이 아프리카 남단의 희망봉을 발견한 때가 1486년이고, 이곳을 지나 인도로 가는 항로를 발견한 것은 1498년이다. 그보다 80여 년 전에 조선이 제작한 「혼일도」에 이미 아프리카 대륙 전체의 모습이 거의 정확하게 그려져 있다. 그뿐만이 아니다. 아프리카대륙에는 알렉산드리아 파로스의 등대, 나일강과 그 수원지인 '달의 산'도 표시되어 있다. 그저 놀라울 뿐이다. 그러나 우리는 유럽의 지리상의 발견을 배우면서 대단하다고 여겼다.

이 지도는 몽골제국이 획득한 정보를 고려가 입수하였고, 이를 다시 조선이 이어받아서 제작한 것으로 보인다. 중국 부분은 중국의 지도를 참조했을 테지만, 조선 지도는 스스로 제작했을 것이고, 거기에 일본으로부터 확보한 일본지도를 적당히 배치하였다. 당시 유럽 지도에서 일반적으로 나타나는 미지의 공간, 가상의 공간은 일체 배제되었다.

「혼일도」 속의 수군기지

「혼일도」 속의 조선은 당당하다. 중국을 지도의 한가운데 그렸지만 동쪽에 자리한 조선은 중국과 겨룰 자신이 있다는 듯 그 크기를 과시하고 있다. 일본은 바다 속에 기울어진 채 왜소하게 그려져 있다. 조선 건국 직후의 기개가 느껴진다.

지도를 좀더 들여다보면, 해안을 따라서 둥근 원들이 그려져 있다. 자칫 섬이라고 생각하기 쉽다. 그러나 사실은 조선이 설치한 수군기지다. 부산 주변을 보면, 서생포, 두모포, 해운포, 부산포, 안골포가 보인다. 「혼일도」는 단순히 지리를 보여주는 지도가 아니었다. 조선이 왜구의 침략을 어떻게 막고 있는지를 보여주고 있다.

조선은 왜구를 막기 위해 극적으로 해군력을 증강시켰고, 세종대에는 수군의 수가 5만 명이 넘었다. 지금 우리나라 해군의 수가 5만 정도인 것을 감안하면, 당시 조선이 얼마나 많은 수군을 양성

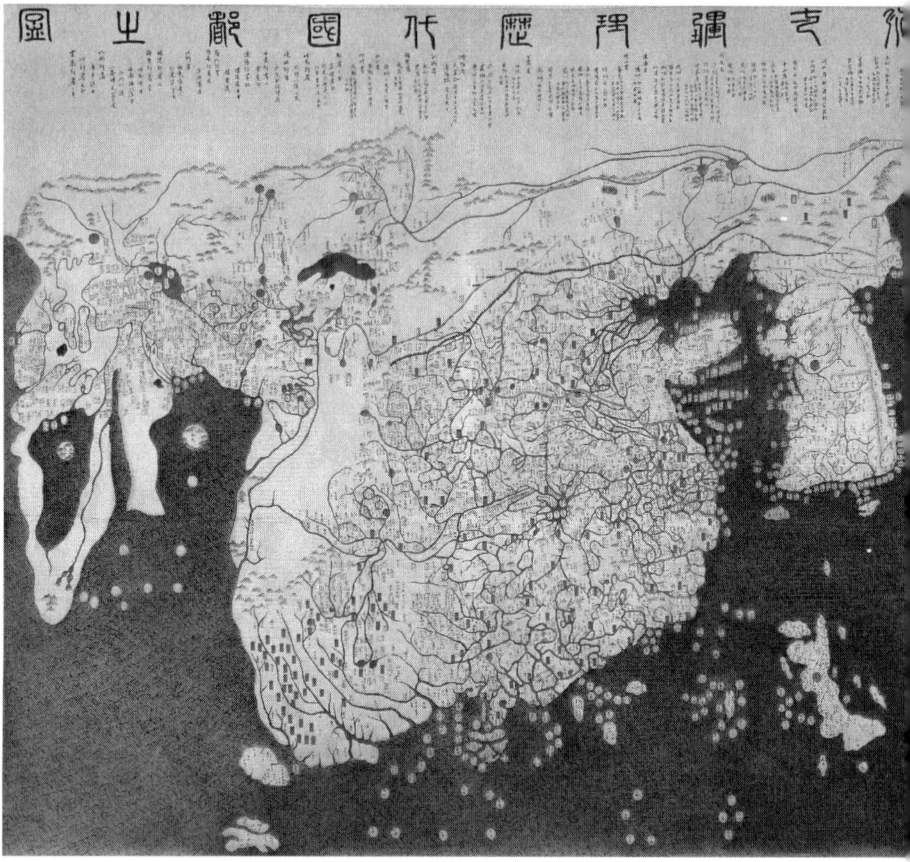

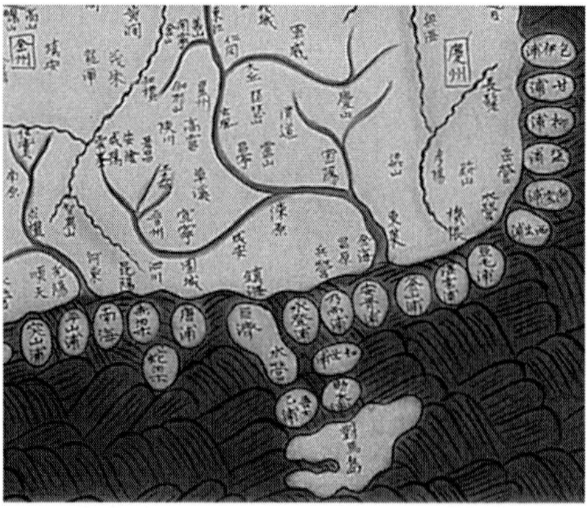

혼일도강리역대국도지도(위)
혼일도의 경상도 해안 부분
확대(왼쪽)

했는지 알 수 있다. 강력한 조선 수군은 임진왜란에 이르러 진가를 발휘했다. 수십 문의 함포를 갖춘 수백 척의 전선으로 일본군을 해상에서 제압할 수 있었다. 일본이 50만 정의 화승총으로 무장한 세계 최강의 육군을 보유하고 있었다면, 조선은 세계 최고 수준의 해군으로 맞서 싸웠다. 최무선의 진포 대첩은 세계 최초로 함포를 사용한 해상전투였다. 이후 조선도 해상에서 왜구를 포착하여 화포로 침몰시키는 전술을 채택하였다. 일본의 침략을 막아낸 공로를 이순신에게만 돌릴 수 없다. 조선이 만들어내고 운용한 시스템도 중요했다.

「혼일도」 이후에도 조선은 많은 지도를 제작하였고, 실로 다양한 지도가 있다. 300개가 넘는 현 단위의 지도도 제작되었다. 지도의 대국이라고 불러도 손색이 없다. 「대동여지도」조차도 조선이 제작한 지도 전체에서 보면 빙산의 일각이다.

삼남해방도

그러나 땅을 중심으로 그린 지도가 아니라 바다를 그린 해도로

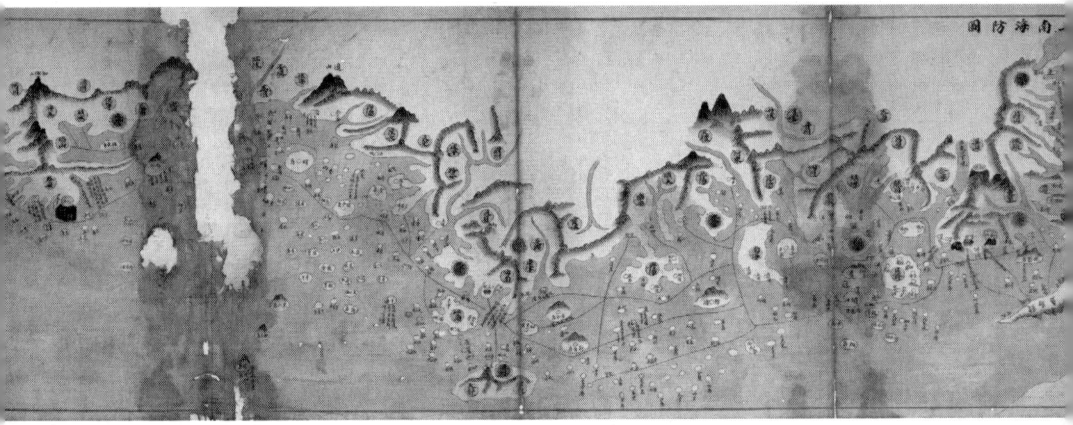

동국여도 삼남해방도

가면 상황은 크게 달라진다. 조선에는 해도가 없다. 조선 후기의 「삼남해방도(三南海防圖)」가 그나마 자세하게 바닷길을 나타내고 있다.

「삼남해방도」라는 이름에 걸맞게 본 지도는 충청 전라 경상도의 해안과 바다의 방어체제를 그렸다. 섬 사이를 지나는 수로가 자세하게 그려져 있으며, 곳곳에 각 지점 사이의 거리가 기록되어 있다. 부산 주변을 보면 거제도, 대마도, 울산 등으로 이어진 해로가 그려져 있다.

그러나 「삼남해방도」는 연안의 물길을 그리는 데 그쳤다. 철저하게 연안에 집착하고 있는 지도다. 다도해에서도 '바깥 바다(外洋)'라고 할 지경이다. 항해를 위한 해도(chart)가 아니라 육지의 연안을 그린 지도(map)다. 바다는 외부로 향한 진출보다는 오히려 침략과 일탈의 공간이었다.

조선 후기의 「천하도」: 조선 세계지도의 퇴보

조선 후기의 세계지도는 퇴보를 계속하였다. 「혼일도」는 자취를 감추고 「천하도」라는 왜곡된 지도가 유행한다. 한가운데 중국을 그리고, 조선은 그 옆에 작은 반도로 그렸다. 「혼일도」의 지리정보는 사라지고, 지도 주변에 가상적인 원형의 대륙과 바다가 나타난다. 심지어 이런 「천하도」가 「혼일도」를 심하게 왜곡하는 과정에서 나타난 것이라는 의견도 있다. 조선 내부는 대단히 자세한 지도를 그릴 수 있었지만, 조선의 경계를 벗어나면 애매하기 그지없는 세상밖에 생각할 수 없었다. 우물 안 개구리가 된 것이다. 최한기가 마테오리치의 「만국전도」를 한 차례가 그렸지만, 개인적인 관심에 머물렀고 세간의 주목을 끌지 못했다.

일본의 세계지도와 해도

이웃 일본은 달랐다. 나가사키에 네덜란드인의 거주지역을 만들어 놓고, 그들로부터 지속적으로 세계가 돌아가는 사정을 듣고, 신대륙을 포함한 세계지도도 입수하였다. 세상의 다양한 인종을 함께 그린 세계지도까지 제작하였고, 이를 시장에서 손쉽게 구할 수 있었다. 유럽의 해도를 모방하여 인도에서 일본에 이르는 해도를 제작하기도 하였다.

일본 자체에 대해서도 아주 정밀한 지도를 제외하고는 민간에 유통되도록 하였고, 목판과 동판으로 인쇄해서 판매하기에 이르렀다. 누구나 쉽게 지도를 입수할 수 있었기 때문에 지도를 그려 넣은 병풍도 만들고, 심지어 자기 나라 지도를 그려 넣은 접시도 만들었다. 관심이 있는 사람이라면 누구나 지도를 사서 자기 나라의 형편도 알고, 당시 알려진 세계의 모습도 알 수 있었다. 일본은 미국의 페리제독이 일본에 오기 전에 이미 네덜란드를 통해서 그 사실을 알고 있었고, 페리제독의 목적도 알고 있었다. 그렇기 때문에 쉽게 문호를 개방할 수 있었다.

그러나 조선은 지도를 깊이 감추어 두려고만 하였다. 규장각과 장서각에 많은 지도들이 소장되어 있는 이유다. 시중에 나도는 지도는 대단히 조잡한 지도로, 겨우 한반도의 형태를 짐작할 수 있는 정도였다. 해도는 단 한 장도 제대로 그려내지 못했다. 육지에 얽매였기 때문이다. 바다를 발견하지 못하고 지리정보를 비밀에 붙이려고 한 조선은 근대라는 흐름에 올라탈 수 없었고 결국 식민지가 되었다. 지금 우리는 진정으로 바깥 세상에 관심이 있는가?

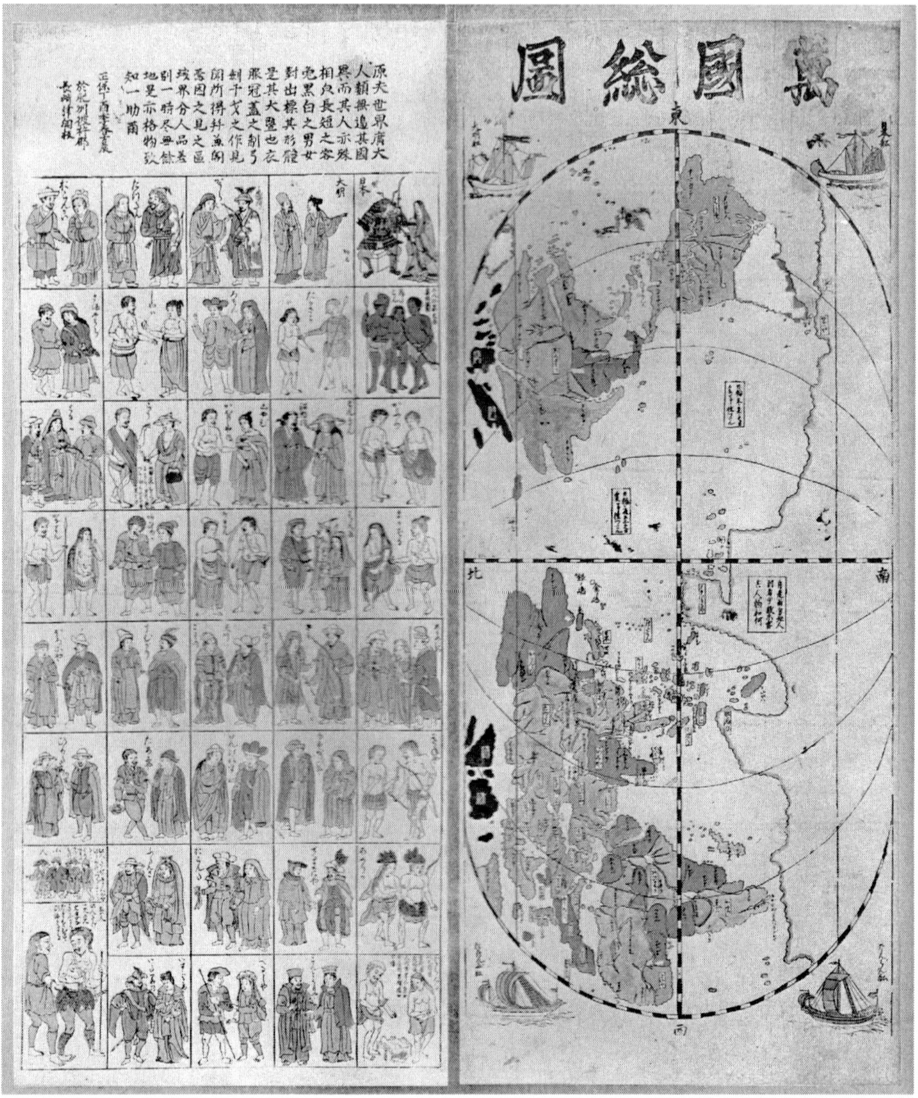

일본 근세의 세계지도와 각국 인종도(「만국총도」)

덧붙이는 글

진포대첩

1380년에 서해의 진포에서 왜구의 배 500척을 함선의 화포로 공격하여 불태움으로써 큰 승리를 거둔 전투이다. 이때 살아남은 왜구들이 옥천 등지를 거쳐 남원의 인월에 이르러 이성계와 싸웠고, 이를 황산대첩이라고 한다. 이 왜구의 실체에 대하여 이영(한국방송대 일본학과 교수)은 일본 남북조시대에 구주의 남조군 즉 무사집단으로 보았다. 『고려사절요』 우왕 9년 8월조에 진포대첩에 대하여 다음과 기록하고 있다.

왜적의 배 500척이 진포 어귀에 들어와 큰 밧줄로 서로 잡아매고 군사를 나누어 지키게 하고는 언덕에 올라 각 주(州) · 군(郡)으로 흩어져 들어가서 마음대로 불사르고 노략질하니, 시체가 산과 들에 덮이고, 곡식을 그 배에 운반하느라 땅에 쏟아진 쌀이 한 자 부피나 되었다. 나세 · 심덕부 · 최무선 등이 진포에 이르러, 최무선이 처음으로 만든 화포를 써서 그 배를 불태우니, 연기와 화염이 하늘에 넘쳐 적이 거의 다 타 죽었고, 바다에 빠져 죽은 자도 또한 많았다.

3-2
조선의 『해동제국기』 왜 대단한가?

조선 전기에는 실로 다양한 책이 제작되고 출판되있는데, 그중에서도 단연 돋보이는 것이 『해동제국기(海東諸國記)』이다. 『해동제국기』는 현존하는 가장 오래된 지도집 중 하나이다. 지도집은 아틀라스(atlas)라고 한다. 지도첩을 뜻하는 아틀라스라는 말이 처음으로 쓰인 것은 제라두스 메르카토르가 1595년에 『지도집 또는 우주의 창조에 대한 우주지리학적 명상과 창조된 우주』라는 다소 긴 제목의 지도집을 발행한 때이다. 그러나 그전에도 지도집은 존재했다. 다만, 인쇄된 지도집의 역사는 길지 않다.

인쇄지도의 역사

전근대 시기의 지도는 대개 회화 방식으로 제작된 것이다. 즉, 손으로 일일이 그린 것이다. 그러나 지도를 인쇄할 수 있게 되면, 대량으로 제작이 가능해지고 지리정보가 빠르게 전파될 수 있다. 그래서 지도를 인쇄할 수 있다는 사실이 갖는 의미는 사소하지 않다. 그렇다면 세계 최초의 인쇄 지도는 언제 제작되었을까? 사실 이 문제를 둘러싸고 여러 나라가 치열하게 다투고 있다. 당연히 유럽은 자신들이 가장 먼저 인쇄지도를 만들었다고 주장해왔다. 특히 세계지도 분야에서 최초로 인쇄지도를 제작했다고 주장한다.

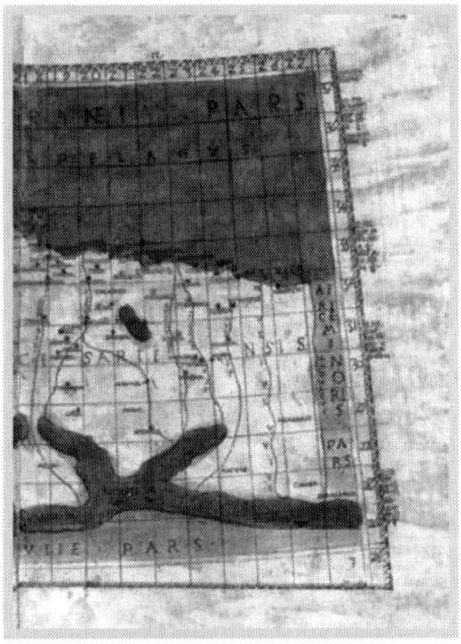

2세기에 편찬됐으며 1477년 라틴어로 번역된 프톨레마이오스의 『지리학』

최초의 인쇄지도로 거론되는 것이 독일 아우구스부르크에서 1472년 군터 자이너가 인쇄한 『기원(Isidore of Seville's Etymologiae)』이라는 책 속에 들어 있는 T-O 세계 지도이다. 그림에서 보듯 실로 간단한 지도이다. 지도라기보다는 개념도에 가깝다.

T-O map(출처: Wikimedia Commons)

그다음이 1475년 루카스 브란디스(Lucas Brandis, 1450~1500)의 『초심자를 위한 핸드북』이라는 책에 들어 있는 『중동 지도와 예루살렘을 중심으로 성스러운 땅』이라는 제목의 지도이다. 이 지도를 세계 최초의 근대적 인쇄 지도로 보는 견해도 있다.

1477년에는 라틴어로 번역된 프톨레마이오스의 『지리학』이 간행되었다. 프톨레마이오스의 『지리학』은 원래 2세기에 편찬되었으나, 그것이 이탈리아 볼로냐에서 번역 · 인쇄되었다. 이 지도집에는 26폭의 지도가 들어 있는데, 이 지도는 엄밀하게 인쇄지도라고 할 수 없다. 인쇄된 책 속에 들어 있지만, 지도는 손으로 작업한 부분이 포함되어 있다. 이 지도는 콜럼버스가 대서양을 횡단하는데 사용한 지도로도 유명하다.

유럽보다 인쇄지도 역사가 오래된 곳은 당연히 중국이다. 인쇄술을 발명한 곳이므로, 당연히 일찍부터 지도를 인쇄했을 것으로 추측할 수 있다. 중국에서 가장 오래된 인쇄지도집으로 거론되고 있는 것은 『역대지리지장도(歷代地理指掌圖)』라는 책이다. 이 책에는 1185년에 쓴 조무덕(趙武德)의 서문이 붙어 있다. 그러나 현재 남아 있는 대부분의 사본은 명나라 때 간행된 것이고, 일본의 동양문고에 소장된 사본만 송나라 때 제작된 것이라 한다. 이 책에 실린 지도를 보면, 중국과 그 주변 지역 일부를 그렸고, 동일한 지도에 지방 조직 및 지명의 시대적 변화 등을 기입하고 있다. 따라서 지리보다는 역사에 중점을 둔 역사지도집이라 부르는 편이 옳다.

1470년대는 유럽에서 비로소 인쇄지도가 출현한 시기이다. 현재 남아 있는 『해동제국기』의 판본은 17세기에 간행된 목활자본이지만, 그 원본이 완성된 시기는 1471년이다. 그런 점에서 『해동제국기』의 지도는 유럽 최초의 인쇄지도와 동시대에 해당한다. 편찬 당시부터 이미 6종의 인쇄지도가 실려 있었고, 모든 지도는 그 당시의 최신 정보를 담고 있다.

일본본국지도

『해동제국기』에 실린 지도 중에서도 눈길을 끄는 것은 「일본본국지도」이다. 우선, 이 지도는 세계 최초로 인쇄된 일본지도이다.

일본에서도 일본 지도를 본격적으로 인쇄하기 시작한 것은 18세기 이후의 일이다. 인쇄된 책에 실려 있는 지도로 가장 오래된 것은 『습개초(拾芥抄)』의 「대일본국도(大日本國圖)」인데, 최초의 제작 연도는 12세기 말이지만, 인쇄되어 출간된 것은 주로 17세기 말이다. 『해동제국기』 속 「일본본국지도」와 「대일본국도」를 비교해서 그 차이를 확인해보자.

얼핏 보면 두 지도는 비슷하다. 그러나 세부에서 많은 차이가 있다. 무엇보다도 「대일본국도」에는 각 지역을 연결하는 도로망이 보인다. 이 도로망을 칠도(七道)라 하며, 일본 고대의 행정구역이자 전국을 연결하는 관용도로이다.

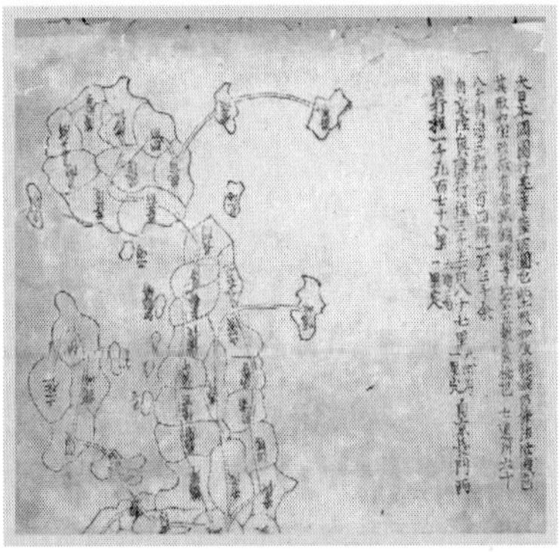
대일본국도

그러나 「일본본국지도」에는 내부의 도로망이 보이지 않는다. 또한, 앞의 지도에

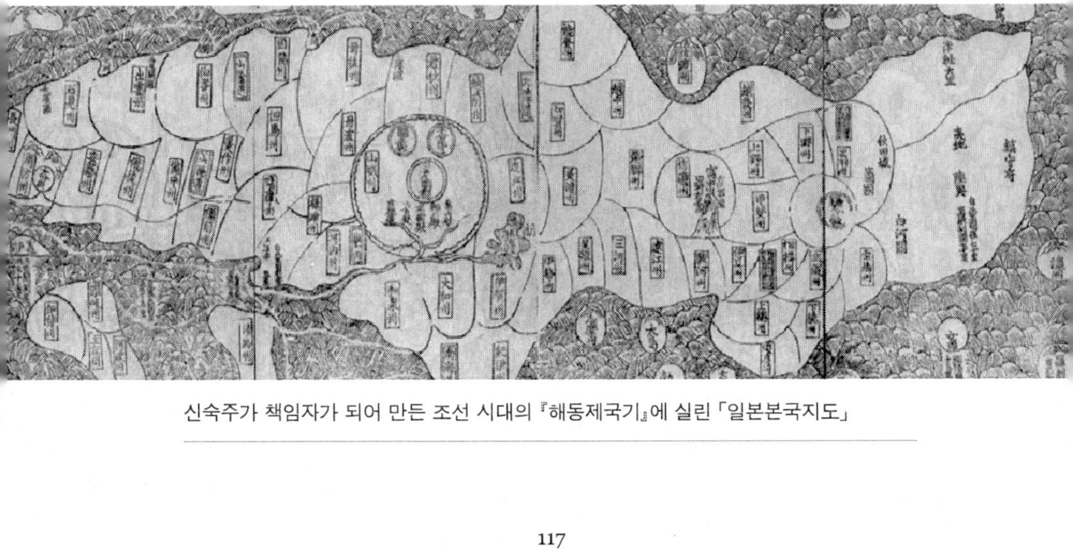
신숙주가 책임자가 되어 만든 조선 시대의 『해동제국기』에 실린 「일본본국지도」

는 도로망의 중심에 '산성(山城)'이라 기록돼 있고, 이곳은 현재의 교토이다. 그러나 뒤의 지도에는 같은 위치에 큰 원을 그리고 그 안에 일본국도, 천황전, 국왕전 등의 내용을 써넣었다. 이때 국왕은 '무로마치' 막부의 장군을 의미한다. 현재의 도쿄 부근은 겸창전(鎌倉殿)이라 기록했다.

이를 통해 앞의 지도는 일본 고대의 상황을 나타낸 지도이고, 뒤의 지도는 무로마치 시대(1336~1573)의 지도임을 알 수 있다. 『해동제국기』의 「일본본국지도」는 1453년 조선이 후쿠오카의 승려 소킨(宗金)에게서 입수한 것이다. 이 지도는 현존하는 일본 지도 중 유일하게 무로마치 시대의 상황을 보여준다.

북해항로

다시 「일본본국지도」의 바다에 주목해 보면, 「대일본국도」와의 차이가 극명하게 드러난다. 육지 도로망이 사라진 대신, 바다 위에 흰 선으로 해로가 그려져 있다. 이 해로는 조선의 통신사가 이용한 해로만이 아니라, 당시 일본 내부에서 사용되던 해로도 반영하고 있다. 또한 해로의 중간중간에 기항하는 포구들도 기재돼 있다.

조선 전기의 통신사는 대마도와 후쿠오카를 거쳐 시모노세키에 이르면 현재의 세토 내해(內海)를 지나, 오사카 · 교토에 이르렀다. 『해동제국기』 편찬 책임을 맡은 신숙주도 이 길을 따라 일본을 한 차례 왕래했다. 그러나 「일본본국지도」에는 시모노세키에서 일본 혼슈의 북쪽을 따라 항해하는 '북해항로'가 그려져 있다. 이 해로야말로 일본 내부의 항로이다. 『해동제국기』 본문에는 일본의 쥬린(壽藺)이라는 승려가 세조의 명에 따라 이 항로를 항해하여 무로마치 막부 장군에게 외교문서와 예물을 전달한 사실이 기록되어 있다.

1446년 5월 세조의 명을 받은 쥬린은 6월에 규슈의 상송포(上松浦)에 돌아가 배를 수리하고 나서, 1467년 2월 교토로 가고자 하였다. 마침 교토에서는 병란이 일어나고 바다에는 해적이 설쳐 남해의 길이 막히자 북해를 경유하여 6월께 교토에 도착했다. 쥬린은 동복사에 머물게 되었으나, 무로마치 막부의 장군도 전란에 휘말려 세조의 국서에 답장을 써주지 못하다가 1468년 2월에 답서를 받게 되었다고 한다. 쥬린은 1470년(성종 1년)에 조선에 돌아와 그 경과를 보고하였다. 『해동제국기』가 완성되기 1년 전이다.

『해동제국기』는 지도 자체가 갖는 가치도 크지만, 지도가 갖는 의미를 지리정보로 확인할 수 있다는 점에서도 높이 평가해야 할 문헌이다.

덧붙이는 글

습개초(拾芥抄)

일본 최고의 백과사전으로 일컬어지는 책이다. 가마쿠라 중기 경에 그 원형이 성립되었고, 13세기 말에 교정 보완된 것으로 생각되며, 당시 귀족들이 필요로 하는 지식을 세시풍속, 경전과 역사, 시가, 백관, 연중행사 등 99가지로 분류하여 정리한 것이다. 이 책 속에 궁성 및 관사를 비롯한 다양한 지도들이 실려 있다.

3-3
『해동제국기』 속 기묘한 지도 한 장: 대마도

기묘한 지도 한 장이 『해동제국기』(신숙주 편, 1471)라는 책에 실려 있다. 얼핏 보면 무엇을 그린 것인지도 알기 어렵다. 흰 부분이 땅이고 조개 무더기처럼 보이는 것이 바다다. 그렇게 보면 비로소 울퉁불퉁한 발말굽처럼 생긴 땅의 윤곽이 떠오른다. 그러나 말발굽처럼 매끈하지 않고 들쑥날쑥하게 그려져 있다. 좀 더 자세히 보면 오목하게 들어간 곳마다 깨알처럼 작은 글씨가 쓰여 있다. 또 네모난 칸에 대마도(對馬島), 미녀군(美女郡)과 같은 좀 더 큰 글씨도 보인다. 지도의 오른쪽 위에는 「일본국대마도지도(日本國對馬島之圖)」라는 큰 글씨가 보인다. 바로 대마도 지도다.

원래의 대마도 모습과는 달라도 너무 다르다. 대마도는 남북으로 70킬로미터가 조금 넘고, 동서 최대폭이 20킬로미터가 되지 않는 길쭉한 형태의 섬이다. 그런데 이 지도는 마치 남북으로 길쭉한 섬을 동그랗게 말아놓은 것처럼 그려놓았다. 왜곡도 이런 왜곡이 없다. '왜 이런 이상한 지도를 그렸을까? 조선이 대마도의

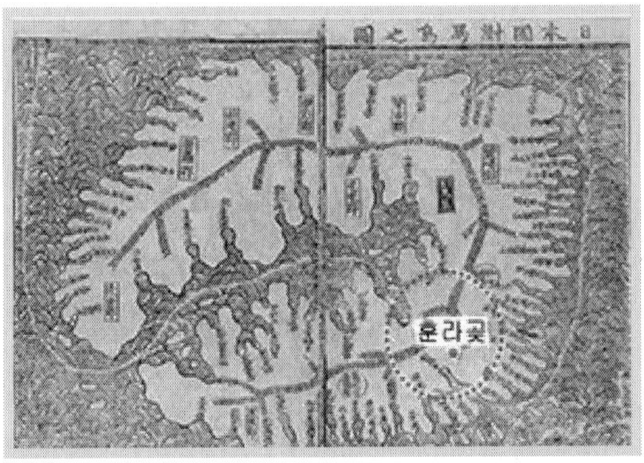

『해동제국기』에 실린 기이한 형태의 대마도 지도. 지도 속 훈라곶이 배를 뭍으로 끌어올려 반대편 바다로 옮기던 곳이다.

지형을 제대로 몰랐던 것일까?'

그렇지 않다. 이 지도에는 82개의 포구 이름이 기록되어 있으며 8개의 군 이름, 당시 도주였던 소 사다쿠니(宗貞國)과 전 도주였던 소 시게요시(宗盛職)이 살고 있는 지역까지 정확히 표시하고 있다. 『해동제국기』 본문에는 각 포구에 있는 집 수와 유력한 인물의 정보도 낱낱이 기록해놓았다. 일본조차도 1700년에 이르러서 비로소 대마도의 구체적인 모습과 지명을 파악할 수 있었는데, 조선은 무려 230년 앞선 1471년에 대마도의 모든 포구를 손바닥처럼 들여다보고 있었다. 그런데 조선은 왜 대마도를 이렇게 그렸을까? 그 해답은 바다 위에 그려진 흰 선이다. 흰 선은 항로를 뜻한다.

왼쪽 위에서 내려온 흰 선은 대마도 한가운데 그려진 만을 통과하여 훈라곶(訓羅串)이라고 쓰인 곳에 이르러서는 다시 반대편인 오른쪽 위로 이어지고 있다. 훈라곶은 '후나코시(船越)'라는 일본어의 음을 한자로 옮긴 것이다. '후나코시'는 배를 넘긴다는 뜻이며, 육지로 배를 끌어 올려 반대편으로 넘길 수 있는 장소를 가리킨다. 현재도 이곳에는 소선월(小船越)이라는 지명이 남아 있는데, 양쪽 바다 사이의 거리는 60미터 정도이고 최고 높이는 15미터 전후이다. 거친 바다를 100킬로미터 이상 우회하는 것보다, 육지로 배를 끌어서 넘기는 편이 훨씬 편했던 것이다. 또한 쫓기는 상황에서 이곳에 이르러 배를 반대편으로 넘기면 손쉽게 추적을 따돌릴 수도 있었다. 대마도 지도를 제작한 사람은 이곳의 중요성을 잘 알고 있었던 것이다.

기해동정과 아소만

훈라곶의 서쪽 바다는 대마도의 중앙부에 위치한 아소만이라고 하며, 리아스식 해안이 잘 발달한 곳이다. 동시에 고려 말부터 빈번하게 쳐들어온 왜구들의 소굴이기도 하다. 훈라곶 역시 당시 왜구들이 자주 사용하는 장소였을 것이다. 실제로 기해동정 때 이종무 장군이 이끄는 정벌군은 아소만 입구의 남쪽 해안에 위치한 왜구의 소굴을 소탕하고, 곧바로 만 안으로 깊이 들어가서 훈라곶에 목책을 쌓고 이곳의 왕래를 차단하였다. 그리고 다시 북쪽 해안에 위치한 대마도를 지배하고 있던 무사들의 근거지를 공격했다. 이처럼 대마도 지도의 서쪽에서 아소만으로 이어지는 항로는 기해동정 당시의 항로와 일치한다.

병선 227척, 병사 17,000여 명을 동원한 대규모 정벌을 단행하는데, 대마도의 형세를 보여주는 지도 한 장 없이 바다를 건넜을 리가 없다. 『해동제국기』의 대마도 지도가 기해동정 당시의 지도라고 단정할 수는 없지만, 이와 비슷한 지도가 있었을 것이다. 대마도 지도의 전체 윤곽은 크게 왜곡되었지만, 정벌군이 공격해야 할 아소만 내부를 크고 자세하게 나타내는 데 효과적임을 알 수 있다. 만약 대마도의 형태를 제대로 그린다면 아소만은 좁게 그릴 수밖에 없고, 아소만 내부를 제대로 나타낼 수 없다. 실제로 공격한 지점을 현재의 지도에 표시해보면, 『해동제국기』의 지도와 큰 차이가 없다.

지도의 제작자는?

흔히 『해동제국기』의 저자를 신숙주라고 생각한다. 또한 신숙주가 일본을 다녀온 경험을 바탕으로 『해동제국기』를 저술했다고 설명하기도 한다. 그러나 신숙주는 일본과 대마도를 딱 한 차례 왕래했을 뿐이다. 그는 편찬의 책임자였고, 『해동제국기』는 당시까지 조선이 축적한 일본과 류큐에 관한 정보를 집대성한 것이다. 그 본문에서는 대마도 지도의 훈라곶이라는 표기와 달리, 선월(船越)이라는 일본 용어를 그대로 사용하였다. 그런데 『조선왕조실록』에 실려 있는 이예라는 인물의 계문에서 대마도 지도와 동일한 지명 표기를 발견할 수 있다. 지도에 기록된 대로 기해동정 당시 처음으로 정벌군이 공격한 왜구의 소굴을 두지동, 정벌군이 목책을 설치한 장소를 훈라곶, 항로의 출발점을 내이포로 표기한 사례는 이예의 계문밖에 없다.

훈라곶과 함께 내이포라는 표기도 중요한 단서가 된다. 제포의 제(薺)는 '냉이'라는 뜻이고, 우리말 '냉이'를 소리대로 한자로 옮긴 것이 내이포(乃而浦)이다. 내이포는 태종 6년(1406)부터 문종 1년(1451)까지 보이고, 단종 2년에 완성된 『세종실록』의 지리지부터 제포라는 표기가 나타난다. 이후 『해동제국기』가 완성되는 성종 2년까지 『조선왕조실록』에서는 오로지 제포라는 표기만 사용하였다. 따라서 신숙주가 대마도 지도 제작에 간여하였다면 당연히 제포라고 하였을 것이다. 그러나 이미 20년 전부터 쓰이지 않게 된 내이포라는 지명이 버젓이 『해동제국기』에서 쓰이고 있다.

이예는 누구인가

국립외교원에는 고려시대의 외교관 서희와 더불어 이예의 동상이 서있다. 우리나라 역사상 가장 뛰어난 외교관이었음을 인정한 것이다. 그는 1396년에 왜구에게 붙잡혀 가는 자신의 상관을 따라가 스스로 포로가 되었다. 왜구의 소굴로 끌려갔다가 돌아온 그는 1400년에 다시 어머니를 찾아서 대마도 구석구석을 돌아다녔다. 이후 40여 차례가 걸쳐서 대마도와 일본을 왕래하였다. 이예야말로 대마도와 일본에 관한 한 당대 최고의 전문가였다.

3-4
바다 멀리 유리와 보석의 나라가 있다: 류큐국(琉球國)

일본과 대만 사이에 여러 개의 작은 섬들이 줄지어 늘어서 있다. 마치 징검다리처럼 일본 규슈의 남단에서 대만을 잇고 있다. 현재는 이 섬들을 오키나와라고 부른다. 그래서 범선을 사용하

일본 오키나와 나하에 있는 슈리성(首里城). 옛날 류큐국의 궁전이다.

던 시대에는 일본에서 중국으로 갈 경우, 망망대해를 가로지르는 것보다는 섬들에 의지할 수 있는 오키나와 항로를 사용하기도 하였다. 이 섬들은 동중국해와 서태평양을 나누는 경계이기도 하다.

이곳에 왕국이 성립된 것은 13세기 말이었는데, 1372년에는 찰도왕통이 성립되었다. 류큐국이 조선에 사신을 처음 보낸 것은 바로 이 무렵이다. 태조 원년(1392)에 조선을 찾아온 류큐국 사신은 조회에 참여하였다. 이 해에 중산왕 찰도(察度)가 왜구에 사로잡혔던 남녀 8명을 송환하기도 하였다. 태종 9년(1409)에는 중산왕 사소(思紹)가 사신을 보내어 후추와 상아를 비롯하여, 모직물이나 견직물을 염색하는 데 꼭 필요한 백반(白礬), 약재로도 사용하고 붉은색 염료로도 사용하는 소목(蘇木) 등을 비쳤다. 모두 조선에서 나지 않는 동남아시아 지역의 특산물들이다. 그 밖에도 설탕, 물소 뿔, 침향(沈香), 장뇌(樟腦) 등을 보내기도 하였다. 조선에서 나지 않는 남방의 물산들을 실어오는 류큐국은 그야말로 보석과 같은 나라였다.

상씨(尙氏)를 왕으로 하는 류큐국(상씨 왕조)은 1406년에 건국되어 1879년(일본 메이지 12년)에 일본에 합병되었다. 인구 20만이 되지 않는 작은 왕국이었지만, 조선을 비롯해서 명·청, 일본이 모두 바다를 통한 왕래와 교역을 제한하는 가운데, 이들 여러 나라 모두와 교역하였다. 지리적인 이점을 살려 특히 동남아시아의 물산을 중계무역함으로써 많은 이익을 거두었다. 남쪽으로는 현재의 베트남, 필리핀, 인도네시아까지 교역하였으며, 특히 말라카왕국과도 관계를 맺고 있었다.

조선의 관인 이예가 류큐국을 가다

류큐국이 왜구에게 잡혀갔던 조선 사람들을 돌려보내 오자, 조선 조정에서는 직접 류큐국에 사신을 보내어 조선 사람들을 데리고 오자는 논의가 일어났다. 드디어 태종 16년(1416)에 이예(李藝)라는 인물을 통신관으로 파견하게 되었다. 당시 호조판서였던 황희가 류큐국은 물길이 멀고 험하며, 또 사람을 보내려면 비용이 아주 많이 드니 파견하지 않는 편이 낫겠다고 하였다. 그러나 태종은 "고향 땅을 그리워하는 마음은 귀한 사람이나 천한 사람이 다르지 않다. 만약 신분이 높은 사람의 집안에 왜구에 붙잡혀 간 사람이 있으면 번거롭고 비용이 드는 것을 따지겠느냐고 하여 황희의 반대를 물리쳤다. 6개월 만에 이예는 왜구에게 붙잡혀 류큐국에 팔려간 조선 사람 44명을 데리고 돌아왔다. 그중에는 태조 3년 을해년(1394)에 열네 살에 왜구에 붙잡혀 갔다가 22년 만에 돌아온 전언충이라는 사람이 있었는데, 이미 부모님이 돌아가시고 말았다. 이에 태종은 옷과 천, 쌀과 콩을 내려 부모의 상을 치르도록 배려하였다.

이처럼 이예는 태종 · 세종 대에 대마도 · 일본 · 류큐국 외교관계에서 크게 활약한 인물이다. 이예는 류큐국을 다녀온 유일한 조선 관리이기도 하다.

『해동제국기』의 류큐국 지도

조선 초기에 조선과 빈번하게 통교하였던 류큐국을 그린 지도 한 장이 『해동제국기』에 남아 있다. 이 지도는 류큐국 전 지역을 상세하게 나타낸 세계 최초 지도다. 이 지도는 후쿠오카의 승려 도안(道安)이 조선에 가져온 류큐도와 관련이 있을 것이라는 사실은 일찍부터 지적되어 왔다. 『조선왕조실록』에 따르면, 1453년(단종 1년)에 하카타의 상인이자 류큐국의 사절을 자처하는 승려 도안이 여러 장의 지도를 가지고 왔다고 한다. 그중에 하카타 · 사쓰마와 류큐국 사이의 거리를 나타낸 지도가 있었다. 이 지도야말로 『해동제국기』에 실린 「류큐국지도」일 것이다. 하카타의 상인이었던 도안은 상선을 타고 류큐국까지 교역을 하러 다녔고, 이때 류큐국 중산왕이 자신이 데리고 있던 조선인을 도안의 배에 태워 돌려보냈다고 한다.

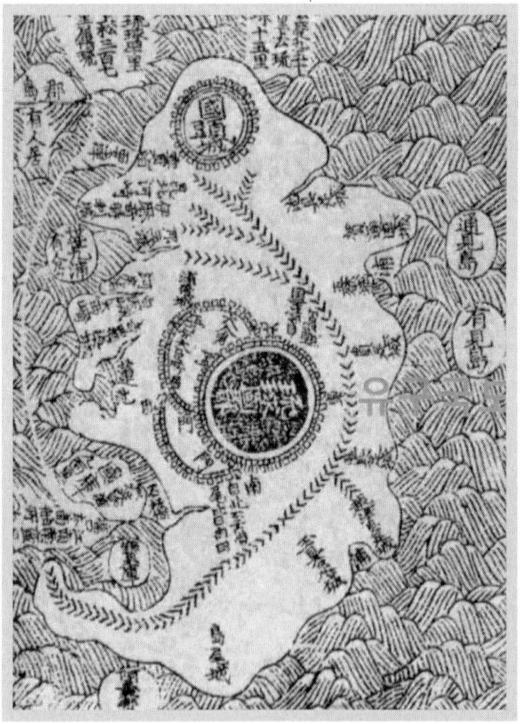

조선이 만든 『해동제국기』에 실린 「류큐국도」의 일부

『해동제국기』의 류큐국 지도에는 북규슈의 상송포(上松浦)를 기점으로 중간 기착지와 류큐국 수도인 슈리성에 이르는 거리가 자세히 기록되어 있다. 섬 이름뿐만 아니라, 사람이 산다든가, 류큐에 속한다는 설명도 들어 있다.

오키나와현립박물관의 「류큐국도」

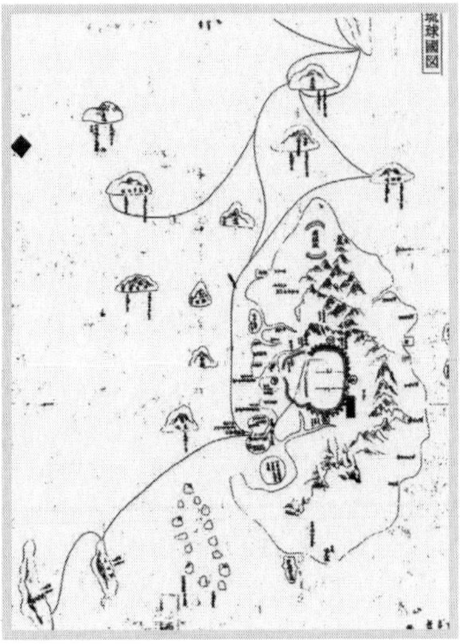

오키나와현립박물관에 소장된 「류큐국도」

그런데 공교롭게도 『해동제국기』의 「류큐국지도」와 거의 흡사한 지도가 오키나와현립박물관에 소장되어 있다는 사실이 몇 년 전에 밝혀졌다. 이 지도는 오키나와현립박물관이 1978년에 구입한 것이라고 하는데, 1696년(겐로쿠 9)에 모사된 것이다. 두 지도는 형태가 아주 흡사한데, 다만 『해동제국기』의 지도와 달리 하카타를 기점으로 류큐국에 이르는 거리가 기록되어 있다.

두 지도 모두 1609년 사쓰마번이 류큐국을 침공하기 이전의 상황을 보여준다. 류큐 침공 이후 규슈 남단의 사쓰마번을 통해서 일본의 영향력 아래 놓인 류큐국은 1696년(겐로쿠 9)에 류큐 지역의 상황을 보여주는 류큐국의 지도를 작성하였다.

류큐 침공 전후의 차이를 여러 지도들을 통해서 살펴보면, 원래 류큐국에 공조를 바치던 아마미제도(奄美諸島)가 사쓰마번의 직할지가 되었다는 점, 그리고 16세기 중엽부터 동남아시아 여러 나라와의 무역이 쇠퇴하였다는 점을 들 수 있다. 류큐 침공 이전에는 류큐인, 일본인, 중국 강남인들이 섞여 사는 상황이었고, 남만(南蠻)이라고 부르는 동남아시아의 선박도 류큐국의 수도인 나하(那覇)에 입항하였다. 그러나 오미제도가 더 이상 공조를 바치지 않게 되었고, 남만무역의 중심도 규슈의 보노츠(坊津)와 나가사키로 옮겨가면서, 사람과 선박이 붐비고 물품이 넘쳐나던 류큐국은 쇠퇴하였다. 구스쿠라고 불리는 류큐국의 성채도 「류큐국도」에 보이는 것처럼 이전에는 많은 수가 존재했지만, 침공 이후에는 슈리성 등 몇 개밖에 남지 않았다.

두 지도는 같은 원본에서 비롯되었다

한편 이예는 1416년 류큐국을 왕환하였다. 당시 조선의 관인들은 외국에 사절로 파견되면, 반드시 왕래과정과 획득한 정보에 대한 보고서를 제출하였다. 그중에서는 항로의 방향이나 거리를 상세히 표시한 것들이 적지 않다. 이예의 류큐 왕래의 경험이 상송포를 기점으로 하였을 가능성이 있다. 조선에서 류큐국으로 갈 경우에는 하카타를 거칠 필요가 없이, 대마도·일기도에서 상송포·고토열도를 경유하여 가는 편이 자연스럽다. 그렇다면 도안으로부터 입수한 류큐국의 지도를 조선의 정보로 수정·보완하여 『해동제국기』의 「류큐국지도」를 작성하였을 것이다. 『해동제국기』의 말미에는 당시 류큐국 언어에 대한 정보도 실려 있고, 이는 류큐어(琉球語)에 대한 가장 오래된 기록으로 높이 평가되고 있다. 조선은 『해동제국기』라는 책 속에 당시까지 축적한 동아시아 세계에 대한 객관적인 지식과 정보들을 고스란히 응축시켜 놓았다.

3-5
조선에서 일본 지도 '양극화'가 의미하는 것은?

1471년 편찬된 『해동제국기』 속 일본 지도는 동시대의 어떤 일본 지도보다 크고 자세한 지도였다. 이 지도를 통해 우리는 조선 전기의 일본에 대한 인식을 읽어낼 수 있다. 최근에 일본에서 『해

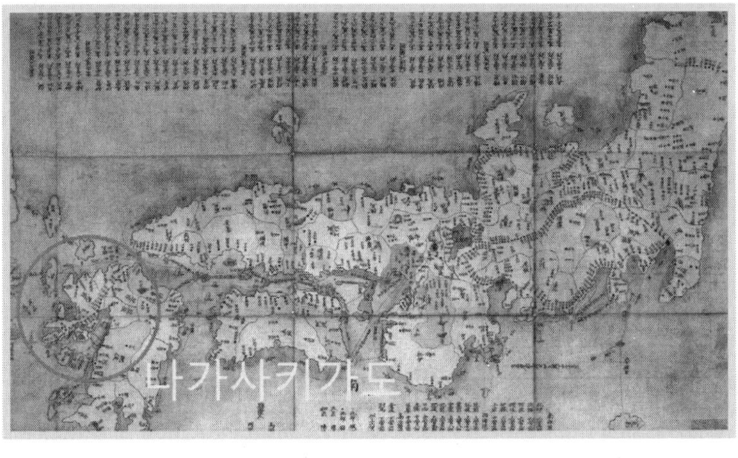

마부치 지코안(馬淵自藁庵)이 그린 대일본총도 계열의 일본 지도. 왼쪽 동그라미 친 곳이 나가사키 가도이다.

동제국기』의 일본 지도에 시기적으로 근접하는 지도 한 장이 확인되었다. 히로시마 역사박물관은 올해 7월 15일 「일본부상국지도」를 공개했다. 가로 122센티미터, 세로 57센티미터인 이 지도는 홋카이도를 제외한 일본 전체를 그린 지도 가운데 가장 오래된 것 중 하나다.

지도에서는 서쪽이 위이고 동쪽이 아래이며, 교토를 기점으로 각지로 연결되는 육로와 해로가 붉은 선으로 그려져 있다. 특히 항로상의 항구의 이름이 많이 기재되어 있어서, 해운이 활발하였던 무로마치 시대의 상황을 반영하고 있음을 알 수 있다. 그래서 이 지도는 14세기 중엽 이후에서 16세기 사이에 제작된 것으로 추측하며, 지도의 기본적인 틀은 고대적인 인식 위에 중세의 새로운 지식을 추가한 것이다. 『해동제국기』의 일본 지도 역시 그러한 예이다.

근세 일본의 지도 제작

그러나 무로마치 시대 후기부터 포르투갈 네덜란드 등의 서양 선박들이 일본의 변경 지역에 나타났고, 서양의 지도와 지구의(地球儀)도 전해졌다. 에도시대에 들어 일본 국내 정세가 안정되면서, 비로소 전국의 지리정보에 대한 관심이 높아졌고 측량기술도 발전하였다. 전국적인 측량사업이 진행되었고, 지역별로 제작한 지도를 모아 일본 열도 전체 모습을 재구성하려는 노력이 이어졌다.

에도막부가 작성한 정밀한 지도는 기밀이었으나, 일본 열도의 전체 윤곽과 기본 정보를 담은 지도는 민간에 공개됐다. 신사 참배, 사찰 순례와 명소 관광이 유행하면서, 각 지역 도로와 숙박지에 대한 정보가 지도에 담기게 되었다. 드디어 상업적인 지도가 제

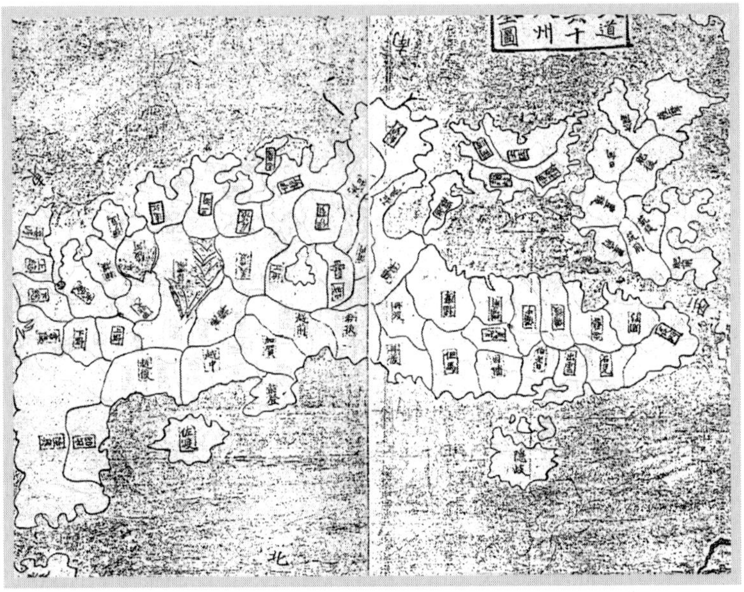

조선통신사의 서기로 일본에 다녀온 원중거가 개인적으로 편찬한 책 『화국지』에 실린 일본 지도 「팔도68주전도」

작돼 일반인에게 판매되기에 이르렀다. 그렇게 새로운 시대를 상징하는 지도들이 연이어 나타났으며, 일본에서 이시카와 류센(石川流宣)이 그린 본조도감강목(本朝圖鑑綱目) 계열, 마부치 지코안(馬淵自藁庵)이 그린 대일본총도(大日本總圖) 계열, 나가쿠보 세키스이(長久保赤水)가 그린 일본여지로정전도(日本輿地路程全圖) 계열이 대표적이다.

통신사들이 가져온 일본 지도

그중 조선에 전해진 것은 이시카와 류센이 그린 지도와 마부치 지코안이 그린 지도였다. 자화상으로 유명한 윤두서는 '일본여도'

라는 지도를 남겼는데, 이 지도는 이시카와 류센의 그림을 바탕으로 한 것이다. 윤두서의 생존연도(1668~1715), 이시카와 류센의 지도가 제작된 시기(1687~1703), 통신사가 왕래한 시기(1682, 1711, 1719)를 고려하면, 1711년에 조태억을 정사로 한 통신사가 가져온 지도를 윤두서가 입수해 모사한 것으로 보인다.

한편 마부치 지코안이 그린 지도를 가져온 것은 영조 39년(1673)에 파견된 조엄을 정사로 한 통신사였다. 정사 조엄은 일본에서 고구마를 들여온 것으로도 유명하다. 이 통신사 일행은 특별히 풍부한 기록을 남겼다. 정사 조엄은 통신사 기록을 모아 『해행총재』를 편찬했고, 제술관 남옥(南玉)은 『일관기(日觀記)』, 서기 원중거(元重擧)는 『화국지(和國志)』와 『승사록(乘槎錄)』, 서기 성대중(成大中)은 『사상기(槎上記)』와 『일본록(日本錄)』을 남겼다.

원중거의 『화국지』에는 여러 장 일본 지도가 실려 있고, 성대중이 가져온 지도도 현재까지 남아 있으며(국립중앙도서관), 장서각에도 '조선사자용 일본지도'라는 제목의 일본 지도가 전하는데, 이 지도 모두 마부치 지코안의 지도이다. 이 지도는 조선 전기의 일본 지도와는 비교할 수 없을 정도로 자세하다. 『해동제국기』의 일본 지도처럼 여러 장의 지도로 구성돼 있지만, 지도 내용은 다르다. 전자에는 해로상의 주요한 포구를 제외하면 내륙의 지명은 거의 나타나지 않는다.

그러나 후자에는 규슈의 북동쪽에서 서남쪽으로 길게 이어진 도로를 따라서 수십 개 지명이 빼곡하게 기록돼 있다. 이 길은 북규슈의 고쿠라에서 규슈 서쪽 나가사키로 이어지는 나가사키 가도이다. 당시 동아시아 해상교역의 중심지가 된 나가사키에 이르는 도로가 선명하게 드러나 있다.

이처럼 조선통신사는 바닷길을 통해 일본으로 건너가 외국의 정보를 가져온 메신저들이었다. 원중거는 일본에서 일본지도를 입수해 조선으로 가지고 왔는지, 일본에서 지도를 베껴서 왔는지 알 수 없다.

그러나 조선 전기의 상황과 크게 다른 점이 있다. 『해동제국기』는 국가적인 차원에서 만들어진 책이고, 당시 영의정이던 신숙주가 편찬을 지휘하였다. 또한 이 책은 후대까지 조선이 일본에 대응하는 기본적인 지침서로 기능하였다. 당연히 조선 시대 후기까지 여러 차례 재판을 거듭하였다.

양극화되는 일본 지도

그러나 『화국지』는 원중거라는 중급 관인이 조선통신사로 일본에 다녀온 경험을 바탕으로 개인적으로 편찬한 책이다. 그는 서얼 출신으로 32세에 사마시에 급제한 후 하급 관리로 근무하다가 1763년 계미사절단의 서기로 발탁돼 일본에 다녀왔다. 그 후 몇몇 관직을 거쳐 규장각에서 같은 서얼 출신인 이덕무, 박제가 등과 함께 『해동읍지』를 편찬하는 일에 참여하였다. 그의 책 속에는 당시로서는 조선에서 가장 정밀한 일본지도가 실려 있다. 상식적으로 생각하면, 통신사 일행이 입수한 일본 지도는 당연히 국가 차원의 중요한 정보로 규장각과 같은 국가기관에 소장돼야 마땅하다. 그러나 현실은 그렇지 않았다.

『화국지』는 이덕무(李德懋), 성대중(成大中), 박제가(朴齊家), 유득공(柳得恭), 홍대용(洪大容), 황윤석(黃胤錫) 등과 같이 북학파 연암 그룹에서는 상당한 반향을 일으켰던 듯하고, 책 속 지도를 이덕무의 『청령국지』에 그대로 전재한 경우도 있었다. 새롭고 자세한 일본 지도는 공교롭게도 대부분 서얼 출신들이 남긴 것이다. 성대중, 원중거, 이덕무가 그렇다.

그러나 새로운 일본 지도에 대해서 조선 정부는 큰 관심을 갖지 않았다. 원중거의 『화국지』도 유일본으로 일본에만 남아 있다. 비변사에서 제작한 「각국도」에도 성대중이 가져온 지도가 들어 있지만, 조선이 제작한 지도는 훨씬 개략적이고 단순한 지도로 변해 있다.

또한 이들은 인쇄된 지도가 아니고 손으로 그린 지도다. 오히려 인쇄되어 유통된 일본 지도의 대부분은 대단히 조잡하고 왜곡된 형태다. 일본 지도를 중심으로 보면, 일부 서얼 출신의 지식인들이 일본 지도로 상징되는 일본의 변화에 관심을 가졌으나, 국가 전체로 보면 그 관심은 대단히 미약한 것이었다. 동시에 1763년 이후 조선은 더 이상 일본 본토에 사신단을 파견하지 않았다. 그렇게 일본에 대한 정보는 단절되었다.

3-6
조선은 왜 대마도를 정벌하였는가?

김성길

1419년 5월 4일 한 무리의 왜구 선박이 충청도 해안에 나타났다. 왜구의 선박은 모두 32척이었고, 타고 있던 왜구의 수는 1,500명이 넘었다. 다음 날 이른 새벽 야음을 틈타 이 왜선들은 비인현 도두음곶을 기습하여 조선의 병선을 에워싸서 불살랐다. 적은 때를 가리지 않았다. 조선의 병선이 불타는 연기가 자욱하여 피아를 구별할 수 없을 정도였다. 도두음곶은 서천군의 서쪽 끝에 갈고리처럼 튀어나와 있는 반도로, 해가 돋는 모습과 지는 모습을 함께 볼 수 있는 곳이자, 사방의 바다를 다 감시할 수 있는 곳이다. 당시 이곳에는 마량포(馬梁浦)라는 조선 수군의 기지가 있었고, 책임자는 김성길이었다. 그는 아들 김성륜과 함께 태안반도 아래에서 금강에 이르는 충청도 남쪽 해안의 방어를 맡고 있었다.

그러나 이러한 막중한 책임을 맡고 있는 지휘자는 그날 본분을 지키지 못했다. 전라도 지역에 왜선이 출몰하였다는 통보를 받았지만, 정작 왜구들이 쳐들어왔을 때는 전날 마신 술에 아직 취해 있었다. 갑작스런 공격에 허둥지둥 활을 들고 적과 맞섰으나, 왜구의 창에 찔려 바다에 빠졌다. 그는 헤엄쳐 살아 나왔으나, 아들 김성륜은 아버지가 이미 죽은 줄 알았다. 화살로 왜구를 3명이나 쏘아 죽이고, "아비가 이미 물에 빠져 죽었는데, 내가 어떻게 혼자 싸우다가 적의 손에 죽겠느냐"며 물에 뛰어들어 자결하였다. 김성길도 5월 10일에 참형에 처해졌다. 당시 마량포에는 병선이 13척이 있었는데 7척이 불탔고, 병사 37명이 전사했으며, 상당수의 사람들이 포로가 되어 대마도까지 끌려갔다. 바로 이 왜구의 공격이 대마도 정벌을 촉발하였다.

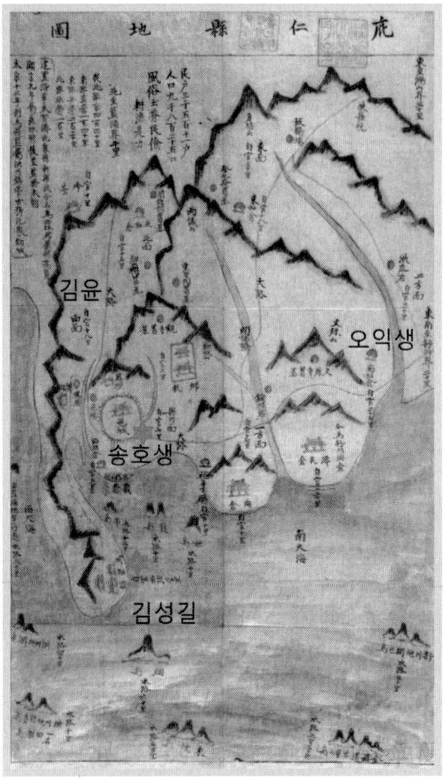

조선 시대 지도 위에 나타낸 1419년 도두음곶과 비인현 전투

송호생

마량포에 주둔하고 있는 조선 수군을 격파한 왜구들은 그길로

동쪽으로 바다를 가로질러 비인현의 중심지로 향했다. 이미 연기가 자욱한 마량포를 보면서 변고를 직감한 비인 현감 송호생(宋虎生)이 해안에서 왜구의 침입에 대비하고 있었다. 상륙한 왜구들과 싸우다가 예상 외로 큰 병력임을 알고 물러나서 읍성으로 들어갔다. 왜구들은 겹겹이 성을 에워쌌고, 전투는 아침 8시경부터 12시 무렵까지 계속되었다. 성은 함락될 지경에 이르렀고, 이미 성 바깥도 철저하게 약탈당했다.

그러나 조선의 대응도 만만치 않았다. 동남쪽으로 30리 가까이 떨어진 서천군에서 김윤이 군사를 이끌고 달려왔고, 북쪽으로 50리 길이나 되는 보령 남포진의 병마사 오익생도 한달음에 달려왔다. 말 그대로 달려왔을 것이다. 아침 일찍 비인현이 공격을 받는다는 통지를 받고 12시경에 도착하려면 뛰지 않을 수 없었을 것이다. 김윤은 읍성의 동쪽에 진을 치고 나팔을 불고, 오익생은 북쪽

왜구의 상륙모습

에 진을 치고 깃발을 세웠다. 전력을 다해서 성을 지키고 있던 송호생은 구원군이 도착하자 놀랍게도 다시 성 밖으로 나와 왜구들과 싸웠다. 호랑이처럼 산다는 이름처럼, 그는 용맹스러운 지휘관이었다. 화살을 맞고도 힘껏 싸워 왜구를 사로잡기까지 했다. 왜구들이 마침내 물러났고 성은 무사했다.

이 왜구들은 6일 후인 5월 11일에 다시 황해도 해주에 나타났다. 7척의 배로 해주를 노략질하고, 또 연평곶에서는 38척의 배로 조선의 병선 5척을 에워싸고 식량을 내놓으라고 협박하였다. 중과부적으로 이사검은 병선에 싣고 있던 쌀을 다 내주었다. 이 일로 이사검은 관직을 박탈당하고 수군 병졸로 충원되었다가 다음 해에 겨우 풀려났다. 5월 17일에는 백령도 해상에서 조선 수군이 왜선 2척과 교전하여 왜구 21명을 죽이고 21명을 사로잡았다. 한 척의 배에 왜구가 60명이 타고 있었다고 전한다.

망해과 전투

그리고 한 달쯤 뒤에 이 왜구들은 다시 명나라 해안을 공격하였다. 장소는 요동반도의 끝에 있는 대련 지역이었다. 명은 이곳에 금주위(金州衛)라는 군사기지를 두었고, 5,000명 이상의 병력이 소속되어 있었다. 당시 지휘관은 유강(劉江)이라는 인물이었다.

6월 14일 밤에 왕가도(王家島) 쪽에 불빛이 보였는데, 왜구가 장산군도에 속한 이 섬에 공격하고 불을 지른 것으로 보인다. 이 소식을 접한 유강이 왜구가 쳐들어온 것을 알았고, 망해과(望海堝)에 보병과 기병을 급히 보냈다. 과연 다음 날 새벽에 왜구 1,500여 명이 31척의 배에 나누어 타고 들이닥쳤다. 등사하(登沙河)라는 강의 어귀에 도착하여 기슭으로 올라와, 일렬 종대로 줄을 지어 망해과를 향해 진격하였다.

왜 하필 왜구들은 이곳을 공격했을까? 왜구들이 공격한 망해과 일대는 등사하와 청운하라는 두 개의 강줄기가 나란히 흐르는 비옥한 땅이다. 당시 이곳은 금주에서 경제적으로 가장 번성한 곳 중 한 곳이었다. 한편 금주의 중심지는 요동반도의 서쪽 연안에 있고, 망해과 일대는 동쪽에 있으며 그 사이에 대흑산이 가로막고 있기 때문에 명군이 신속하게 상황을 파악하지 못하리라 여겼을 것이다. 그러나 유강은 이미 망해과를 비워놓고 매복작전을 펼쳤다. 죽은 왜구가 742명, 사로잡힌 왜구가 857명이었다고 한다. 중국에서는 이 전투를 왜구와 싸워 거둔 최대의 승리라고 평가하고 있으며, 이후 200여 년간 왜구가 요동에 얼씬도 하지 않았다고 하였다.

다시 안흥량에서

공교롭게도 망해과 전투는 『조선왕조실록』에도 실려 있다. 마침 명나라에 천추사로 파견되었던 김청이 돌아오는 길에, 포로가 되어 50대의 수레에 실려서 끌려가는 왜구들을 목격한 것이다. 그는 요동반도를 약탈하려던 왜구들이 유강의 계략에 빠져 700명 이상이 죽고 110여 명이 포로로 잡혔다고 하였다. 명의 기록과 조선의 기록이 차이가 난다. 그러나 기록에는 과장이 있기 마련이다. 명의 사료에서는 한 명도 돌아가지 못하였다고 하였으나, 궤멸적인 타격을 입은 왜구의 잔당들은 다시 조선에 나타났다. 7월 3일에 소청도에서 왜선 30여 척이 목격되었고, 다음 날에는 왜선 2척이 안흥량에서 전라도의 공물을 실은 배 9척을 털어 달아났다. 명에서 당한 화풀이를 조선에서 한 것이다.

역사는 거대하고 극적인 사건만으로 이루어지지 않는다. 사소

명나라의 장창부대와 해안을 방어하는 요새인 해방신보

한 사건 속에도 처절한 진실이 숨어 있기 마련이다. 도두음곶과 비인현에 있었던 한나절 전투 때문에 아들은 자결하고 아비는 목이 잘렸다. 어떤 수군들은 불길과 연기가 자욱한 바다에 빠져 죽었고, 어떤 이들은 요동반도로 대마도로 끌려다녔다. 또한 이 사건은 상왕 태종이 대마도 정벌을 단행한 직접적인 이유가 되었다. 안흥량에서 공물선이 약탈당하자, 다시 태종은 2차 대마도 정벌을 지시하였다. 김청이 와서 요동을 공격하던 왜구들이 크게 패했다고 보고하자, 태종은 대마도를 재차 정벌하는 일을 중단하고, 돌아가는 왜구를 포착하여 공격하도록 하였다. 두 달에 걸쳐 황해를 돌아다닌 왜구들이야말로 조선이 대마도 정벌에 나서도록 만든 장본인들이었다. 조선 최초의 해외 원정은 그렇게 시작되었다.

3-7
조선 전기에도 통신사가 있었다

무로마치시대와 에도시대

조선 전기는 일본에서는 무로마치시대에 해당하고, 조선 후기는 에도시대에 해당한다. 조선에서는 500년 동안 한 왕조가 계속 이어지고 있었지만, 일본에서는 정치 권력의 중심이 교토에서 에도(현재의 도쿄)로 이동하였다. 무로마치시대는 다시 남북조시대(1336~1392) 및 전국시대(1493~1590)와도 겹친다. 남북조시대와 전국시대 일본은 전국적으로 내란 상태였다.

일본 전국시대 전투를 그린 옛 그림

또한 무로마치 막부는 유력한 무사들의 연합정권이어서, 일본 전역을 제대로 통제할 수 없었다. 에도막부가 중앙집권적인 봉건제를 시행한 것과는 큰 차이가 났다. 조선이 일본에 파견한 통신사의 사정도 시대에 따라서 한결같지 않았다. 에도시대에는 부산에서 출발할 때부터 대마도에서 사람을 보내 인도하였고, 전체 일정을 에도막부가 계획하고 지원하였다. 양국의 관계도 안정되어 있었고, 통신사 일행은 가는 곳마다 환대를 받았다.

일본 해적의 공격을 받은 통신사

그러나 무로마치시대는 상황이 달랐다. 무엇보다도 무로마치 막부는 조선과 통교할 만한 여유가 없었다. 통신사가 교토에 왔을 때 누가 비용을 댈 것인가를 논란하였고, 사신을 돌려보낼 핑계를 대기 위해서 가져온 외교문서에서 잘못을 찾아 트집을 잡을 정도였다. 조선이나 명을 노략질하는 왜구를 막부가 금지하지 못한 것도 같은 맥락이다.

그뿐만이 아니다. 외국을 노략질하는 왜구만 있는 것이 아니라, 무로마치 막부에 대한 통신사나 조문사를 해적이 약탈하는 일도 발생하였다. 현재의 시모노세키에서 고베에 이르는 해로에서 조선의 통신사들이 공격받아 물건을 빼앗기고 배가 부서지는 일이 생겼다. 최초의 일본 국왕이라 할 수 있는 아시카가 요시미츠의 조문 사절로 파견된 양수가 그랬고, 회례사로 파견된 이예가 그랬다. 『조선왕조실록』은 이예가 해적의 공격을 받던 당시 상황을 이렇게 전한다.

> 배가 바다 가운데 좌초하여 창졸간 위급한 때, 홀연히 해적선 35척이 나타나 일본이 준 외교문서와 예물 그리고 본국이 무역한 여

러가지 물품과 우리 군사의 의복·양식까지 모두 빼앗아 갔습니다. 부서진 배를 타고 해안에 도착하여 맨몸으로 걸어서 대내전(大內殿, 일본 혼슈 서부 지역 최대의 유력 무사)을 향하여 얻어먹기도 하고 굶주리기도 하면서, 8일 동안 달려서 적간관(赤間關, 현재의 시모노세키)에 이르렀습니다. 통사 김원(金元)을 왜왕(倭王)에게 보내어 호소하게 하였습니다.(『세종실록』, 세종 15년 6월 7일)

통신사를 보낼 필요가 없다

그러나 막부의 장군에게 호소해봐도 어쩔 수 없는 일이다. 막부가 이들을 체포하거나 처벌할 능력이 없었기 때문이다. 처음에 조선은 무로마치 막부의 장군이 일본 국왕이므로, 조선의 경우처럼 그의 명령 한마디로 왜구가 사라질 줄 알았다. 현실은 그렇지 않았다. 1443년 파견된 조선통신사는 제6대 장군 아시가가 요시노리(1394~1441)가 암살당한 직후에 교토를 방문하였다. 그때는 요시노리의 어린 아들인 요시카츠가 장군직을 계승하였고, 통신사들은 불과 아홉 살의 장군을 만났다. 그러나 그 역시 6월 19일에 조선통신사를 만나고 한 달여 만인 7월 21일에 죽었다. 그리고 다시 불과 8세인 요시나리가 장군이 되었다. 변효문 일행은 요시카츠가 죽은 것을 알고 돌아왔으며, 무로마치 막부 장군의 실상을 파악하였을 것이다.

이처럼 막부의 장군이 신하에게 암살되기도 하고, 어린 장군이 취임하였다가 2년 만에 죽기도 하는 상황을 보면서, 조선의 생각이 바뀌었다. 그래서 조선은 차라리 대마도나 규슈 북부의 유력자들과 통교하는 편이 더 효과적이라고 생각하였다. 태종 대의 영의정 성석린은 일본에 통신사를 파견할 필요가 없다고 하였다.

무로마치 막부 4대 쇼군 아시카가 요시모치(왼쪽)와 무로마치 막부 6대 쇼군 아시카가 요시노리

> 일본의 해적선이 해마다 중국을 침입하므로, 황제가 노하여 크게 군사를 일으켜 치욕을 씻으려고 한다는 것을 우리나라의 사신도 일찍이 들은 바이니, 죄를 성토하도록 청하는 것이 마땅합니다. 설령 지금 적으로 삼고 공격하지는 못하더라도, 어찌 사신을 보내어 서로 통교하는 것이 마땅하겠습니까? 더군다나, 지난번에 양수(梁需)가 일본 땅에 갔다가, 외교문서와 예물을 모두 약탈당하여 하마터면 죽을 뻔하였습니다. 그런데도 그 왕(막부 장군)이 그 죄를 다스리지 아니하였으니, 그 나라의 정치를 알 수 있습니다. 서로 통교하지 않더라도 무슨 해가 있겠습니까?(『태종실록』, 태종 14년 2월 1일)

이어지는 조문 행렬

그러나 조선은 통신사의 파견을 중단하지 않았다. 죽음을 무릅쓰고 바다를 건너는 통신사의 행렬은 이어졌다. 조선 후기처럼 환대를 기대할 수 있는 길이 아니라, 한 치 앞 운명도 알 수 없는 상

황이었다. 그런데도 왜 통신사는 계속 파견되었을까? 그것은 바로 일본 국왕의 죽음에 대한 조문 때문이었다.

조선이 건국된 이후 처음 접촉한 무로마치 막부 장군은 아시카가 요시미츠와 요시모치였다. 1408년 요시미츠가 죽자 1410년 태종은 양수를 보내어 조문하였다. 1429년에 요시모치가 죽자 다음 해 역시 박서생을 보내어 조문하였다. 1441년에 요시노리가 죽자, 1443년에 변효문을 보내어 조문하였고, 이때 신숙주가 서장관으로 동행하였다. 그 이후에도 장군이 죽었을 때 물품을 보내어 위문하였다. 다만 나이가 어린 장군이 죽으면 직접 사신을 파견하지 않기도 하였다.

이처럼 조선은 이웃 나라의 왕이 죽으면 반드시 조문해야 된다는 생각을 가지고 있었다. 지금 우리가 상가는 꼭 찾아보는 것과 마찬가지 이치이다. 조선은 유교국가였고, 의례 중에서 상례와 제례가 가장 중요하다. 그만큼 교린하는 상대국에 대한 조문을 중시하였다.

그러나 일본은 그렇지 않았다. 장례는 불교식이었고, 장군들은 절에 모셔졌다. 무로마치 막부의 장군이 죽어도 직접 부고를 전하는 사신을 파견하는 일도 드물었다. 오히려 대마도나 하카타에서 장군이 죽은 사실을 알려오는 경우가 일반적이었다. 그래도 죽은 사실을 알고 조문하지 않는 것은 예가 아니라고 생각했던 것이다.

이처럼 기해동정(세종 때의 대마도 정벌) 이후 왜구의 노략질은 급감하였고, 막부 장군이 일본의 왜구를 금압할 수 없다는 사실을 알면서도, 조선은 장군이 죽을 때마다 조문사절을 파견하였다. 예의와 교린의 참뜻을 알고 실천하기 위함이다.

3-8
고려대장경 바다를 건너다

조선 세종 1년 11월 20일 일본 국왕사가 부산포에 도착했다. 조선이 대마도를 정벌한 지 6개월이 되지 않은 시점이었다. 이들은 서울로 올라와 이듬해 1월 6일 세종을 알현하였다.

임금이 인정전에 나아가 군신의 조하를 평상시와 같이 받았는데, 비로소 풍악을 썼다. 일본국 사신 양예(亮倪)가 그 부하를 거느리고 반열을 따라 예를 행하게 하였는데, 양예 등을 서반(西班) 종품의 반열에 서게 하였다. 예가 끝나매 통사(通事) 윤인보(尹仁甫)에게 명하여 양예를 인도하여 전상(殿上)에 오르게 하고, 임금이 말하기를 "풍수(風水)가 험한 길에 수고롭게 왔소" 하니, 양예가 엎드려 대답하기를 "임금의 덕택을 말로써 다하기 어렵습니다" 하였다. 임금이 말하기를 "너희들이 바라는 것이 무엇인가" 하니, 양예가 대답하기를 "대장경(大藏經)뿐이올시다"라고 하였다. 임금이 말하기를 "대장경은 우리나라에서도 희귀하다. 그러나 1부는 주겠다" 하니, 양예가 엎드려 머리를 조아리며 아뢰기를, "우

리나라에서 받은 임금의 은혜는 이루 말할 수 없습니다"라고 하였다.(『세종실록』, 세종 2년 1월 6일)

사실 양예가 조선을 찾아온 것은 기해동정의 진의를 알아보려는 목적이었다. 당시 일본은 조선이 명과 함께 일본을 공격해 올 가능성이 있다고 보았다.

무로마치 막부 3대 장군 아시카가 요시미츠는 명으로부터 국왕으로 책봉받고 사신을 파견했지만, 그의 뒤를 이은 아시카가 요시모치는 책봉을 거부했고, 명과 긴장관계를 조성했다. 게다가 명의 해안을 왜구가 빈번하게 노략질하고 있었다. 따라서 책봉 거부 문제만이 아니라 왜구를 근절하기 위해서도 명은 일본을 공격할 가능성이 있었다. 그 와중에 갑자기 조선이 대마도를 쳤고, 일본은 조선과 명이 일본 본토를 공격하려는 것으로 판단했다.

그래서 양예 등을 보내 조선의 진의와 명의 동향을 탐문하려 한 것이다. 양예는 세종 앞에서 기해동정에 관해서는 함구하고, 오로지 '대장경'을 바랄 뿐이라 하였다. 이에 조선은 대장경 인쇄본 1부를 보내는 한편, 송희경 일행을 보내 기해동정이 왜구 소굴인 대마도만 공격한 것이라고 해명했다. 이때 사신으로 간 송희경이 남긴 기록이 유명한 『노송당일본행록』이다. 이 책은 우리가 남긴 최초의 일본 사행록이자, 일본에 대한 세계 최초의 여행기라 할 수 있다.

팔만대장경 '경판'까지 요구

일본은 대장경의 인쇄본을 얻으려 하는 데 그친 것이 아니다. 심지어 팔만대장경 경판 자체를 요구했다. 이미 출가하여 승려 신분이던 무로마치 막부의 4대 장군 아시카가 요시모치는 팔만대장경판에 대한 강한 집착이 있었던 것으로 보인다. 그래서 규주(圭籌)와 범령(梵齡)이라는 승려를 보내 이를 요청했다. 그러나 조선으로서는 유일한 대장경의 판목이므로 그 요청을 들어줄 수 없었다. 그러자 규주 등은 요시모치에게 무력을 행사해서 대장경판을 빼앗자는 내용을 담은 문서를 보내려 하였다. 이 사실이 미리 발각되었고, 조선은 외교 문제로 비화하는 것을 막고자 깊이 추궁하지는 않았다.

이 사건을 통해 일본이 대장경판을 확보하려 한 의욕이 얼마나 강했는지 확인할 수 있다. 세종은 이에 대해 밀교대장경판, 주화엄경판과 같은 경판을 비롯해 대장경 1부를 규주에게 주었다. 이렇게 다른 여러 경판과 불경을 전하러 일본으로 건너간 송희경 일행은 현재의 시모노세키에서 무려 55일간 체류하는 등, 아시카가 요시모치는 고려대장경판을 받지 못한 것에 강한 불만을 표시했다.

이때뿐 아니라, 일본이 대장경을 요구하는 것은 65회에 이르고, 이에 따라서 많게는 44장(藏) 즉 팔만대장경 전부가 44차례에 걸쳐 일본에 전래된 것으로 본다.

대장경이란

대장경은 모든 불교경전의 집대성을 뜻하며, 일체경(一切經)이라고도 한다. 중국 당나라 때 불교경전 전체의 목록이 작성됐고, 송대인 983년 황제의 명령으로 처음으로 대장경이 제작됐다. 이후 여러 종류 대장경이 만들어졌으나, 고려가 1011년 제작에 착수한 초조대장경이 착수 시점으로 보면, 역사상 두 번째 대장경에 해당

고야산 금강봉사 대문

한다.

팔만대장경은 재조대장경이라고도 부르며, 1236년에 시작해 1251년에 완성하였다. 분량은 1511부, 6802권, 8만 1258판이고, 쪽수로는 16만 쪽에 이른다. 당시 책은 한 면에 인쇄해 반으로 접어 만들었기에, 요즘 책으로 따지면 400쪽 책 8000권에 해당한다. 따라서 일본 국왕사 규주가 대장경 전질이 7000권이라 한 것은 팔만대장경 규모를 정확히 언급한 셈이다.

현재 일본에 남아 있는 고려대장경은 모두 9사례이다. 가장 오래된 것은 고려 말 우왕 때인 1381년 인쇄된 것으로 일본 교토의 오오타니대학에 있다. 이 대장경에는 이색의 발문이 붙어 있다.

조선시대 인쇄된 사례로는 일본 금강봉사(金剛峰寺)의 고려대장경이 있는데, 6285첩(帖)으로 구성돼 있다. 고야산 금강봉사는 일본 진언종의 총본산으로 1200년 역사를 가진 절이다. 이 팔만대장경 인쇄본은 원래 대마도에 있던 것이다. 도쿄 증상사(增上寺)에 소장돼 있는 대장경은 한꺼번에 50부를 인쇄한 사실과 관련된 발문이 붙어 있어, 세조 3년 1458년 인쇄한 것임을 알 수 있다. 이 절은 도쿠가와막부 장군가의 보리사이다.

교토 상국사(相國寺)에 있는 대장경 역시 세조 3년에 인쇄된 것이다. 상국사는 무로마치막부 장군가의 보리사이다. 이처럼 현재 일본에는 15곳에 고려대장경이 전해지는데, 그중 9곳의 대장경이 조선 전기에 일본으로 건너갔다.

왜 대장경을 요구했을까

무엇보다도 당시 일본은 대장경을 만들지 못했다. 중국 송대에 최초로 대장경이 만들어진 후 그 인쇄본은 비슷한 시기 고려와 일본에 전해졌다. 일본에서 이를 바탕으로 대장경 경판을 판각하려 했으나, 성공하지 못했다. 일본이 최초로 대장경을 완성한 것은 17세기 후반이다. 이처럼 대장경이 출현한 10세기 이후 일본은 700년간 스스로 대장경판을 만들지 못했기에, 유교를 국시로 하는 조선에 와서 대장경을 요구한 것이다.

그뿐 아니다. 팔만대장경은 송과 거란이 제작한 대장경의 내용을 교정한 것으로 그 우수성이 널리 알려져 있었다. 일찍이 일본 정토종 승려 닌쵸(忍徵, 1645~1711)는 고려대장경의 우수성을 지적하였고, 일본 근대에 만들어진 대일본교정축쇄대장경(縮刷大藏經)이나 대정 연간에 만든 신수대장경(新修大藏經) 역시 팔만대장경을 바탕으로 만든 것이다. 교토 북야사에 전하는 일체경은 1412년 불경 전체를 필사한 것인데, 그 저본 중 하나가 역시 팔만대장경이라

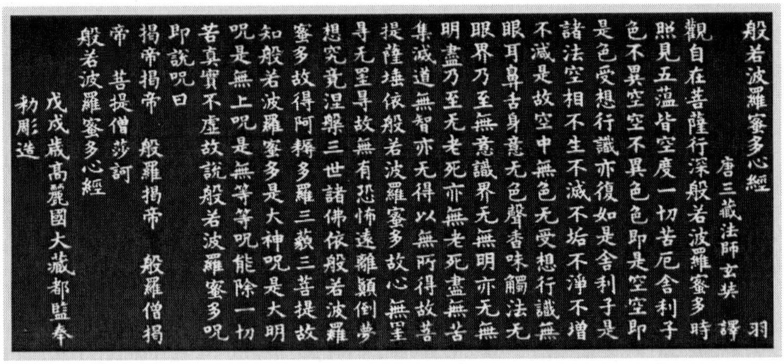
般若波羅蜜多心經 羽
唐三藏法師玄奘 譯
觀自在菩薩行深般若波羅蜜多時
照見五蘊皆空度一切苦厄舍利子
色不異空空不異色色即是空空即
是色受想行識亦復如是舍利子是
諸法空相不生不滅不垢不淨不增
不減是故空中無色无受想行識無
眼耳鼻舌身意无色聲香味觸法无
眼界乃至無意識界无無明亦无無
明盡乃至无老死亦無老死盡無苦
集滅道無智亦无得以無所得故菩
提薩埵依般若波羅蜜多故心無罣
㝵无罣㝵故無有恐怖遠離顛倒夢
想究竟涅槃三世諸佛依般若波羅
蜜多故得阿耨多羅三藐三菩提故
知般若波羅蜜多是大神呪是大明
呪是無上呪是無等等呪能除一切
苦真實不虛故說般若波羅蜜多呪
即說呪曰
揭帝揭帝 般羅揭帝 般羅僧揭
帝 菩提僧莎訶
般若波羅蜜多心經
戊戌歲高麗國大藏都監奉
勅彫造

팔만대장경 복제본

는 사실이 밝혀졌다. 인쇄된 팔만대장경을 얻지 못하자, 대장경 인쇄본을 모두 베껴 쓰는 방식을 택한 것이다. 이 일체경은 일본 필사본 일체경의 최후를 장식하는 사례이다.

이처럼 조선에서 일본으로 건너간 고려의 대장경은 실로 방대한 분량이었으며, 대장경은 일본 불교에 적지 않은 영향을 미쳤다. 그 영향의 실상은 이제부터 밝혀야 할 일이다.

덧붙이는 글

일본에서 최초로 제작한 대장경판을 황벽판(黃檗板)이라고 한다. 철안(鐵眼,1630~1682)이라는 황벽종 승려가 1671년에 시작해서, 1682년에 일단 완성하였다. 이 황벽판 대장경은 수백 부가 보급될 정도로 큰 성과를 거두었다. 그러나 이 대장경에는 치명적인 결함이 있었다. 오자와 탈자가 많아 의미가 통하지 않는 곳이 종종 확인된다. 이 문제를 해결하기 위하여, 인징이라는 승려가 고려 대장경과 대조하여, 황벽판 대장경에 붉은 글씨로 고려 대장경과 다른 점을 기입하였다. 이 작업만 5년이 걸렸다. (1706~1711) 또한 그는 그렇게 교정한 부분을 모아 출판하였을 뿐만 아니라, 황벽판에 없는 고려 대장경의 내용도 모아서 간행하였다.

04

해양교류의 발신지, 부산

4-1
마상재 회화기록을 통해 살펴보는 조선통신사 문화교류

부산 앞바다는 한류와 난류가 만나는 대한해협에 위치하여 고대 이래 일본, 중국, 러시아 등 많은 국가와 해양교류가 매우 활발하였다. 21세기 세계 각국의 주요 관심사가 해양 물류와 해양국가 발전에 집중되면서 이러한 고대 이후의 바다 이야기, 해양 인문학에 귀를 기울이기 시작하였다. 그 수많은 바다 이야기들 중에서 조선 후기 대한해협의 험난한 파도를 넘어 한일 양국을 왕래하며 전근대 일본에 한류열풍을 일으켰던 조선통신사를 통하여 이야기의 실마리를 풀어가고자 한다.

2017년 10월 30일, 조선통신사 관련기록이 유네스코 세계기록(기억)유산으로 등재되었다. 이는 2016년 3월 30일, 한국의 부산문화재단과 일본의 조선통신사연고지연락협의회(이하 NPO연지협의회로 약칭) 두 시민단체가 프랑스 파리에 있는 유네스코에 한일 공동등재를 신청한 것으로서 다음의 세 가지 점에서 대단히 의의가 있다. 첫째로 최초의 한일 양국 공동등재라는 점이다. 둘째로 중앙정부 중심이 아니라 지방 · 시민사회의 노력에 의해 공동으로 추진되었다는 점이다. 셋째로 부산 최초의 유네스코 세계기록유산 등록이라는 점이다.

이번에 유네스코 세계기록유산으로 선정된 조선통신사 관련 기록은 조선 후기에 에도막부로 파견된 통신사행 관련 기록으로서 총 111건 333점(한국 측 63건 124점, 일본 측 48건 209점)이다. 조선 후기 통신사행은 1607년부터 1811년까지 모두 12차례에 걸쳐서 에도막부로 파견되었는데 초기 3회(1607 · 1617 · 1624)는 회례겸쇄환사라 불렀다. 이는 도요토미 히데요시 세력을 무너뜨리고 일본의 새로운 절대 권력자로 부임한 에도막부 초대 쇼군 도쿠가와 이에야스의 간절한 국교재개에 대한 회답과 임진왜란 당시 일본으로 끌려갔던 우리 동포를 되찾으려는 의도하에 보내진 사절단이었기 때문이다. 그리하여 조선 후기 한일 양국의 국교재개와 더불어 파견된 엄밀한 의미에서의 통신사는 제4차(1636)부터 제5차(1643) · 6차(1655) · 7차(1682) · 8차(1711) · 9차(1719) · 10차(1748) · 11차(1763) · 12차(1811)까지를 일컫고 있으나, 조선왕조와 에도막부 간의 사절단 파견이라는 점에서 1607년부터 일괄하여 조선(후기)통신사라고 부르고 있다.

한편 부산문화재단과 일본의 연지협의회는 2014년 7월 이후부터 2016년 2월에 이르기까지 한국과 일본 양국을 오가며 11차례에 걸친 한일공동국제학술회를 거쳐 진정성 · 유일성 · 세계성 등을 선정기준으로, 외교기록 5건 51점(한국 2건 32점, 일본 3건 19점) · 여정기록 65건 136점(한국 38건 67점, 일본 27건 69점) · 문화교류기록 41건 146점(한국 23건 25점, 일본 18건 121점)을 선정하였다.

여기서 유네스코 세계기록유산으로 등재된 수많은 조선통신사 관련 기록물 중에서 에도시대 일본에 막대한 관심을 불러일으켰던 마상재 관련 기록을 중심으로 한일문화교류의 양상에 대해 살펴보고자 한다.

마상재는 달리는 말 위에서 펼치는 기예로서 마상립(馬上立) · 마상도립(馬上倒立) · 마상도예(馬上倒曳) · 마상좌우7보(馬上左右七步) · 마협은신(馬脇隱身) · 쌍마(雙馬) · 횡승(横乘) 등 일곱 종류 이상의 곡예를 일본인들에게 선보였다. 마상재는 당시 에도막부 최고의 권력자 쇼군을 비롯하여 다이묘(大名, 대영주) · 관리 · 지식인 · 서민에 이르기까지 멀리서나마 평생 한번 보기를 간절히 원하였던 대표적인 문화교류 중의 하나였다. 특히 에도막부는 쇼군이 직접 관람하는 마상재의 원활한 운영을 위하여 조선통신사행 파견 이전에 마상재인과 말을 미리 출발 시킬 것, 그리고 여분의 말을 준비시켜 보낼 것을 신신당부하였음을 사료에서 찾아볼 수 있다. 뿐만 아니라 에도막부 쇼군이 거주하는 에도성 내에 마상재용 말을 위한 조선마장(朝鮮馬場)까지 건립하였으니 에도시대 조선의 마상재에 대한 관심이 얼마나 대단하였던가를 짐작할 수 있다.

〈그림 1〉은 조선통신사 유네스코 세계기록에 등재된 작품으로서 현재 일본 고려미술관에 소장되어 있는 회화자료이다. 이 그림은 우키요에 화가 도리이 기요노부(鳥居清信, 1725~1760)의 작품으로 제10차(1748년) 통신사행 시, 에도 시내에 위치한 쓰시마번 번주의 저택에서 거행된 마상재를 그린 것으로 유추된다. 원근법을 사용하여 구도로서 마상재 곡예를 구경하는 일본 무사 계급의 사람들, 그리고 왼쪽 상단에는 역시 마상재를 관람하고 있는 통신사 일행 및 청도 · 형명기가 묘사되어 있다. 〈그림 2〉는 제8차 조선통신사행의 마상도립 · 마상립을 묘사한 작품으로 현재 사가 현립

〈그림 1〉 마상재도(馬上才圖)(출처: 『마음의 교류 조선통신사』, 107쪽)

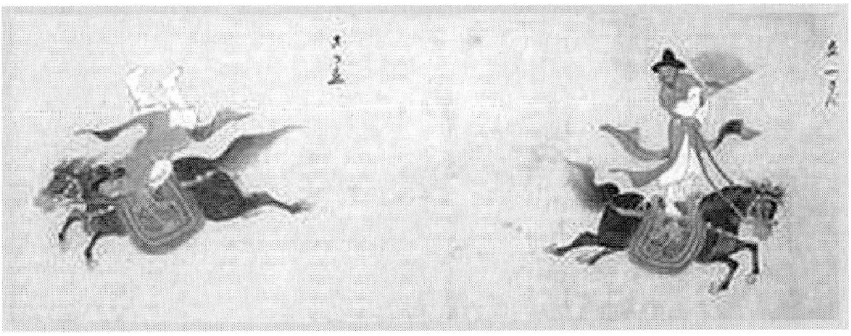

〈그림 2〉 마상재도권(馬上才圖卷)(출처: 『마음의 교류 조선통신사』, 107쪽)

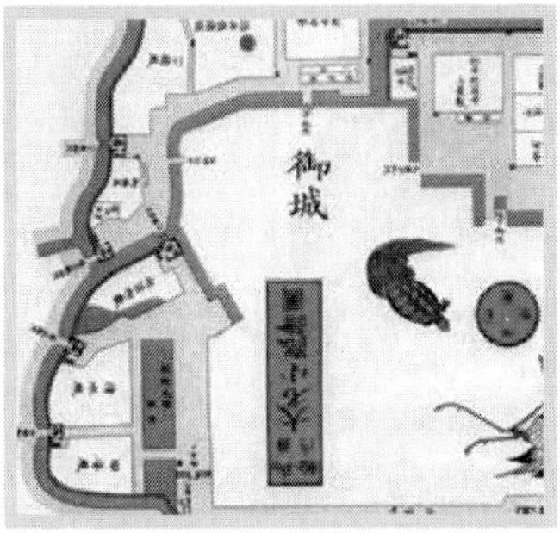

〈그림 3〉 에도성내 조선마장(朝鮮馬場)(출처: 『嘉永 · 慶応江戸切絵図(尾張屋清七板)』, 人文社, 1995, 5~7쪽)

〈그림 4〉〈그림 5〉 조선통신사 인롱(印籠)-마상재(출처: 『마음의 교류 조선통신사』, 175쪽)

나고야성 박물관에 소장되어 있다. 〈그림 3〉은 에도성 내에 만들어진 말의 휴식 공간(조선마장)을 나타내는 지도이며, 〈그림 4〉는 에도시대 상류신분 무사의 필수 장신구였던 인롱(약을 넣어 다니는 작은 용기 아주 정교한 칠 공예품)으로서 달리는 말 위에서 붉은 옷을 입고 쌍마 및 마상도립의 곡예를 펼치고 있는 모습이 그려져 있다. 이와 같이 무사들의 허리에 차고 다니는 필수 공예품에 마상재를 모티브로 한 그림이 그려져 있다는 사실은 조선 후기에 해당하는 에도시대 지배층 사회에 조선통신사 문화교류가 지대한 영향을 미쳤음을 보여준다.

4-2
조선통신사, 파도를 넘어 평화를 전하다: 국서전명식을 중심으로

전근대 일본 사회의 한류열풍은 바로 조선 후기 통신사 문화 교류에서 찾아볼 수 있다. 1607년부터 1811년까지 12차례 조선에서 일본으로 파견한 외교사절단, 통신사가 일본 사회·문화에 미친 영향은 대단했으며 에도시대(1603~1868) 약 270년 동안 한일 양국은 평화의 시대였다. 대한해협 험한 파도를 넘어 일본으로 간 조선통신사 일행, 이를 정성을 다해 성대하게 맞이했던 에도막부 및 각지 영주들의 영접은 실로 평화 교류의 길을 구축하였다.

조선통신사 문화교류 유물·유적이 일본 전국에서 다양한 형태로 보존되어 각 지방자치단체의 지정문화재가 된 것도 적지 않다.

파도를 넘어 평화를 전하다

유네스코 세계기록(기억) 유산으로 등재된 조선통신사 관련 기록물 중 국서전명식 관련 회화자료와 「조선통신사환대도병풍(朝鮮通信使歡待圖屛風)」을 중심으로 조선통신사 문화교류를 살펴보

자. 에도막부는 16세기 중반 일본으로 유입된 기독교 · 남만문화의 급속한 확대에 위기감을 느껴 17세기 중엽 쇄국체제를 수용하여, 다른 나라와 외교관계를 축소했다. 그리하여 일본이 정식으로 외교관계를 맺은 나라는 조선뿐이었고 조선통신사는 한일 양국의 대표 외교사절단이자 문화사절단이었다.

조선통신사는 328~508명이 파견됐는데, 회답겸쇄환사 및 역지빙례사를 제외한다면 그 최종 목적지는 쇼군이 거주하는 에도(현 도쿄)였다. 한양을 출발해 부산에서 쓰시마를 거쳐 오사카까지는 해로, 오사카에서 에도까지는 육로를 이용하는, 1년 남짓 걸리는 기나긴 여정이었다. 한양을 출발한 통신사 일행은 일단 부산에 모여 외교문서를 비롯한 제반 준비를 갖춘 다음, 날씨 · 파도 · 풍향 등을 살펴 쓰시마의 영빙참판사(호행차왜라고도 함) 안내를 받아 6척의 배로 출발했다.

에도막부의 세심한 배려와 거듭된 명령으로 쓰시마번을 비롯한 각 지방 영주들은 조선통신사 접대를 위해 막대한 경비와 인원을 투자했으며, 일생일대 대축제를 보고자 모여든 오사카 · 교토 · 에도 등 대도시 서민의 환호 역시 열렬했다. 조선통신사의 인기는 1719년 조선통신사행(제9차) 당시 제술관 신유한의 사행기록에서도 잘 살펴볼 수 있다.

> 구경하는 남녀가 거리를 메웠는데 수놓은 듯한 집들의 마루와 창을 우러러보매, 여러 사람의 눈이 빽빽하여 한 치의 빈틈도 없고 옷자락에는 꽃이 넘치고 주렴장막은 해에 빛남이 오사카(大坂)에서보다 3배는 더 하였다(『해유록』, 1719년 9월 26일 자 일기, 에도 입성 장면)

국서 전달 모습 생생히 묘사

조선통신사행의 목적은 조선 국왕의 국서를 에도막부 쇼군에게 무사히 전달하는 국서전명이었으므로 조선통신사 행렬 중 가장 중요한 곳에 자리 잡은 것도 국서 가마였다. 〈그림 1〉과 〈그림 2〉는 국서전명식 광경을 묘사한 8폭 1쌍 병풍그림으로서 에도시대 유명 화가 가노 마스노부(狩野益信, 1625~1694)의 작품이다. 이 그림은 원래 에도막부 제2대 쇼군 도쿠가와 히데타다 딸의 유품이었으나 현재 교토 센뉴지라는 절에 소장돼 있고 교토시 지정문화재이다.

〈그림 1〉 병풍은 에도 숙소(객관)를 출발해 에도성으로 입성하는 조선통신사 행렬을, 〈그림 2〉 병풍은 에도성의 국서전명식 모습을 묘사했다. 금박과 금가루로 구름과 안개를 나타낸 화려한 분위기 속에 조선통신사, 에도막부 각료와 관료, 에도 서민의 표정이 생생하게 묘사됐다. 특히 〈그림 2〉 병풍 속 국서전명식에 참석한 인물들 묘사가 매우 흥미롭다.

〈그림 2〉 병풍의 왼쪽 제7선(扇)(〈그림 2〉 흰색 점선 네모)은 에도성 혼마루(本丸) 내 오히로노마(大廣間)에서 거행되는 국서전명식 풍경을 나타낸다. 혼마루는 에도성 건물 중 에도막부 쇼군이 거주하는 곳이자 막부 행정 중심지로, 수많은 방으로 구성돼 있었다. 그 방 중 오히로노마는 쇼군이 주도하는 신년하례식 등이 거행되는 공식 의례공간으로서 상·중·하단으로 나뉘어 관위 4위 이상 다이묘들이 착석했다. 오히로노마 옆으로 니노마(二の間, 제2의 방)·산노마(三の間, 제3의 방)·마쓰노마(松の間, 제4의 방으로 四の間로고도 함) 등이 연결돼 4위 이하 다이묘들이 즐비하게 착석했다.

일본 에도시대 화가 가노 마쓰노부의 「조선통신사환대도병풍」(〈그림 1〉(위)과 〈그림 2〉(아래)(출처: 조선통신사문화사업추진회, 『마음의 교류 조선통신사』, 98-99쪽)

국서전명식이 행해지는 오히로노마의 상단은 위부터 발이 내려와 있어 쇼군이 있음을 암시하고, 중단에 조선 국왕의 국서상자와 쇼군 가문의 어삼가(御三家)가 배치됐다. 하단에 에도막부 노츄(老中, 국무총리급) · 쓰시마번주 · 삼사(조선통신사 정사 · 부사 · 종사관) 등이 착석했다. 제7선 중앙 부분에 조복을 입은 세 사람이 바로 삼사이며, 제2선에서 제7선 하단부 바깥 마루와 뜰(혼마루 · 주작문 양쪽)에서 국서전명식을 지켜보는 조선통신사(상관 · 중관) 일행 모습도 찾아볼 수 있다. 특히 에도성 호위무사와 조선통신사의 모습이 매우 대비된다.

즐겁고 낙천적인 통신사 일행의 표정

에도성 무사들이 땅에 꿇어앉아서 근엄한 표정으로 칼 · 총 등 무기로서 호위하고 있는 데 반해, 국서전명식에 참가한 조선통신사 일행의 매우 즐겁고 낙천적인 표정은 보는 이로 하여금 친근감을 느끼게 한다.

〈그림 2〉 병풍 제2선 하단부의 조선통신사 일행을 자세히 들여다보면 땅바닥에 누워 팔베개를 한 사람, 엎드린 사람, 두 팔을 뻗어 마치 환호하는 듯한 사람, 서서 담화를 나누는 사람들 표정이 매우 해학적으로 묘사돼 있다. 어느 시대이고 외교 현장은 난해한 문제들의 해결을 위해 때로는 전쟁터를 방불한다고 한다. 그러나 삼백 수십 년 전 그려진 것으로 추정되는 이 국서전명식 회화자료 속에서, 화가는 조선통신사에 대한 에도 사람들의 열렬했던 호감을 전하고자 한 것은 아닐까.

4-3
바다를 건넌 조선의 매, 에도시대 최고 권력자 쇼군을 매료시키다

임진왜란 이후 일본 천하의 패권을 장악한 에도막부 제1대 쇼군 도쿠가와 이에야스(德川家康, 1542~1616)는 더할 나위 없이 매사냥을 좋아하였다. 그의 생애 1,000회가 넘는 매사냥을 하였다고 한다. 에도막부 시대 공식 역사서인 『도쿠가와 짓키(德川実紀)』 속의 이에야스 관련 기록(「도쇼구 고짓키東照宮御実紀」)에서는 매사냥의 목적을 단순한 오락이 아니라 교외로 나가 백성들의 정세 시찰을 비롯한 신체단련 · 군사훈련, 가신단의 영내 지배 실태 조사 등을 겸하여 지방 지배를 위한 거점 만들기의 일환이라고 강조하고 있다. 은퇴 이후 머물렀던 시즈오카현 슌푸성(駿府城)에 있는 이에야스 동상의 한쪽 팔에 매가 앉아 있는 것만 보아도 그의 매 사랑을 알 수 있다.

이에야스는 중세 말 전국시대의 수많은 전쟁 중에 천하를 통일하여 새로 에도막부를 개창하게 되자, 이후 교토 귀족 및 다이묘를 비롯한 영주들의 매사냥을 금지하고, 나아가 매사냥에 사용될 매의 일반 매매를 일체 금지하였다. 그리하여 매사냥도 일부 한정된 사람들에게만 허락하는 등, 매는 쇼군 가문 도쿠가와씨의 독점이 되어 이른바 쇼군 권위의 상징으로 삼게 되었다.

일본 시즈오카현 슨푸성에 있는 도쿠가와 이에야스의 동상. 어깨에 매가 앉아 있다.

이후 에도시대 최고 권력자의 쇼군들은 대대로 매사냥을 좋아하였는데 제3대 쇼군 도쿠가와 이에미스(德川家光, 1604~1651) 역시 할아버지 이에야스를 닮아 매사냥을 아주 좋아하여 쇼군 재직 중 수백 회가 넘는 매사냥을 하였으며 에도성 내에 매를 사육하는 응방(鷹坊)을 설치하는 등 매사냥 관련 일화가 많이 남아 있다. 제8대 쇼군 도쿠가와 요시무네(德川吉宗, 1684~1751) 역시 매사냥에 깊은 관심을 보여 매와 관련된 고금의 서적들을 수집 · 연구하여 스스로 책을 만들어 낼 정도였다고 한다.

그런데 에도시대 매사냥에 사용되었던 매는 어디로부터 공급되었을까? 일본 동북부 오우(奥羽) 여러 번이나 홋카이도 남쪽의 마쓰마에번, 나아가 조선의 매가 주류를 이루었는데, 특히 조선의 매는 매우 높이 평가받았다. 『변례 집요(邊例集要)』 계축(1613년) 9월조에 '관백 미나모토 이에야스가 조선의 매와 말을 요청함이 심히 간절하였다'(『邊例集要』 권12, 한국사료총서 제16, 탐구당, 1971년)라는 기록으로부터 에도막부 제1대 쇼군 도쿠가와 이에야스의 조선 매에 대한 간절한 요구를 살펴볼 수 있다. 이러한 우수한 조선의 매는 에도막부 쇼군 권력의 구축 · 유지에 커다란 역할을 하였는데, 에도막부를 비롯한 다이묘들의 무사사회에 도입된 계기가 바로 조선통신사이다.

쓰시마번은 도쿠가와 이에야스의 간절한 뜻을 받아들여 조선통신사행을 통해 적극적으로 조선 매를 유입하였다. 12차례 조선통신사행을 통해 에도막부 쇼군에게 보낸 매의 숫자는 다음과 같다. 제1차(1607년) 해동청(蒼鷹) 50마리, 제2차(1617년) 50마리, 제3차(1624년) 50마리, 제4차(1636년) 20마리, 제5차(1643년) 30마리, 제6차(1655년) 55마리, 제7차(1682년) 25마리, 제8차(1711년) 25마리, 제9차(1719년) 44마리, 제10차(1748년) 30마리, 제11차(1763년) 20마리, 제12차(1811년) 10마리. 후기로 접어들면서 점점 줄어들기는 하지만 적지 않은 숫자의 매가 일본으로 건너가 당시 일본 지배층이었던 무사들의 주목을 받았다.

조선통신사와 함께 일본에 도착한 조선 매는 쓰시마에서부터 일단 오사카로 운반되어 그곳에서 막부 전속 매부리(鷹匠, 응장)에게 양도되어 막부 관리하에 들어갔다. 그럼 조선 매는 어떤 사람들에게 양도 · 수수되었던 것일까? 조선 매는 에도시대 일본사회에서 매우 인기가 높아 많은 영주들의 관심을 불러 일으켰으나, 에도막부의 조선 매 하사는 매우 엄격한 기준에 의거해 막부 주요 각료, 특히 가문의 격식이 매우 높은 몇몇 다이묘에 한정되었다. 즉 쇼군과 가장 가까운 친척이라 할 수 있는, 당시 가문 격식이 가장 높았던 도쿠가와 고산케(徳川御三家, 에도시대 도쿠가와 성씨 중에서 도쿠가와 쇼군 가문 다음 가는 지위를 가진 3개의 가문)를 비롯하여 도쿠가와씨 일족 다이묘(아이즈 · 다카마쓰 · 후쿠이), 그리고 막부행정 고문이라 할 수 있는 이이가문 정도였다.

이성린의 「월화송응도」(『조선통신사대계』 권6)와 이의양 「응도」(『조선통신사대계』 권6)

에도막부 쇼군 중에는 가문의 격식이 낮아 매를 하사할 수 없는 다이묘 및 측근들에게 간혹 직접 매를 그린 그림을 하사하여 그 신임의 뜻을 표현한 경우도 있었다. 현재 조선 후기 조선통신사행 화가 및 동래 출신 화가들에 의해 그려진 조선 매의 그림이 적지 않게 전래하는 것은 바로 매를 갖고 싶어도 소유할 수 없었던 에도시대 많은 무사들의 갈망과 요구를 들어주기 위한 한 방편은 아니었을까. 부산박물관에 소장되어 있는 조선통신사행 화가 이성린(李聖麟) · 이의양(李義養)의 「응도(鷹圖)」(2017년 유네스코 세계기록유산 등재), 동래 출신 화가 해옹(海翁) · 운암(雲庵) 등이 그린 응도, 그리고 일본 오사카 역사박물관이 소장하고 있는 이수민(李壽民) · 이의양 · 하담(荷潭) 등의 「응도」의 사례를 들 수 있다.

이렇게 에도시대 일본 지배계층 무사들을 매료시켰던 조선의 매는 중국에서도 해동청이라 불리며 높은 인기를 누렸다. 2010년 11월 한국 '매사냥'이 유네스코 인류무형유산으로 등록된 것도 전근대 조선의 우수한 매가 동북아시아 많은 사람들을 매료시켰던 기나긴 역사와 세계에 자랑할 수 있는 우수한 문화유산 덕택이라고 말할 수 있을 것이다.

4-4
한일외교의 최전방, 초량왜관 속의 삶과 죽음

부산은 대한해협을 사이에 두고 고대 이래 오랫동안 일본과 교류해온 항구도시이다. 특히 15세기 초(1407년) 부산포에 설치되어 메이지 초기(1870년)까지 약 사백여 년 이상 존재한 왜관은, 에도시대 이후 외국 땅에 있었던 유일한 일본인 거주지로서 학계의 많은 관심을 모으고 있다. 조선 후기 왜관은 부산포에만 설치되어 그 지역에 따라 절영도왜관 · 두모포왜관 · 초량왜관 시대로 구분되는데 바야흐로 동래부는 한일 양국 외교의 최전방으로, '가까운 타자' 왜관과의 끊임없는 갈등과 모순을 극복함으로써 한일 양국 평화 유지에 주력하였다.

이 중 초량왜관 총책임자 관수가 약 184여 년 동안(1687~1870) 기록한 일기가 방대한 분량(약 860여 책)으로 보존되고 있어 한일 양국 교류의 다양한 실상에 대해 접근할 수 있다. 이 기록은 한일 외교 · 무역 · 문화 교류는 물론이고 전근대 부산포 기후환경(날씨 · 풍향 · 해양 환경), 각종 사건사고 · 스캔들 등에 대해 참으로 무

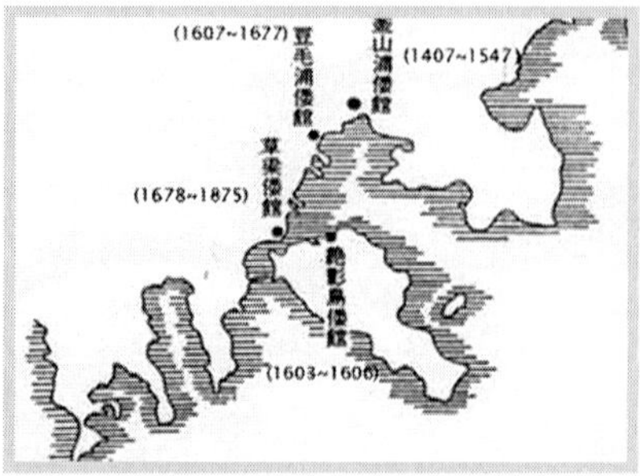

〈그림 1〉 부산포 왜관

궁무진한 이야깃거리를 제공하고 있다.

초량왜관은 1678년, 두모포왜관에서 구 초량(현 중구 광복동)으로 이전하여 초량왜관으로 불리게 되었다. 공간구조를 보면 용두산을 중심으로 동쪽 해안가에 동관(거주 · 업무공간), 서쪽 용두산에 서관(일본에서 온 사절단의 숙소 공간)이 배치되어, 두모포왜관의 10배(10만 평)로 넓어졌다. 동관은 관수 가옥을 비롯하여 개시대청(매달 3 · 8일 개최되는 5일장 형태의 한일 무역공간), 왜관관리들의 제반 가옥, 제반 상가(떡집 · 술집 · 찻집 · 그릇집 · 국수집 · 염색집 · 다다미집 · 목수집 · 약국 · 설탕 · 선원), 사찰 · 신사, 부두시설, 출입문 등으로 구성된 생활 공간이었다.

초량왜관 관수일기에 대해 살펴보면 날씨(맑음, 흐림, 비 등 분류) 및 풍향 기록으로 시작하여, 그날의 업무 · 사건, 마지막에 야간순찰 관련 기록 등으로 마무리되고 있다. 나아가 5일장(개시: 3 · 8일 개최되는 한일무역)과 두 차례의 축하행사(매달 1 · 15일 왜관관수 가옥에서 거행됨) 등이 있었다. 특히 축하행사에 왜관에 거주하는 모든 사람들이 모였는데—해양경비만 제외—, 아마도 월 2회의 초량왜관 휴일이었을 것으로 유추된다. 연중행사는 정월 초하룻날 신년하례식을 비롯하여 정월 초이튿날의 창고조사 · 활쏘기 행사, 1월과 7월에 거행되는 왜관 내 사찰 동향사의 아귀보시 행사, 2월과 7월의 고관(구 두모포왜관, 현 수정동 동구청 일대) 성묘행사, 칠월칠석 · 백중 · 중양절 등 24절기 관련 축하행사, 연말 종무식(12월) 등으로 대표된다.

초량왜관에는 주로 일본 쓰시마에서 건너온 수백 명의 성인남자들이 거주하였고 여성이나 가족을 동반할 수 없었다. 왜관 바깥에는 6개의 복병막을 설치하여 감시하였으며, 동래부 허가 없이는 왜관 밖 출입이 금지되었다. 일용 음식물로 쌀 · 야채 · 생선 등은 왜관 수문 밖 새벽시장에서 구입할 수 있었으나 현지조달이 불가능한 일본 술 · 두부 · 곤약 · 담배 · 감귤 등과 같은 것은 쓰시마에서 가져왔을 것이다.

〈그림 2〉 초량왜관의 공간구조, 참조: 변박의 왜관도(1783년), 국립중앙박물관 소장

〈그림 3〉 왜관도, 참조: 일본인 개인소장, 19세기 말

왜관 내에서는 많은 사건사고가 일어났는데 우선 갑작스런 죽음에 대해 구체적으로 살펴보고자 한다.

죽음의 양상은 병사 · 급사 · 자살 · 자살미수 등으로 표현되고 있는데 그 대상은 관수를 비롯하여 왜관 내 여러 신분의 거주자들이 포함되어 있으며, 사망사고의 횟수도 적지 않았다. 사망사건이 일단 발생하면 왜관관리들을 그 장소로 보내 죽음 양상에 대해 조사 · 기록하고 나아가 유품을 거두어 시체와 함께 쓰시마로 이송하였다. 그리고 사망 조사 관련 기록들도 쓰시마번 담당 관리에게 보고하였다.

1693년(숙종 19년) 11월 26일 새벽 1~3시경 자살미수 사건이 발생하였다. 무라세 만우에몬의 부하 이치하시 시로우에몬이 천장에 목을 매달아 죽으려 하다가 실패하여 신음소리를 내자, 같은 방에 살던 로쿠자에몬이 발견, 신고하여 생존하게 되었다. 왜관관수는 이 자살 미수자의 빠른 회복을 위해 왜관거주 의사에게 인삼을 주어 치료하도록 하고 있는데, 자살기도의 이유에 대한 본인의 진술서가 대단히 흥미롭다.

이치하시 시로우에몬은 자술서에서 다음과 같이 고백하고 있다.

> 가난한 집에서 태어나, 또 9년 전 부친의 대출금 등이 겹쳐 힘든 생활을 해왔다. 약 2년 전 왜관 내 술집 종업원으로 고용되어 쓰시마에서 부산포로 건너왔다. 그리하여 다소 돈을 벌어 조금씩 빚을 갚아왔으나 아직 빚이 많이 남아 있음에도 불구하고 다시 쓰시마로 돌아가게 되어 걱정이 겹쳐 이리저리 고민하던 중에 우울해져 나도 모르는 사이에 덧없고 한 많은 이 세상에 살고 싶지 않다는 생각이 들어 새벽 축시(오전 1시~3시) 자살을 시도하게 되었다.

일반적으로 병사를 제외한 급사 · 자살 사건은 본인의 이야기를 들을 수 없으므로 그 원인을 알 수 없는데, 이 사건은 자살미수로 끝나 당사자가 진술서를 작성하여 약 330여 년 전 쓰시마 및 초량 왜관의 경제상황을 우리에게 알려주고 있다. 서민의 생활고가 고금을 막론하고 국가와 지역을 초월하여 만만치 않았음을 다시금 깨닫게 된다.

초량왜관(1678~1870)에서 일어난 사건사고에는 사망 · 절도 · 싸움 · 무단외출 · 의례분쟁 · 교간 사건 등이 있는데 이번에는 왜관 스캔들(매우 충격적이고 부도덕한 사건이나 또는 불명예스러운 평판이나 소문을 의미하나, 협의 개념으로 섹스 스캔들을 일컫기도 한다), 즉 교간(交奸, 조선 후기 일본인 남성과 조선인 여성사이의 성관계 사건을 일컬음) 사건에 대해 살펴보고자 한다.

초량왜관에는 여성이나 가족이 거주하지 않고 약 400~500여 명의 일본인 남성만 거주하였다. 임진왜란(1592~1598) 이후 일본인 한양상경을 금지하였고, 일본에서 온 사절단 및 상인들은 모두 부산포에 설치된 왜관 내에 머물도록 하며 남성만 도래하도록 규제를 가하였기 때문이다. 이들은 대개 쓰시마번의 명령으로 대한해협이라는 바다를 건너 왜관에 거주하였는데, 그 업무의 성격에 따라 수개월에서 수년 동안 거류하면서 왜관 안으로 활동이 제한되었기 때문에 조선인 민간이나 여성에 대해 많은 관심을 가졌던 듯하다. 그리하여 왜관 거주 일본인들이 야채 · 생선 · 과일 같은 일용 생필품을 살 수 있는 새벽시장의 경우, 젊은 여자 상인이 파는 물건은 품질과 관계 없이 매우 인기가 있었다.

이에 조선정부에서는 왜관 거주 일본인과 동래부 부산포 · 초량촌 주민들의 교류를 매우 싫어하여 돌담이나 설문 · 복병막(伏兵幕) 등을 설치하여 출입을 통제하였다. 만약 일본인과 조선 여성이 성적으로 접촉하였을 경우 조선인 관련자는 유배 또는 효시형에 처하고 나아가 관련 일본인에 대해서도 동률 형벌에 처할 것을 엄히 요구하였다. 하지만 왜관 측은 쓰시마로 돌려보내는 것이 일반적이었다.

한편 조선 후기 한일 양국 문헌기록 속에 나타나는 왜관 교간 사건은 총 11차례이다. 그중 관련 인물이나 규모 면에서 압도적으로 중요한 1690년(숙종 16)의 교간 사건에 대해, 초량왜관 관수일기 기록을 중심으로 그동안 잘 알려지지 않은 일본 측의 대응 및 왜관 생활상의 민낯에 대해 밝히고자 한다.

이 사건은 동년 2월 26일자 동래부 측 역관(박동지 · 박첨정)이 초량왜관 재판 히라타 도코로자에몬을 찾아와 '조선인 여자 분이 등이 이테 쇼자에몬 방에 은닉하고 있다는 고발이 동래부에 접수되었으니 하루빨리 데리고 오라'는 명령을 전달하면서 시작되었다. 이날 이미 조선인 150명 정도가 왜관 바깥을 에워싸고 경비를 시작하였으며 28일엔 동래부 군관이 동래에서부터 내려와 왜관 문 바깥에서 야간 경비를 섰다. 이에 동래부 역관들도 동참하였으며, 사건이 해결되는 1690년 9월 3일에 이르기까지 그 경위 및 처리를 둘러싸고 관수일기 기록이 매일 엄청난 분량으로 기록되어 있다.

사건의 진상은 다음과 같다.

1690년 2월 하순 초량왜관에 거주하는 이테 쇼자에몬 · 이베에 · 한우에몬 등이 부산의 이진수 · 권상 · 서부상과 결탁하여 조선인 여자 분이(좌수영 사령의 딸) · 천월(좌수영 사령의 누이) · 애금(사비)과 간음한 사건이 발발하였다. 이 사건이 발각되자 동래부는 관련자들을 잡아들였으나 분이와 천월이 아직 왜관 안에 머물고 있어 동래부 역관을 왜관에 파견, 빨리 내보낼 것을 독촉하고 동래부 군관 및 경비 대원들을 150여 명이나 왜관 주위에 파견 · 감시하였다.

한편 초량왜관 관수는 빗발치는 동래부 요구에 대해 왜관 내를 아무리 찾아보아도 전혀 발견할 수 없다는 모르쇠 작전을 펴는데, 동년 7월 7일 야밤, 약 4개월 반을 초량왜관에 체제한 분이와 천월을 배에 태워 고관(古館, 현 부산시 동구 동구청 주변) 해안가에 몰

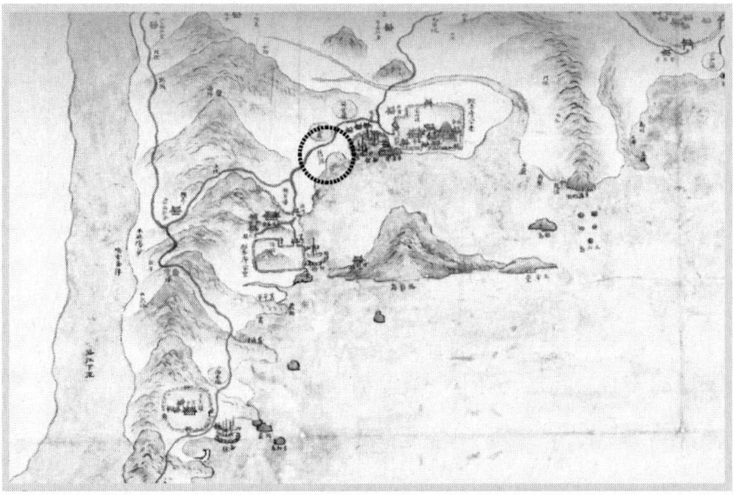

〈그림 4〉 동래부지도(「1872군현지도」), 1872, 규장각 소장(출처: 『부산고지도』, 부산광역시 · 부산대학교, 2008, 116쪽)

래 내려놓았다. 이튿날 아침 체포된 분이 · 천월은, 후일 애금 · 권상 · 서부상 등과 함께 효시형에 처해지고, 왜관의 일본인 남성 4명은 쓰시마 추방 · 조선도해 금지라는 비교적 경미한 처벌에 처해져 교간 사건에 대한 한일 양국의 입장이 매우 다름을 알 수 있다.

마지막으로 1690년 왜관 스캔들에 나타난 관수의 흥미로운 태도에 대해 다음 네 가지로 정리하고자 한다. 첫째로, 동래부 휘하 군관들이 분이와 천월을 체포하기 위하여 바로 왜관으로 진입하지 못하고 주위에 경비 · 감시만을 한 것으로 보아 일종의 치외법권적 공간 개념이 존재하고 있음을 살펴볼 수 있다. 둘째로, 왜관 관수는 동래부 역관의 빗발치는 독촉에 대해 조선 · 일본은 성신지국(誠信, 정성과 신의를 바탕으로 함)이므로 만약 왜관 내에 있다면 반드시 내보낼 것이라 답변한 반면, 왜관 관리 대책회의에서는 조선 여인들이 붙잡힌다면 일이 복잡해지므로 못 본 척하라는 지시를 내리고 있다는 점이다. 셋째로, 복잡한 외교문제에 대해서는 꾀병 작전을 쓰고 있다는 점이다. 동래부사(2월 28일)를 비롯하여, 동래부 역관(3월 5일 이후 수차례) · 관찰사(3월 27일) 등의 면담요구에 대해 왜관관수는 갑자기 지난밤부터 병이 나 만날 수 없다는 꾀병 작전을 잇달아 쓰고 있다. 이것은 왜관관수뿐만이 아니라 동래부 측에서도 종종 이용하는 외교전술로 보인다. 넷째로, 왜관은 복잡한 외교사건 해결을 위해 비선(飛船, 나는 듯이 빠르게 가는 배)을 여러 차례 쓰시마로 파견하고 있는데, 이와 같이 외교적인 제반 문제 처리와 무역교류를 위해 빈번한 선박 왕래를 함으로써 해양교류를 활발히 전개하고 있다는 점이다.

덧붙이는 글

왜관관수일기

조선 후기 부산포 왜관에 관수가 상주한 것은 1637년(인조 15년)에 두모포왜관에 파견된 우치노 켄베에부터라고 추정되고 있다. 언제부터 관수일기가 기록되었는지는 명확하지 않으나 현존하는 가장 오래된 관수일기는 1687년(숙종 13년) 9월부터이다. 두모포왜관시대에 화재와 수재 등이 빈번하였다는 기록을 보면 아마도 많은 일기가 소실 · 산일되었을 가능성이 있다.

초량왜관으로 이전한 이후 기록된 관수일기가 행정업무 일일 기록으로서 이른바 『매일기(每日記)』라는 형태로 현재 일본 국립국회도서관에 보관 · 소장되어 있다. 일찍이 2004년 유마니출판사에서 마이크로필름화하여 관련분야 연구자들의 이용을 돕고 있으며, 일본 국립국회도서관에서도 디지털화하여 일반 이용자들의 편의에 도움을 주고 있다.

이 왜관관수일기는 1687년(조쿄 4) 9월 23일부터 1870년(메이지 3) 윤 10월 5일에 이르기까지, 약 184여 년 동안이나 왜관의 제반 행정업무에 대해 빠짐없이 기록하고 있어 한일 양국 교류의 실상에 대해서 접근할 수 있는 매우 귀중한 사료이다. 다만 헨타이가나(変態カナ, 일본 근세시대 초서체)로 불리는 서체로 기록되어 있어 쉽게 해독할 수 없다는 점과 총 860책(약 십만여 장)으로 구성되어 있어 쉽게 접근 · 분석할 수 없는 방대한 분량이라는 점에서 아직 그 사료적 분석을 통한 총체적 연구가 진전되지 않고 있다.

그러나 이 방대한 사료군은 17세기 부산포에 존재했던 초량왜관의 일상 및 생활상 · 행정업무 실태는 물론이고, 동래부와의 사이에 전개되었던 문화 · 외교 · 무역 교류의 실상에 접근할 수 있는 매우 소중한 자료이다. 1687년 이후 1870년에 이르기까지 약 184년 동안 작성되었던 왜관관수일기를 검토해보니 다음과 같은 특징이 있었다. 첫째, 왜관관수의 재임은 두모포왜관 시대부터 메이지 초기에 이르기까지 계속하여 일괄 부여되고 있었다. 둘째, 왜관관수의 임기는 대체로 2년 전후로 알려져 있으나 1760년대 이후부터 3년 반 이후 장기 근무자가 급증하였다. 아마도 관수업무의 전문성이 요구되었기 때문일 것이다. 셋째, 왜관관수일기의 구성이 에도시대 전반기에서 후반기로 넘어가면서 변화가 일어나고 있었다.

4-5
동래부 무관 이지항, 홋카이도 표류기

한국인으로서 최초로 미지의 땅 홋카이도를 탐험한 동래 무관 이지항(李志恒)의 활약과 그의 『표주록(漂舟錄)』은 해양표류 관련 기록으로서 매우 높이 평가된다. 중국이나 한반도 동남쪽 표류 기록은 많지만 북쪽 바다 표류 기록은 거의 없기 때문이다. 이지항의 『표주록』에 대한 국내외 연구가 몇 있지만, 표류시기에 대해 두 가지 설이 병행되어 혼란이 야기되고 있으므로 나는 우선 정확한 표류시기부터 고증할 필요가 있다고 생각한다. 하나는 1756년 4월에 출발하여 1757년 3월 6일에 귀국한다는 설로서, 『표주록』 원문 · 해석본이 수록된 『국역 해행총재』Ⅲ(민족문화추진회, 1975년) 해제에서 기인한 것이다. 이는, 현재 『한국민족문화대백과』를 비롯한 '문화콘텐츠닷컴' 등 많은 대중매체 기록에서 인용되는 가장 일반적인 표류시기이다. 다른 또 하나는 1696년 4월에 출발하여 1697년 3월 부산에 도착한다는 일부 학자들의 설이다. 이는 『표주록』 원문에 병자년 봄 부산포 출발, 정축년 3월 부산포 도착이라

일본 에도시대 홋카이도 남부에 있던 마쓰마에번으로 찾아간 아이누 사람들을 그린 일본의 옛 그림

는 간지(干支) 사용에서 기인된 문제이다.

조선시대 한일 양국의 표류민은 초량왜관을 통해서 상호 신원을 호송하도록 규정되어 있었으므로 초량왜관 관수일기 분석 결과, '元禄十年(1697) 윤(閏) 2월 6일 에조(蝦夷, 홋카이도를 가리킴)에 표류한 8명의 조선인을 동래부로 호송하기 위해 정관 오이시 다키노스케 등을 비롯한 사절단이 초량왜관에 도착하였다'는 기록을 발견할 수 있었다. 그러므로 이지항의 표류시기는 1696년 4월부터 1697년 3월 5일(왜관관수일기에는 윤 2월 6일로 되어 있음)까지라는 상기의 두 번째 설에 찬동하는 바이다.

한편 이지항은 어떤 사람이며 왜 표류를 하게 되었을까. 『표주록』에 의하면 그는 이선달(李先達)이라고도 기록되는데, 이름은 지항, 자는 무경(茂卿)이었다. 그의 선조는 영천 출신으로, 동래부에서 살아왔다. 수어청 군관에 속해 있다가, 이어 본청의 정식 장관으로 임명되어 관품은 6품에 올랐다고 한다. 부친상을 당해 고향으로 내려가 상기를 마치고 병자년(1696) 4월에 영해(寧海)에 왕래할 일이 생겼는데, 부산 사람(공철 · 김백선)이 '읍에 사는 김여방과 생선 대량구입을 위해 배를 타고 강원도에 가는데 그곳을 지난다' 하여 동행하게 되었다고 한다. 이에 쌀 서 말과 돈 두 냥을 가지고 출발했다고 한다.

병자년 4월 13일 순풍을 이용해 발선하여, 배에 탄 사람은 이지항(선달, 동래부 무관, 50세) · 김백선(첨지, 부산포 출신, 생선장수, 71세) · 공철(비장, 부산포 거주, 생선장수, 33세) · 김여방(비장, 동래부 거주, 생선장수, 35세) · 김자복(사공, 울산 성황당리, 해부, 61세) · 김귀동(격군, 울산 성황당리, 해부, 41세) · 김북실(격군, 울산 성황당리, 해부, 40세) · 김한남(격군, 울산 성황당리, 해부, 27세)의 8명이었다. 이들은 동해('左海'로 표시됨)로 돌아 항해를 시작했는데 바람이 많이 불고 순탄하지 않아 포구마다 들러 정박했다.

4월 28일 바람이 조금 순해져 배를 움직였는데 신시(오후 3~5시)경 횡풍(가로로 부는 바람)이 크게 일어나 파도가 하늘에 닿을 듯하여 대해로 떠밀려가 몇 날 며칠을 큰 바다 가운데에서 바람 부는 대로 표류하여 북동방향으로 흘러가면서 생쌀을 씹어 먹고 약간의 물로 갈증을 풀면서 겨우 목숨을 유지하고 있었다.

그러다가 5월 12일 미시(오후1~3시)경, 눈 덮인 산과 초목이 울창한 육지를 발견 · 정박, 다음 날(13일) 아침 겨우 상륙하여 돌아보니 초가 20여 채가 있었고 각 집에는 대구 · 청어 등을 매달아 말리고 있었다. 다음 날(14일) 아침 인가를 찾아가 보았다. 이곳은 제모곡(諸毛谷, 현 礼文島)이라는 곳으로서 이후 홋카이도 북동쪽 해안가를 따라 점모곡(占毛谷)~지곡(志谷)~종곡(宗谷)~계서우(溪西隅)~우보려(羽保呂)~석장포(石將浦)~강차(江差)~송전(松前)에 이르러 마쓰마에 번주의 융숭한 접대를 받으며 표류 유래와 경과 등에 대해 여러 가지 질문을 받았던 것 같다. 이어서 에도막부의 명령으로 조선으로 송환하기 위해 마쓰마에에서부터 쓰가루~센다이~에도~오사카~효고~시모노세키~이키~쓰시마를 거쳐 부산포에 송환되었는데, 그의 표류 기록은 홋카이도 최북단 제모곡 표착(5월 12일)부터 마쓰마에 출발(8월 30일)까지 약 110여 일 동안에 대해 구체적으로 언급하고 있다.

이지항은 처음에 홋카이도 아이누인들의 얼굴이 검고 풍속이 달라 살해당하지 않을까 전전긍긍해 하였으나 그들이 생선 등을 두 손으로 공손히 받치는 것을 보고 두려운 마음이 사라져 교류를 시작하였다. 그들은 본시 글자로 소통하는 풍습이 없었으며 털가죽 옷을 입고 남녀 모두 신발을 신고 있지 않았다. 수염이 남녀를 구별하는 수단으로, 남자들은 수염이 매우 길어 심지어 주머니를 목에 매달아 그곳에 넣어 다닐 정도였다. 길이로 환산한다면 1.5~1.8미터 이상이었다. 특히 아이누인들은 이지항을 비롯한 조선의 의복과 물품 등에 매우 깊은 관심을 보이며 물물교환을 제시하였는데, 이지항의 남빛 명주 유의를 비롯해 갓끈의 수정(水晶), 허리에 두른 옥, 나아가 뱃사람들의 그릇과 무명 홑이불, 보자기 등을 수십 장의 담비 가죽 · 여우 가죽 · 수달 가죽과 교환할 것을 제시하였다. 그리고 남쪽 마쓰마에로 가는 길을 가르쳐주기도 하였다.

이후 금 채굴을 위해 홋카이도에 와 있던 일본인들을 계서우(溪西隅)라 불리는 곳에서 만났을 때 이지항은 앞의 아이누인들과 달리 이들은 쌀밥을 먹고 집에 잘 곳이 있으며, 의복 · 그릇 · 접시 등이 일본 왜관 모습과 비슷했다는 사실을 기록하고 있다. 그리고

정장 차림의 아이누인을 묘사한 옛 그림

예사치(曳沙峙, 현재 江差)를 거쳐 마쓰마에 번주로부터 표류자의 신원을 비롯해 표류의 이유 · 경로, 조선의 풍습 등에 대한 질문에 대해 활발한 필담을 나누었다.

특히 계서우에서부터 예사치, 마쓰마에번에 이르기까지 일본인들의 시문 요청으로 이지항이 그들에게 시를 지어준 것이 거의 100여 권이나 되었다고 하며, 이에 마쓰마에 번주는 글씨 청함이 많다는 말을 듣고 토끼털로 정교하게 만든 대 · 중 · 소의 붓과 고급 명주, 고급 종이, 독수리 날개 1미, 황금 2전, 떡 · 국수 · 물고기 · 술 등을 많이 보내주었다고 한다. 이와 같이 『표주록』은 조선 문화에 대한 아이누인들의 깊은 관심과, 동래부 무관에 지나지 않았던 이지항의 문필력이 홋카이도 일본인들을 매료시켰다는 사실, 그리고 당시 조선 후기 부산 사람들의 지식과 인문학 수준이 대단하였음을 알려주고 있다.

1696년 부산은 우리나라 해양교류사에 매우 중요한 역할을 하였다. 이지항에 비견할 수 있는 또 하나의 인물이 있는데 바로 안용복이다. 그는 1693년(숙종 19)과 1696년(숙종 22) 두 차례에 걸쳐 울릉도 어업조업 중, 침입한 일본 어민을 힐책하다가 일본으로 잡혀가 울릉도가 조선의 영토임을 확인하는 서계를 받아내고 마침내 에도막부로부터 공식적인 사과와 일본인의 출어금지를 확인받았다. 안용복의 쾌거가 이루어졌던 해도 바로 1696년이었으니, 1696년 부산에는 무슨 일이 있었을까 흥미롭기 그지없다. 조선 후기 동래부 부산을 중심으로 한 환동해권 해역 교류양상에 대한 새로운 관점의 연구가 기대되는 바이다.

덧붙이는 글

아이누 문화

아이누란 아이누어로서 '인간'을 의미하는데, 원래는 '카무이(자연계의 모든 것에는 영혼이 있다는 정신에 근거한 자연을 가리키는 호칭)에 대한 개념으로서 '인간'이라는 뜻이다. 세계 민족 집단 가운데 이런 관점에서 '인간'을 파악하여 그것이 후일 민족명칭이 된 것은 드문 일이다. 이것이 이민족에 대한 '자민족'의 호칭으로서 의식적으로 사용되기 시작한 것은 야마토(大知)와 아이누의 교역량이 증가하게 되는 17세기 말부터 18세기 초에 걸쳐서였다.
아이누 사회에서 본래 '아이누'란 단어는 행실이 좋은 사람에게만 사용되었다. 튼튼한 몸을 가지고 있으면서도 노동하지 않아 생활이 어려운 사람은 아이누라고 말하지 않고 '웬베(나쁜 놈)'라고 했다. 거주 지역에 따라 문화나 집단의식이 달랐으며, 홋카이도 태평양 동쪽에 사는 아이누는 '메나시쿠르'라고 부르고, 태평양 서쪽에 사는 아이누는 '슈무쿠르', 그리고 치시마(千島) 아이누는 '쿠르무세' 또는 '루토문쿠르' 등이라고 구분하여 불렀다.

아이누민족은 홋카이도를 중심 거주권으로 하는 선주민으로서, 독자적인 문화를 소유한 민족을 일컫는다. 일찍이 홋카이도뿐만이 아니라 북으로는 화태(華太, 사할린), 동으로는 치시마열도 전역, 남으로는 일본 본토 북단에 이르는 지역에 거주하고 있었다. 아이누는 원래 물물교환 중심 교역활동을 하는 수렵채집민족이다. 문자는 없었지만 수렵활동에서 얻은 모피나 해산물 등을 가지고 아무르강 하류 유역이나 연해주, 캄챠카반도 등에서 교역을 하면서 오랫동안 오호츠크해 지역 일대에 경제권을 영위하였다. 조선 후기에 해당하는 일본 근세 에도시대, 에도막부로부터 명령을 받은 마쓰마에번이 홋카이도 서남지역 끝 지역을 위임통치하면서 일본의 느슨한 지배하에 놓이게 되었다.

4-6
부산항, 서양세계에 처음으로 알려지다

부산을 처음으로 방문한 이양선(異樣船, 서양선박)은 정조 21년(1797년 10월), 동래 용당포(현 남구 용당동) 앞바다에 표착한 영국 선박이었다. 승선 인원은 모두 50명 정도로, 머리를 땋았으며 모직으로 된 모자와 검은 옷을 입고, 코가 높고 눈이 푸르며, 역관을 시켜(중국어 · 만주어 · 몽고어 · 일본어 등) 대화를 시도하였으나 말이 통하지 않아 붓으로 써보라 하니 글씨가 마치 그림 같아 전혀 알 수가 없었다고 한다.

후일 알려진 바에 의하면, 이 배는 '브라우턴(William Robert Broughton)' 함장의 87톤급 군함 프로비던스로서 영국해군의 명령으로 북태평양 탐험항해 도중 식수와 땔감을 구하기 위해 잠시 용당포로 기항하였던 것이다. 이 배는 1797년 6월 27일 중국 마카오를 출발하여 일본 류큐열도(현 오키나와) · 혼슈 · 쓰가루해협을 거쳐, 동년 10월 3일 우리나라 함경도 청진 근해에 이르렀다. 배는 우리나라 동해안을 탐사하며 10월 13일 동래부 용당포에 정박하여 경 · 위도 측정 및 식수 · 땔감 획득, 휴식 등을 위해 정박한 것 같았다.

호기심이 많은 용당포 주민들에게 브라우턴 함장 일행들이 '이곳 지명이 무엇이냐'고 물었으나 의사소통이 되지 않아 주민들은 국명을 묻는 것으로 이해해 '조선'이라고 대답했던 모양이다. 그리하여 그들이 그린 「부산항박도」에는 '조선항'이라고 기록되어 있다. 배는 1797년 10월 13일부터 10월 21일까지 수심 · 조석 등을 조사하는 한편으로, 동래부민과의 대화를 통해 약 38개 조선어 등을 채집한 뒤 10월 21일 부산항을 출발하였다. 그리고 여수를 거쳐 제주도 해안 스케치를 마치고 11월 27일 마카오로 입항했다. 이후 1799년 2월 영국으로 귀국, 1804년 런던에서 『북태평양 탐사 항해기』를 출판하였는데, 이 탐사 항해기 속에 바로 브라우턴 일행의 부산 표착이 기록되어 있다(한상복, 『해양학에서 본 한국학』, 해조사, 1988, p.33).

한편 브라우턴 일행은 부산항 위치, 경도 · 위도, 자침(나침판)의 편차, 바닷물의 조석 · 수심 등을 조사하고 부산항을 스케치하여 최초의 「부산항박도」를 작성하였는데 영국 귀국 이후, 『조선 남동해안의 조선항 스케치』(Sketch of Thosan Harbor S. E. Coast of Corea, 1/75640)라는 이름으로 영국 해군 수로부에 제출하여, 1840년 1월 영국 해군 수로부 해도(海圖) 『조선』(Korea, No.1258호)에 수록되었으며, 같은 해 4월 영국 해군 수로부 해도 『조선항』(Korea-Chosan Harbour, No.1259호)에도 수록되었다.

브라우턴 함장은 부산항에 와서 항만도를 작성하고 항해기를 써서 부산항을 유럽에 소개한 최초의 사람이었다. 단, 부산의 해안선 모습이 다소 부정확한 점이 두드러지며, 영도가 섬이라는 사실

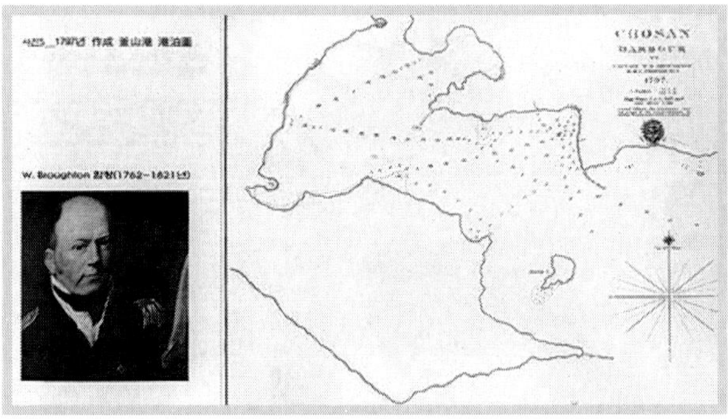

〈그림 1〉 브라우턴의 해도 「부산항박도」(김재승, 『기록사진으로 보는 부산 · 부산항 130년』, 젊은 그들, 2005, p.15)

을 몰라 육지와 연결시켜 부산항에 연결된 반도로 묘사하였으니, 바로 〈그림 1〉이다.

그러나 브라우턴 함장의 오류는 약 60여 년 뒤에 다시 부산항을 찾은 영국 해군 소속 와드(John Ward) 함장에 의해 수정되었는데, 바로 철종 10년(1859) 6월 및 11월 두 차례에 걸쳐 용당포 · 신초량포에 표착한 와드 일행의 극동지역 해안 탐사선이다. 그들은 조선 및 달단(타타르, 중국 동북부) 해안을 조사하라는 영국 해군 수로부의 명령을 받고, '악테온호(Actaeon)'와 부속선 '도브호(Dove)'를 타고, 1859년 5월 2일 홍콩을 출발, 6월 9일 부산에 도착하여 6월 21일까지 부산 용당포에 머물면서 「부산항박도」를 작성했으며, 그 이후 부속선 도브호가 동년 11월 23일 다시 부산항(신초량포)에 닻을 내려 미진한 부분을 보완하여 돌아갔다.

이 탐사로 영도가 육지가 아니며, 부산 내항에 대해 부산포 주민들이 '초량해'라고 부른다는 것을 알고 브라우턴 함장의 '조선항'이라는 명칭을 대신하여 '초량해'라고 부름으로써 서구 세계

〈그림 2〉 와드의 해도 「초량해」(김재승, 앞의 책, p.16)

에 널리 알리게 되었다. 그리고 이곳의 주민, 즉 조선 민간의 여성 및 남성의 의복과 특징 등에 대해서도 세심한 묘사를 하고 있으며, 부산항 및 그 주변 해안선에 대해서도 매우 섬세하게 그리고 있다. 그리하여 와드는 「부산항박도」에서 부산을 '초량해(Tsau-liang-hai)'라 표현하고, 영도가 육지가 아니라 섬이라는 것을 확실하게 나타내었다.

그 탐사와 측량 결과가 『초량해 및 그 부근의 조선해안』이라는 제목으로 1860년 영국 해군 수로부 해도로서 출판하여, 브라우턴의 항박도(No.1259호)를 대신하게 되는데 바로 〈그림 2〉이다. 이 와드의 해도는 1871년 영국 해군수로부에서 재판으로 출간한 해도집에도 그대로 인용되어 있다.

이와 같이 부산포는 18세기 후반 이후 서양에 널리 알려지게 되었는데, 특히 19세기 중반 이후 서양의 선박, 즉 이양선들이 부산 앞바다에 자주 출몰한다. 그 대표적인 사례는 다음과 같다.

철종 1년(1850) 4월 4일에 흰 돛을 단 이양선 2척이 부산 앞바다를 거쳐 동해안으로 사라졌다는 기록(『동래부계록』)과 철종 10년

(1859) 6월에 영국 상선이 동래 용당포 앞바다에 표착한 기록이 남아 있다. 특히 1859년 6월에 동래부 앞바다에 표착한 선박의 이름은 '애서아미호'로서 무역을 위해 중국 상하이에서 만주로 항해 중이라 말하며 소 · 닭 · 야채 같은 음식을 요청하였으므로 주어 돌려보냈다고 한다(『日省錄』). 동년 11월에도 영국 상선 2척이 신초량에 표착하여, 훈도 현학로(玄學魯)와 별차 이본수(李本修) 등이 현장에 나가 심문한 결과 "중국 상하이에서 일본 하코다테(箱館, 현재의 函館)로 향하던 중이다"라고 하며 역시 소 · 닭과 야채 · 쌀 · 생선 같은 것을 요구하였으므로 갖추어 돌려보냈다는 기록(『철종실록』)이 남아 있다.

그런데 영국은 왜 1797년 및 1859년에 걸쳐서 수차례 부산포를 찾아왔으며 또한 빈번하게 동북아시아 해안을 조사하였던 것일까. 이는 바로 대항해시대 이후 전개되었던 서양열강의 해양제국 건설을 위한 첫걸음이었기 때문이다.

15세기 중반 시작된 대항해시대 이후, 포르투갈 · 스페인에 이어 네덜란드 등 다른 국가들보다 다소 뒤늦게 식민지 쟁탈전에 참가하게 된 영국은 급속도로 해양세력을 강화하였으며, 해양탐사를 위한 그들의 범선은 멀리 떨어진 바다 외딴 곳에서도 안정된 물자 보급과 선박 수선이 필요하였다. 그리하여 서양 열강들은 새로운 땅 확보를 위해 탐험대를 보냈고, 특히 지구 반대편에서 그들의 선박들이 필요로 하는 것을 나서서 마련해주는 친절한 원주민이 사는 곳을 선호했다.

18세기 후반 영국의 해양탐사는 남태평양 · 남대서양 · 남미대륙의 남극 주변 많은 섬을 영국령으로 획득하는 데 큰 영향을 미쳤다. 대표적으로 대영제국 해군 소속 제임스 쿡 선장의 활발한 세

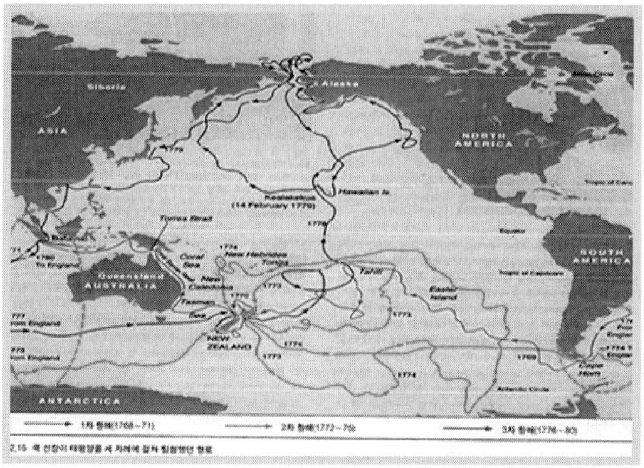

쿡 선장의 항해로(Tom Garrison, 『해양학』, 2002, p.36)

계 항해를 들 수 있는데, 1768년부터 1780년까지 모두 세 차례에 걸친 대항해를 통하여 지구를 한 바퀴 도는 항해 길과 새로운 지역을 많이 발견하여 영국령으로 삼았다. 쿡 선장의 세 차례 대항해와 더불어 해양제국 영국의 동북아시아 해안 측정 과정 중에 나타난 것이 바로 1797년 및 1859년 부산항 정박 · 해도 작성의 배경이라고 말할 수 있을 것이다.

제임스 쿡 선장
(출처: Tom Garrison 저 · 강효진 외 7인 번역, 『해양학』, 시그마프레스, 2008, p.36)

05

조선의 해양 인식과 관음신앙

5-1
관음신앙, 동북아 해양을 보타낙가산으로 화생시키다

본연경에 따르면 관음보살은 전생에 남인도에서 살았다. 이름은 조리였다. 아버지는 장나였고 동생 속리가 있었다. 조리가 일곱 살, 속리가 다섯 살 되던 해 엄마가 불치병에 걸렸다. 죽지 말라 울부짖으며 매달리는 두 아이에게 엄마는 “마음가짐에서 보리심을 내는 것이 가장 중요하단다. 보리심이란 대비심(大悲心)이란다. 커서 부모 은혜에 보답하고 싶다면 반드시 보리심을 내야 한다.”는 유언을 남기고 세상을 떠났다. 장나는 어린 두 아들을 키우기 위해 젊은 여성과 재혼했다. 그런데 나라에 큰 흉년이 들어 먹을 것이 떨어졌다. 장나는 돈을 벌기 위해 집을 떠났다. 생활고에 찌든 계모는 두 아이를 남쪽의 무인절도로 데려갔다. 두 아이가 먹을 것을 찾아 산으로 간 사이 계모는 배를 타고 도망쳤다. 허기에 지쳐 바닷가로 돌아온 두 아이는 부둥켜안고 통곡했다. 조리는 “엄마는 우리를 떠난 후 돌아오지 않고, 아빠는 먼 곳으로 가 돌아오지 않으며, 계모는 우리를 절도에 버려두고 도망갔으니, 어떻게 살아간단 말인가요?"라며 울부짖었다.

버림받은 두 아이의 통곡과 울부짖음은 아비규환의 공포이자 원한이었다. 그 공포와 원한에 사무쳐 죽는다면 두 아이는 아비규환의 지옥에 떨어질 것이 분명했다. 그때 조리는 문득 엄마의 유언이 떠올랐다. 마음을 고쳐먹은 조리는 "나는 보살의 대비를 성취하고, 해탈문을 행하며, 다른 사람을 구제한 후 성불하겠습니다."라고 외쳤다. 조리는 자신이 버림받아 죽게 된 바로 그 무인절도에서 상주하며 공포와 원한에 사무친 모든 중생을 구제하겠다는 서원을 세우고 죽었다. 그 서원의 힘으로 조리는 관음보살이 되었고 동생 속리는 대세지보살이 되었다는 것이 본연경의 줄거리이다.

관음보살이 환생한 그 섬에는 흰 꽃이 만발했다. 인도에서는 그런 동산을 보타낙가산(寶陁洛迦山)이라고 했다. 그래서 그 섬은 한문으로 백화산(白華山)이라 번역되기도 했다. 보타낙가산의 흰 꽃은 조리의 공포와 원한이 관음보살의 보리심으로 승화되었음을 상징한다. 관음보살의 보리심은 엄마의 유언 그대로 대비심이었다. 뭇 생명을 불쌍히 여기는 마음이 대비심이다. 살아 있는 모든 생명은 늦던 이르던 부모와 이별한다. 홀로 남겨진 아이는 슬픔과 공포에 엄마, 아빠를 부르짖으며 통곡한다. 그런 아이를 무조건 감싸 안는 것이 엄마의 대비심이다. 그래서 보타낙가산의 흰 꽃이나 관음보살은 공히 모성애의 화신이라 할 수 있다.

관음보살은 자신의 이름을 부르는 모든 중생을 조건 없이 구제하겠다고 서원했다. 그것은 엄마를 부르짖는 아이를 무조건적으로 감싸 안는 모성애나 다를 것이 없었다. 그런 관음보살의 서원이 수많은 사람들의 심금을 울렸다. 그 결과 동북아에서는 고대로부터 관음신앙이 유행했다. 동북아의 관음신앙은 특히 바닷가에

낙산사 관음보살이 의상대사에게 수정 염주를 주는 그림으로 원통보전의 벽화이다. 낙산사는 '보타낙가산의 도량'이란 의미이다.(『신낙산사』, 2010)

서 성행했다. 관음보살의 무대가 보타낙가산이라는 섬일 뿐만 아니라, 일엽편주로 망망대해를 건너야 하는 뱃사람들의 처지가 마치 무인절도에 버려진 아이 같기 때문이기도 했다. 먼 옛날부터 동북아 해양인들은 배를 탈 때 밀려드는 그 공포와 원한을 관음보살의 대비심으로 극복해냈던 것이다.

동북아 해양인들의 관음신앙은 주요 항구에 보타낙가산을 만들어내곤 했다. 대표적인 곳이 중국 양자강 하구의 주산열도(舟山列島) 중 하나인 보타도 그리고 한국의 양양에 소재하는 낙산사이다. 양자강 하구에는 마치 강이 토해낸 듯한 1천 수백여 섬들이 은하수처럼 흩어져 있다. 그중에서 심가문(沈家門)이 자리한 주산도가 제일 커서 주변 섬들은 주산열도로 통칭된다. 고대로부터 양자강 유역의 풍부한 물산은 양자강 하구의 영파(寧波, 당나라 때 명주)로 옮겨져 한반도, 일본열도 그리고 동남아 각국으로 팔려나갔다.

반면 주산열도의 해산물은 양자강과 대운하를 따라 내륙으로 옮겨져 팔렸다. 자연스럽게 영파와 심가문은 고대로부터 양자강 하구의 해상무역과 국제교류를 대표했다.

양자강 하구의 해상무역은 이른바 해상 실크로드를 따라 아시아 전반을 무대로 펼쳐졌다. 해상 실크로드는 영파 남쪽으로 동남아를 거쳐 인도, 아라비아까지 이어졌고, 영파 북쪽으로는 산동반도를 거쳐 요동반도에 이르렀다. 동쪽으로는 한반도와 일본열도에까지 뻗쳤다. 이 같은 해상 실크로드를 통해 사람과 물자 그리고 문화가 교류되었다. 동북아의 관음신앙 역시 해상 실크로드를 통해 인도 방면에서 동남아를 거쳐 영파 쪽으로 퍼져 올라왔다.

낙산사 해수관음상(『신낙산사』, 2010)

심가문 주변의 매잠도(梅岑島)에는 양무제(464~549) 때 보타원이라는 도량이 세워졌다. 보타원이란 말 그대로 '보타낙가산의 관음보살을 모신 도량'이란 뜻이다. 이런 사실에서 중국 남북조 시대에 영파 지역에서는 이미 관음신앙이 유행했음을 알 수 있다. 하지만 영파 지역의 관음신앙을 크게 성행시킨 주역은 오히려 당나라 때 장보고로 대표되는 신라 상인들이었다. 장보고(?~846)는 동북아 해상 실크로드를 장악함으로써 동북아 해상무역을 제패했다. 장보고의 대성공 전후로, 수많은 신라 상인들이 일확천금의 꿈을 안고 주산열도를 거쳐 영파로 갔다. 영파까지 무사히 가기만 하면 일단 안심이었다. 그 후로는 내륙의 대운하를 이용해 황하로 가거나 아니면 연안 항로를 따라 북상하든지 또는 남하하든지 했는데, 이런 항로는 상대적으로 안전했다.

그런데 천신만고 끝에 영파 앞 주산열도까지 왔던 신라 상선들이 매잠도 주변의 암초에서 좌초당하곤 했다. 그런 일이 오죽 많았으면 그 암초가 신라초(新羅礁)라 불리기까지 했을까? 송나라 사신으로 영파를 거쳐 고려 개경에 다녀온 서긍이 쓴 『고려도경』에는 신라초와 관련해 영감관음(靈感觀音) 전설이 실려 있다. 당나라 때 신라 상인이 관음보살상을 만들어 고국으로 가져가려 했지만 배가 신라초에 걸려 나가지 않았다. 어쩔 수 없이 관음보살상을 신라초 위에 올려놓고 떠나갔다. 그렇게 남겨진 보살상은 매잠도의 보타원에 모셔졌다. 그 후 대양을 항해하는 선박이 보타원의 관음보살에게 기도하면 감응하지 않을 때가 없었다. 그래서 그 보살은 영감관음 즉 '영험하게 감응하는 관음보살'로 불렸고, 그 연장선에서 매잠도까지도 보타도로 불리게 되었다. 결국 신라 상인들의 관음신앙이 매잠도를 보타낙가산으로 화생시켰던 것이다. 그런 관음신앙이 신라에 전해져 양양의 낙산사를 위시한 수많은 관음도량을 화생시켰다.

그 당시 신라 사람들은 물론 일본 사람들도 관음보살을 신앙했음은 엔닌(圓仁)의 『입당구법순례행기』에 잘 기록되어 있다. 838년 6월, 엔닌이 포함된 견당사 일행이 하카타(博多)를 출항할 때 관음보살상을 그려 모시는 것이 중요한 일이었다. 항해 중에 폭풍이 몰아치고 파도가 사나워지면 뱃사람들 모두가 관음보살을 소리 높이 불렀다. 엔닌 일행은 영파를 거쳐 839년 6월, 장보고가 건립한 산동성의 적산법화원에 도착했다. 그곳에서 엔닌은 신라 사람들의 법회를 참관하고 그 광경을 자세히 기록했다. 그 기록에 의하면 신라 사람들은 "나무대자비"라 외치는 스님의 선창에 "관세음보살"이라고 합창으로 화답했다. 그와 같은 관음신앙이 동북아 해상실크로드 곳곳에 보타낙가산을 화생시켰고, 궁극적으로는 동북아 해양 자체를 보타낙가산으로 화생시켰다. 그러므로 삼국시대부터 고려시대까지 천년 동안 동북아 해상실크로드를 누비고 다닌 뱃사람들은 보타낙가산의 흰 꽃, 바로 그 흰 꽃의 화생이었다.

덧붙이는 글

관음보살은 자비로 중생을 구제하는 보살로서 광세음보살(光世音菩薩), 또는 관세음자재보살이라고도 한다. 당대(唐代)에 태종 이세민(李世民)의 휘자(諱字)를 피하여 '세'자를 생략하고 '관음'이라고 불렀다. 대자대비를 서원한 보살로서, 대승불교의 여러 경전 속에 거의 들어 있지 않은 곳이 없을 정도로 널리 신앙되었다. 『법화경』에는 위험을 당한 중생이 그 이름을 부르기만 하면 관음이 즉시 33종류의 화신으로 변해 그들을 구해준다고 되어 있다.

5-2 천원지방 사상, 바다를 험하고 짠 물구덩이로 보다

마테오 리치(Matteo Ricci)는 서른한 살 되던 해 마카오로 갔다. 중국에 천주교를 전하기 위해서였다. 그해는 1582년이었다. 중국어와 유교사상을 배우던 리치는 다음 해 좀 더 내륙에 자리한 조경(肇慶)이라는 도시로 옮겨갔다. 리치를 만난 중국인들은 그가 전도하려던 하나님이나 예수님보다는 오히려 다른 데 호기심을 보였다. 그가 가져온 세계지도였다. 당시 중국인들의 눈에 리치의 지도는 신기하기 짝이 없었다. 그 지도에는 중국인들이 생전 처음 보는 아메리카 대륙이 있었다. 스스로의 문명을 최고라 자부하던 중국인들은 자신들이 모르는 대륙이 있다는 사실에 크게 놀랐다. 그것에 더하여 둥그렇게 그려진 땅과 바다의 모습은 중국인들을 경악시키기에 충분했다.

그때까지 중국인들은 땅과 바다는 네모나고 하늘은 둥그렇다고 생각했다. 그런 생각을 천원지방(天圓地方) 사상이라고 했다. 땅과 바다는 당연히 네모나다고 생각하는 중국인들의 눈에 둥그런 땅과 바다 즉 지구(地球)는 선뜻 믿기지가 않았다. 그래서 중국인들은 세계지도에 대해 이것저것 물었고 결국에는 한문으로 번역해 달라고까지 했다. 리치는 1584년에 지도를 한역하고 '산해여지전도(山海輿地全道)'라는 이름을 붙였다. 이 지도는 중국 전역으로 퍼져나가면서 지방(地方) 개념 대신 지구 개념을 확산시켰다. 명나라 말의 대표적 백과전서인 『삼재도회』에도 '산해여지전도'가 실리기까지 했다. 조선에는 1708년(숙종 34) '곤여만국전도'라는 이름으로 모사본이 전해졌다. 이렇게 '산해여지전도'가 확산되면서 지방 개념이 사라지고 지구 개념이 유행했을 것 같지만 그렇지 않았다. 지방 개념은 유교사상과 중화사상의 핵심 개념일 뿐만 아니라 군주천명 이론의 핵심 개념이기도 했기 때문이다.

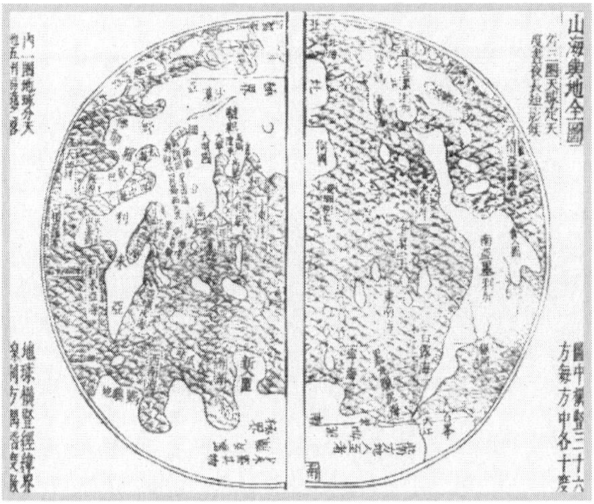

산해여지전도의 지구(삼재도회)

지방 개념과 지구 개념은 땅과 바다의 모습에 대한 생각뿐만 아니라 땅과 바다의 속성 그리고 그곳에 사는 사람들에 대한 생각도 전혀 다른 방식으로 작동하게 만든다. 예컨대 지구 개념에 따라 그려진 '산해여지전도'를 생각해보자. 둥근 지구 안에 여러 개의 대륙과 섬이 바다 여기저기에 흩어져 존재한다. 그런 공간 구조에서는 특정 대륙이나 섬이 지구의 중심이라는 생각이 들지 않는다. 또한 대륙과 섬은 크기에서 차이가 날 뿐 본질적인 차이를 갖지 않는 것으로 보인다. 그래서 대륙과 섬에 사는 사람들도 다르지 않다는 생각이 들게 한다. 나아가 대륙과 섬에 사람들이 산다면 당연히 바다를 건너 교류해야 한다는 생각도 들게 만든다. 이런 생각에서 바다는 대륙과 대륙을 잇고 섬과 섬도 이으며 사람과 사람을 소통시키기 위해 꼭 필요한 공간으로 간주된다. 즉 지구 개념에서는 땅과 바다 및 사람에 대하여 산만, 교류, 평등 방식으로 생각하게 작동하는 것이다.

반면 네모난 땅이 있고 그 사방을 거대한 바다가 둘러싸고 있다는 지방 개념을 생각해보자. 사람들은 땅에 모여 살 뿐 바다에서는 살지 않는다. 당연히 지방 개념에서는 변두리의 바다에 비해 중앙의 땅이 중심 공간으로 보이게 된다. 땅 중에서도 가운데 부분이 중심으로 보이게 된다. 바로 그 네모난 땅의 한가운데에 중국 사람들이 독점적으로 모여 산다는 생각이 중화사상의 핵심이다. 아울러 섬은 원래 네모난 땅에 붙어 있어야 할 것이 잘못 떨어져 나간 것으로 간주되어 비정상적인 땅으로 보인다. 이런 생각에서 땅과 섬은 평등하지 않게 보일 수밖에 없다. 심지어 네모난 땅 중에서도 가운데 부분과 변두리 부분은 평등하지 않게 보인다. 그래서 네모난 땅의 가운데 부분과 변두리 부분에 사는 사람 나아가 섬에

사는 사람들은 평등하지 않게 보인다. 그뿐이 아니다. 네모난 땅에 사람들이 모여 산다면 굳이 바다로 나갈 필요가 없다고 생각하게 된다. 그럼에도 땅을 벗어나 바다로 나가려는 사람이 있다면 그는 뭔가 불순한 의도를 가진 것으로 의심된다. 이에 따라 지방 개념은 땅과 바다 및 사람에 대하여 집중, 폐쇄, 차별 등의 생각을 하도록 작동한다.

천원지방 사상에서 바다를 어떻게 보는지는 최고의 유교경전이라는 『주역』에 잘 나타나 있다. 『주역』에는 해(海)나 양(洋) 등 바다를 직접적으로 표시하는 용어 자체가 없다. 단지 감(坎)이라는 용어로 바다를 비롯하여 강, 호수 등을 포괄할 뿐이다. 이는 『주역』에서 바다가 별로 중요시되지 않은 결과라 할 수 있다. 『주역』에서 바다를 상징하는 감이란 움푹 파인 구덩이라는 뜻이다. 구덩이는 생명을 빠뜨리는 위험한 존재로 간주된다. 또한 움푹 파인 구덩이는 텅 비었기에 무엇인가를 받아들이기는 존재로 생각되기도 한다. 그런데 대부분의 구덩이에는 물이 차 있다. 그래서 『주역』 감괘(坎掛)는 구덩이, 위험, 공허함, 물, 강, 바다 등을 상징한다. 천원지방 사상과 『주역』 감괘를 결합해보면, 감은 네모난 땅 안의 것과 밖의 것으로 양분된다. 구덩이의 위치뿐만 아니라 구덩이에 차 있는 물의 성질이 전혀 다르기 때문이다. 네모난 땅 안의 구덩이에 물이 차면 우물, 연못, 호수, 강 등이 된다. 이런 곳의 물은 대체로 민물이고 마실 수 있으며 바다로 흘러간다. 반면 네모난 땅 밖의 구덩이에 들어찬 물은 바다가 된다. 바닷물은 짠물이고 얼른 보면 고인 물로 보인다. 그런데 『주역』에서는 물의 본성을 '윤하(潤下)'라고 하였다. 아래로 흐르며 만물을 윤택하게 한다는 뜻이다. 이렇게 윤하하는 물이 정상적인 물이고 그 물은 민물

베이징 천단공원의 원구
(출처: 천단공원 웹사이트, www.tiantanpark.com)

이다. 반면 흐르지도 않고 짜서 마실 수도 없는 바닷물은 물의 본성을 잃은 위험한 물이다. 이런 생각으로 바다를 바라보면 바다는 위험한 짠물이 가득 찬 구덩이일 뿐이다. 그래서 바다는 공포의 대상 또는 금지의 대상으로 간주된다.

지방 개념이 군주천명 이론과 결합하면 바다는 아예 없는 공간으로 간주되기도 한다. 중국에서 군주천명 이론은 원구단(圓丘壇)과 방택단(方澤壇)으로 상징되었다. 원구단은 군주에게 천명을 내리는 둥근 하늘 즉 원구(圓丘)가 설치된 제단이다. 전통시대 유교 문화권에 속한 국가에서는 천명을 받은 군주의 통치권을 드러내기 위해 궁궐 앞쪽에 원구를 설치하곤 했다. 반면 궁궐 뒤쪽에는 군주 통치권이 행사되는 땅을 표시하기 위해 방택(方澤)을 설치했다. 방택은 '택중지방구(澤中之方丘)'를 줄인 말로 '연못 속의 네모난 언덕'이란 뜻이다. 그래서 방택은 방구(方丘)라고도 했다. 당연

베이징 지단공원의 방구
(출처: 지단공원 웹사이트, www.dtpark.com)

히 방구는 천원지방 사상의 '지방'을 상징하고, 방구 아래의 연못은 사방 바다를 표상한다. 이 같은 원구와 방구의 표준이 명나라 때 자금성 앞뒤에 건설된 원구단과 방택단이었고 천지단으로 통칭되었다. 천지단은 청나라 때도 이어져 현재의 천단공원과 지단공원이 되었다. 한국의 경우에는 고려시대에 원구와 방구가 설치되었고, 대한제국기에 원구가 설치되었다.

현재 자금성 뒤쪽의 지단공원 내 방구는 붉은 벽돌로 쌓은 2층의 네모난 제단 그리고 그 제단을 둘러싼 평지로 구성되어 있다. 2층의 네모난 제단은 네모난 땅 즉 지방을 상징한다. 네모난 방구를 둘러싼 평지는 사방 바다를 표상한다. 본래 방구 아래는 그곳이 바다임을 드러내기 위해 연못으로 하는 것이 마땅하다. 하지만 그렇게 하지 않고 평지로 바꾼 이유는 아예 바다가 없었으면 하는 생각 때문이라 할 수 있다.

이렇게 유교사상, 중화사상 그리고 군주천명 이론이 연결된 지방 개념을 리치의 세계지도가 일거에 지구 개념으로 바꾸기에는 역부족이었다. 리치의 지도가 전래된 이후에도 오래도록 한국과 중국에서는 지방 개념이 유행했고 바다는 여전히 험하고 짠 물구덩이로 간주되었다. 그것을 넘어서는 지구 개념이 정착되기 위해서는 중화사상과 더불어 군주천명 이론의 해체가 필요했다.

덧붙이는 글

주역은 유교의 경전 중 3경의 하나로서 달리 『역경(易經)』이라고도 한다. 주역은 점복(占卜)을 위한 원전(原典)과도 같은 것이며, 동시에 어떻게 하면 조금이라도 흉운(凶運)을 물리치고 길운(吉運)을 잡느냐 하는 처세상의 지혜이며 나아가서는 우주론적 철학이기도 하다. 역이란 말은 변역(變易), 즉 '바뀐다' '변한다'는 뜻이며 천지만물이 끊임없이 변화하는 자연현상의 원리를 설명하고 풀이한 것이다.

5-3
영남해로, 민족사와 함께한 경상도 바닷길

영남이라는 말은 고려시대부터 쓰였다. 영남해로라는 말 역시 그때부터 생겨났다. 하지만 고려시대에 갑자기 영남해로 자체가 생겨난 것은 아니었다. 그 이전부터 오랜 세월에 걸쳐 쓰이던 바닷길이 새삼스레 영남해로라 불렸을 뿐이다. 신석기시대에 사람들은 농경기술을 개발하고 정착생활을 시작했다. 영남해안에도 사람들이 정착해 마을을 이루었다. 그런 마을들이 곧 태초의 영남 어촌이었고 그곳의 사람들이 곧 태초의 영남 어민이었다. 태초의 영남 어촌에 살던 태초의 영남 어민들이 쓰던 태초의 바닷길이 곧 태초의 영남해로였다. 영남해안가에 즐비하게 분포한 신석기시대의 유물, 유적들은 태초의 영남해로를 알려주는 명확한 증거들이다.

어민에게 바다는 농민에게 논밭과 마찬가지로 없어서는 안 될 삶의 터전이다. 농민이 논밭을 일구고 가꾸기 위해 드나드는 길은 논길, 밭길이 된다. 마찬가지로 어민이 바다 어장으로 드나드는 길은 바닷길이 된다. 그런 면에서 어민에게 바닷길은 생명길이나 같

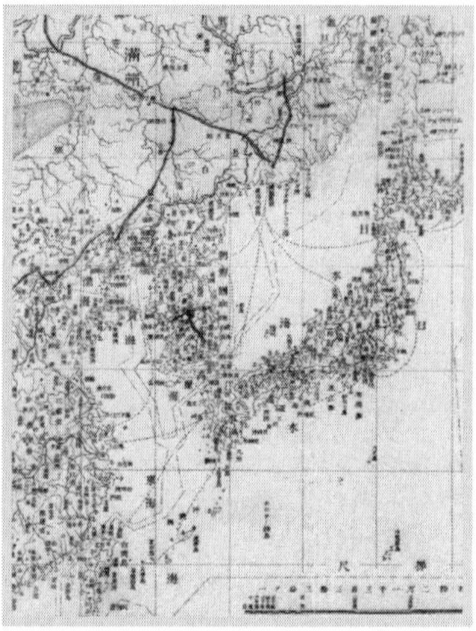

일로청한명세신도(日露淸韓明細新圖). 903년 일본제국육해측량부에서 제작한 지도로 경상도의 바닷길 등이 잘 표시되어 있다.

다. 그뿐이 아니다. 바닷길은 섬사람들과 섬사람들 또는 섬사람들과 육지 사람들을 연결하는 교통의 길이기도 하다. 그 교통의 길은 어촌과 어촌, 농촌과 어촌을 연결할 뿐만 아니라 한반도와 외부세계를 연결하기도 한다.

예로부터 수많은 선각자들이 사람과 길의 관계를 깊이 통찰하고 명언을 남겼다. 조선 후기의 역사지리학자 신경준 역시 그런 선각자 중의 한 명이었다. 그는 『도로고(道路考)』에서 "무릇 사람에게는 멈춤과 움직임이 있다. 사람은 멈추면 집에서 머물고, 움직이면 길에서 다닌다. 그러므로 맹자는 인(仁)은 안택(安宅)이요, 의(義)는 정로(正路)다, 라고 하였다. 택(宅)과 로(路)를 인(仁)과 의(義)와 마찬가지로 함께 거론하였으니 로(路)의 중요성이 가히 택(宅)과 동등하다 할 수 있다."라고 갈파했다. 진실로 사람의 역사와 문화는 집과 길을 중심으로 형성, 발전되었다. 사람들은 집에 머물면서 고립적, 정착적 문화를 형성, 발전시켰다. 반면 길을 다니면서 유동적, 유목적 문화를 형성, 발전시켰다. 따라서 사람의 역사를 통합적으로 이해하려면 집만 볼 것이 아니라 길도 함께 보아야 한다.

그런데 집에는 여러 종류의 집이 있고 길에도 여러 종류의 길이

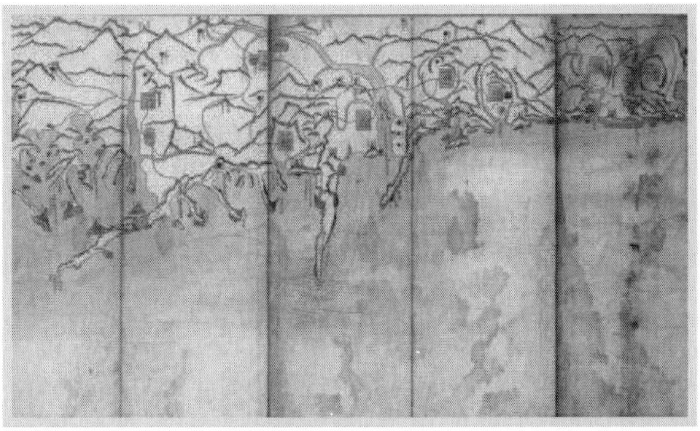

영호남연해형편도(조선 후기, 국립중앙도서관 소장). 해안 가까이 한 가닥 해로가 희미하게 보인다.

있다. 집 가운데서도 편안한 집은 안택이고, 길 가운데서도 올바른 길은 정로이다. 편히 살고 안전하게 가려면 안택과 정로를 골라야 하듯, 사람이 세상을 잘 살아가려면 인과 의를 골라 행해야 한다는 것이 맹자의 갈파이다. 길이 유동적, 유목적 문화를 형성, 발전시키는 이유는 길을 통해 사람은 물론 물자와 정보가 유통되기 때문이다. 그런 길을 통해, 고립적으로 정착해 있던 사람들은 서로 간에 연결, 통합된다. 특히 정보통신기술이 미약했던 전통시대에는 길이 정보통신망의 역할까지 담당했다. 그래서 길이 발달하면 유동적, 유목적 문화가 발달한다. 그 결과 민생이 번성하고 국가가 태평해지면 길이 올바른 역할을 수행했다고 평가할 수 있다. 그런 길은 의로운 길 즉 정로(正路)이다. 반면 민생이 몰락하고 국가가 위험해지면 길이 잘못된 역할을 수행했다고 평가할 수 있다. 그런 길은 흉악한 길 즉 사로(邪路)이다.

전통시대 길에는 육로와 해로가 있었다. 농업문화가 육로, 토지, 농촌을 중심으로 형성되었다면 해양문화는 수로로서의 해로, 포구, 어촌을 중심으로 발달했다. 해로, 포구, 어촌 주변에는 그것들을 보호하기 위한 수군시설이 들어섰다. 그렇게 발달한 수군시설과 어촌의 바닷사람들이 거친 바다와 싸워가며 일구어낸 삶의 문화가 곧 오늘날 영남의 어촌문화이자 해양문화의 근간이라 할 수 있다. 영남해로는 작게는 영남지역 해양문화의 대동맥이며 크게는 우리나라 해양문화의 대동맥이기도 하다. 영남지역의 앞바다에 미로처럼 형성된 영남해로에는 주변의 어촌과 포구들로부터 끊임없이 사람과 물자 그리고 정보가 유입되었다. 그것들은 멀리 바다 건너 일본, 류큐, 중국으로부터 그리고 경상도 낙동강과 태화강 등 내륙 하천으로부터도 흘러들었다. 이렇게 유입된 사람과 물자 그리고 정보는 다시 영남해로를 통해 주변의 어촌, 포구, 경상도 내륙 그리고 수도 한양과 바다 건너 외국에까지 유통되었다.

삼국시대와 통일신라시대에 우리민족의 활동영역은 폭발적으로 팽창했다. 한반도와 만주는 물론 일본열도, 중국대륙 그리고 저 멀리 동남아와 아랍 세계까지도 우리민족의 활동영역이었다. 그 광대한 영역을 우리 조상들은 땅길 또는 바닷길을 이용해 누비고 다녔다. 이른바 육상 실크로드와 해양 실크로드가 그것이었다. 그 당시 경주는 해양 실크로드의 동쪽 종착지였고, 그래서 영남 해로는 경주와 해양 실크로드를 연결하는 핵심 바닷길이었다. 한반도의 바닷길과 동북아의 해양 실크로드를 연결하던 중심 바닷길이 바로 영남해로였던 것이다.

세계를 향해 뻗어 있던 영남해로는 조선시대로 접어들면서 크게 위축되었다. 첫 번째 이유는 명나라의 해금(海禁) 정책 때문이었다. 혹심한 왜구를 겪은 명나라는 바닷길을 폐쇄했다. 공인된 몇몇 사람과 배만이 폐쇄된 바닷길을 쓸 수 있었다. 해금과 더불어 세계로 뻗어 있던 해양 실크로드도 폐쇄되었고, 영남해로도 더불어 쇠퇴했다.

명나라의 해금정책에 더해 조선의 주자성리학 역시 영남해로를 쇠퇴시킨 주범이었다. 주자성리학은 철저하게 육지 중심의 세계관이었기 때문이다. 예컨대 『예기』에 "땅이 만물을 싣고 있다."는 언급이 있는데, 이런 언급은 지구상의 모든 존재가 땅의 부속물이라는 세계관 즉 육지 중심의 세계관에 다름 아니었다. 이런 세계관에서는 바다 역시 땅의 부속물로 인식될 수밖에 없었다. 모든 종교 또는 사상과 마찬가지로 성리학적 세계관에도 장점과 단점이 있었다. 장점은 무엇보다도 땅의 장점을 최대화한다는 점이었다. 과거 1천 년간 누적된 불교의 폐단을 극복하면서 농업 국가를 지향했던 조선에서 땅의 장점을 최대화하려는 성리학이 만개한 것은 일면 당연한 현상이었다. 만약 조선이 완벽한 내륙 국가였다면 성리학의 장점이 최고도로 발현되었을 것이다. 하지만 조선은 반도 국가였다. 육지뿐만 아니라 삼면에 바다가 있었던 것이다. 그와 같은 상황에서 육지를 중심으로 하는 성리학적 세계관이 만연함으로써 바다는 점점 도외시되었고 바닷길 역시 도외시되었다.

그 같은 추세는 조선 후기 들어 더욱 강화되었다. 명나라를 멸망시키고 동북아의 패권을 장악한 청나라는 압록강과 두만강 너머의 만주지역을 자신들의 발상지라 하여 이른바 봉금(封禁) 지대로 설정하고 사람들의 출입을 엄금했다. 이에 따라 조선 사람들이 압록강과 두만강을 넘어가는 월강(越江)도 엄격하게 통제되었다. 월강하다 적발되면 사형에 처해졌다. 월강이 엄금되면서 바닷길도 엄금되었다. 해안에서 10리의 바다 안에서만 어업과 수군활동이 보장되고 그 밖으로 넘어가는 것은 국가의 허락이 있어야만 가능했다. 이에 따라 조선 후기 영남해로 역시 해안에서 10리 이내로 위축되었다.

그렇게 위축된 바닷길은 근대시기 일본에 의해 강제로 개항되면서 크게 확대되었다. 하지만 그런 식으로 확대된 바닷길은 민생을 파탄시키고 국가를 위험하게 만든 흉악한 길이었다. 해방 이후 대한민국은 전 세계를 무대로 활동하는 무역국가로 탈바꿈했다. 그와 더불어 영남해로 역시 전 세계를 향해 뻗어나갔다.

덧붙이는 글

영남이란 문경의 새재를 경계로 남쪽에 있는 땅을 '영의 남쪽'이라는 의미로 영남(嶺南)이라 한 데서 유래하였다. 그 범위는 옛날의 경상도, 오늘의 부산과 대구 등의 광역시와 경상남·북도를 포함한다. 다시 말하면 소백산맥 이남의 낙동강 수계에 걸친 범위를 말한다. 낙동강의 지류로서 남쪽을 가로 흐르는 강을 남강(南江)이라 함도 남쪽에 자리한 데서 붙여진 것이다. 서울의 강남도 한강 남쪽에 있는 데서,, 위성도시인 성남(城南)도 남한산성의 남쪽에 위치한 데서 각각 붙여진 땅 이름이므로 같은 맥락이다.

5-4
미역국과 쌀밥, 한국인을 낳고 기르다

미역

조선 후기 서울 출신의 실학자 이덕무는 서른여덟 살 되던 해 서장관으로 북경에 갔다. 호기심 많던 그는 북경의 이모저모를 돌아보고 기록으로 남겼다. 그러던 중 이덕무는 중국인들에게 건미역을 보여주게 되었다. 당시 조선 사신들이 북경에 다녀오려면 서너 달은 족히 걸렸다. 그 긴 시간 향수를 달래며 헛헛한 속을 채우던 간편 음식이 바로 건미역을 이용한 국이었다. 예나 지금이나 한국인은 뜨끈하게 끓인 미역국에 밥 한술 말아 먹으면 속히 확 풀림을 느낀다.

그런데 미역을 본 중국인들은 그것이 무슨 물건인지 전혀 알지 못했다. 이덕무는 조선에서 미역의 쓰임새를 자세하게 알려주었다. 우선 조선의 산모는 기력을 보충하기 위해 의례 미역국과 쌀밥을 먹는다는 사실을 설명했다. 아울러 산모가 미역국을 먹게 된 내력도 설명했다. 그의 설명에 의하면, 옛날 어떤 어부가 새끼고래를 갓 낳은 어미고래에게 잡아먹혔다. 그가 고래 뱃속에서 보니 미역 잎이 고래의 위벽 여기저기에 붙어 있었는데, 미역 잎이 붙은 위벽의 악혈(惡血)은 모두 물로 바뀌었다. 이것을 본 그는 미역이 산후 특효약임을 알아챘다. 천만다행으로 고래 뱃속에서 나오게 된 그는 이 사실을 사람들에게 알렸다. 이후 산모가 미역국을 먹는 풍습이 널리 퍼졌다는 것이 이덕무의 설명이었다.

이 이야기는 이덕무 손자인 이규경의 『오주연문장전산고』 중 '산후계곽변증설(產後雞藿辨證說)'에 실려 있다. 조선과 중국의 산후 풍속이 전혀 다른 이유를 설명한 것이 바로 '산후계곽변증설'이다. 변증설에 의하면 조선의 산모는 미역국을 먹지만, 중국의 산모는 닭죽을 먹는다고 한다. 인접국으로 수천 년에 걸쳐 교류한 조선과 중국인데 왜 산후 음식 풍속이 이렇게 다를까 하는 이유를 이규경은 각각의 풍토에서 찾았다. 명나라 때의 『본초강목』에는 산모에게 좋은 보양식으로 오골계를 들고 있다. 이런 사실로 보면 중국에서는 오래 전부터 산모의 보양식으로 오골계가 사용되었음을 알 수 있다. 뿐만 아니라 산모에게 오골계가 좋다는 사실은 중국 의학을 수용한 우리나라에도 알려졌을 것 역시 어렵지 않게 짐작할 수 있다. 요컨대 삼국시대 이전에 우리 조상들도 중국 의학을 통해 산모에게 오골계가 좋다는 사실을 알았지만 수용하지 않았던 것이다. 그 이유는 물론 이미 미역국이 산모의 보양식으로 널리 쓰이고 있었기 때문이다.

한반도의 지형이 확정된 것은 약 1만 년 전인 신석기시대쯤 부

울산 반구대 암각화 고래

디라고 한다. 그때쯤 한반노 주변 바다에는 고래가 아주 흔했다. 그것을 확실하게 알려주는 증거는 울산 반구대 암각화에 새겨진 수십 마리의 고래들이다. 신석기에서 청동기 시대 작품으로 알려진 반구대 암각화에 수십 마리 고래가 새겨졌다는 사실은 당시 사람들이 고래를 면밀하게 관찰, 연구했다는 뜻이나 같다. 그런 관찰, 연구 과정에서 새끼를 갓 낳은 고래가 미역을 먹는다는 사실도 알아냈을 것이고, 그 결과 미역이 식용 해조류임도 알아냈을 것이다. 그렇게 생각하면 우리 조상들은 신석기시대부터 미역을 식용했으리라 짐작할 수 있다. 아마도 처음에는 바닷가 산모들이 산후 보양식으로 미역국을 먹기 시작했겠지만, 그것이 퍼지고 퍼져 우리 조상들 전체의 풍속으로 자리 잡았을 것이다. 그렇게 된 이유는 미역이 흔해서이기도 했지만 우리 조상 체질에도 잘 맞았기 때문이라 할 수 있다.

삼국을 통일한 신라의 수도 경주는 바닷가 가까이 자리 잡고 있다. 당연히 신라왕실의 식자재에는 미역을 비롯한 해산물이 적지 않았다. 이에 따라 통일신라시대 미역은 왕실을 비롯하여 귀족과 평민 나아가 어민에 이르기까지 전 국민이 애용하는 식자재가 되었다. 그 같은 풍속은 고려 왕실을 거쳐 조선왕실에까지 전해졌다. 조선왕실의 경우, 왕비는 물론 후궁도 아이를 낳으면 미역국을 먹었다. 영조를 출산한 숙빈 최씨는 해산 한 시간 전쯤에 미역국과 쌀밥을 먹었다. 아이를 낳을 때 필요한 기운을 축적하기 위해서였다. 또한 해산 당일에는 무려 열 차례나 미역국과 쌀밥을 먹었다. 해산 직후 허한 기운을 채우고 또 신생아에게 필요한 젖을 풍부하게 만들기 위해서였다. 이런 사실들을 보면 조선시대 산모의 입맛에 가장 잘 맞는 것이 미역국과 쌀밥일 뿐만 아니라 신생아가 처음 먹는 모유도 미역국과 쌀밥으로부터 왔음을 알 수 있다. 조선시대 왕비나 후궁뿐만 아니라 왕도 미역국과 쌀밥을 자주 먹었다. 조선시대 왕은 가뭄, 홍수 같은 천재지변 또는 제사나 장례 같은 때에 고기가 없는 음식을 먹었는데, 그것을 소선(素膳)이라고 했다. 소선의 주재료는 조곽(早藿, 올미역), 분곽(粉藿, 좋은 미역), 곽이(藿耳, 미역귀)에 더해 쌀이었다. 이능화의 『조선여속고』에 의하면, 조선시대 임신부가 있는 민가에서는 짚자리와 기저귀, 쌀, 미역을 장만해 놓고 기다리다가 해산하면 미역국과 쌀밥을 마련했는데, 먼저 방의 서남쪽 구석을 정갈히 하고, 상 위에 미역국 세 종지와 쌀밥 세 종지를 차려 삼신께 제사한 후 산모가 미역국과 쌀밥을 먹었다고 한다. 그렇게 한 이유는 물론 미역국과 쌀밥에 삼신의 축복까지 추가함으로써 산모의 기운을 북돋고 나아가 신생아의 만복을 기원하기 위해서였다. 이렇게 보면 예로부터 한국의 어머니들은 미역국과 쌀밥 힘으로 아이를 낳고 길렀다고 해도 과언이 아니다.

조선시대에는 바닷속 바위에서 자생하는 미역을 어민들이 공동으로 채취해 가공, 생산했다. 미역이 자생하는 바위는 곽암(藿巖) 또는 곽전(藿田)이라고 불렀다. 곽암은 '미역바위'란 뜻이고 곽전은 '미역밭'이란 뜻이다. 실제는 미역바위이지만, 그 바위는 단순한 바위가 아니라 마치 문전옥답처럼 소중한 부동산이어서 곽전이라고까지 불렀다. 논밭에서 생산되는 쌀과 콩이 단순한 곡식이 아니라 우리 조상들의 주식이었듯, 곽전에서 생산되는 미역은 단순한 해조류가 아니라 산모의 보양식이자 신생아의 모유 밑천이었던 것이다.

미역은 벼나 콩처럼 1년생 식물이다. 그래서 봄에 일찍 생산되는 미역은 조곽(早藿, 올미역)이라 하고, 제철 여름에 생산되는 미역은 감곽(甘藿)이라 했다. 전통시대 미역 생산에서 가장 중요한 일은 가을철의 '기세(磯洗)' 작업이었다. '기세'란 '바위를 깨끗이 씻는다.'는 뜻으로 미역바위에 붙은 잡초를 제거하는 공동 작업이었다. 기세잡업은 마치 논밭의 잡초를 제거하는 김매기작업과 같다고 할 수 있다. 출렁이는 바닷물 속에서 하는 기세작업은 고되고 위험했다. 어민들은 함께 노동요를 부르며 그 고되고 험한 작업을 이겨나가곤 했는데, 노랫말에 담긴 소망은 풍년을 고대하는 농민들과 다를 것이 없었다. 예컨대 기장의 기세작업 노랫말은 이랬다.

> 어이야 어이샤 호마리 찍고 호마리 찍고/ 이 돌을 실글(닦으)려고 찬물에 들어서서/ 바다의 용왕님네 굽이굽이 살피소서/ 나쁜 물은 썰물 따라 물러가고/ 미역 물은 밀물 따라 들어오소/ 백석같이 닦

은 돌에 많이많이 달아주소/ 어이샤 어이샤 호마리 찍고 호마리 찍어/ 내년 봄에 미역 따서 풍년 되어 잘살아 보세.

조선팔도의 곽전에서 생산된 미역 중 최상품은 궁중 진상품이 되었다. 조선시대에 가장 많은 종류의 미역을 진상한 곳은 경상도였다. 강원도와 전라도에서는 조곽과 분곽을 진상했고, 함경도에서는 조곽을 진상했지만, 경상도에서는 조곽과 분곽은 물론 곽이(藿耳)까지 진상했다. 경상도 미역 중에서도 단연 최고는 기장 미역이었다. 궁중 진상품을 제외한 미역은 농촌, 산촌, 도시 등 조선팔도의 백성들에게 돌아갔다. 이렇게 저 멀리 선사시대부터 조선시대까지 한국의 어머니들은 왕실부터 어민에 이르기까지 상하귀천 구분 없이 모두가 미역국과 쌀밥 힘으로 아이를 낳고 길렀던 것이다. 그러므로 예로부터 한국인을 낳고 기른 것은 바로 미역국과 쌀밥이었다고 해도 과언이 아니다.

덧붙이는 글

미역은 미역과에 속하는 해조(海藻)로서 학명은 'Undaria pinnatifida (Harvey) Suringar'이다. 뿌리는 나뭇가지 모양이고 줄기는 편원(扁圓)인데 그 상부는 엽상부(葉狀部)의 중륵(中肋)으로 되었으며, 잎은 좌우에 우상열편(羽狀裂片)을 가진다. 미역은 옛날에는 여러 포기를 겹쳐서 펼쳐, 길이 약 2미터, 너비 약 15센티미터 정도의 크기로 만들어서 햇볕에 건조시켜서 보관, 저장하였다. 요즈음에는 100℃의 물에 잠시 데쳐서 소금으로 주물러서 소금절임으로 하여 저장하기도 한다. 소금절임은 건조미역보다 장마철에 변질하지 않아서 보존성이 높다.

5-5
패검, 조선의 칼을 대표하다

조선시대 상어의 한문 표기는 '사어(沙魚, 鯊魚)'였다. 마치 모래알 같은 돌기가 상어 가죽 표면에 돋아 있어 생긴 말이었다. 상어가 사어로 표기되었기에 그 가죽은 '사어피(沙魚皮)' 또는 '어피(魚皮)'라 불렸으며, 달리 '대랑피(大浪皮)' 혹은 '교피(鮫皮)'라고도 했다. '대랑피'는 말 그대로 하면 '큰 파도 가죽'인데, 상어가 큰 바다에 살기에 그렇게 불렸으며, '교(鮫)'는 일본에서 상어를 표시하던 한자였다.

조선시대 상어 가죽은 거칠고 질겨서 다양한 용도로 사용되었다. 예컨대 조선시대 '환'이라고 하는 연장은 둥근 나무에 상어 가죽을 감싼 것으로 쇠나 옥 등의 재료를 연마할 때 썼다. 모래나 유리가루를 질긴 종이에 접착한 오늘날의 사포(沙布, sand paper)처럼, 조선시대 환은 상어 가죽의 모래알 같은 돌기를 이용해 재료를 연마했던 것이다. 또한 생강이나 감자 등의 음식 재료를 갈 때 쓰는 '강판(薑板)'에도 상어 가죽을 이용했다. 둥근 나무 대신 넓적한 나

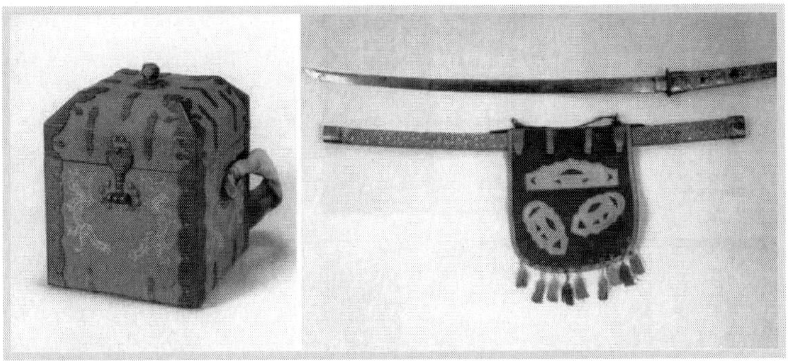

상어 가죽으로 감싼 조선 시대 옥새함(왼쪽). 서울 국립고궁박물관에 소장되어 있다. 조선시대 왕실의 패검(오른쪽)과 이순신 장검 칼잡이도 상어 가죽을 이용했다

무판자에 상어 가죽을 감싼 강판은 음식 재료를 갈기에 편리했다. 이외에도 상어 가죽은 안장, 옷장, 안경집, 도장통 등등 조선시대 가죽공예에 광범하게 사용되었다.

조선시대 상어 가죽을 이용한 공예품 중에서 대표적인 것은 왕이나 왕비의 금보(金寶) 또는 옥보(玉寶)를 담는 함이었다. 본래 보(寶)는 당나라 이후 황제의 도장인 옥새(玉璽)를 지칭하는 용어였다. 중국에서는 진시황이 전국시대를 통일한 후 강력한 황제권력을 추구하면서 옥새를 만들었다. 그런데 옥새의 새(璽) 발음이 사(死)와 비슷하다고 하여 당나라 때부터 대신 보(寶) 자를 쓰게 되었다.

조선에서도 금이나 옥을 이용해 왕과 왕비의 보를 만들었는데, 그것을 금보 또는 옥보라고 했다. 금보나 옥보를 담는 통은 우리말로 '뒤웅이'라고 했다. 고종의 옥새를 담은 뒤웅이의 경우, 소나무로 만든 백골(白骨, 뼈대)을 상어가죽으로 감싸고 붉은색을 칠한 후 각 면에 금니(金泥)로 쌍용을 그렸다. 뒤웅이를 상어 가죽으로 감싼 이유는 상어 가죽이 질길 뿐만 아니라 용이라고 하는 왕의 이미지와 잘 어울리기 때문이었다. 상어 가죽의 모래알 같은 돌기는 당연히 용의 비늘을 연상시킨다. 뿐만 아니라 상어자체가 바다의 제왕이라는 이미지를 갖고 있기도 했다.

조선 후기 인물인 김려(金鑢)는 진해에서 유배 생활을 하던 중 1803년(순조 3) 『우해이어보(牛海異魚譜)』를 지었다. 우리나라 최초의 어보로 손꼽히는 이 책에는 다양한 물고기의 생태와 쓰임새 등이 실려 있다. 그중 가래 상어인 '한사어(閑鯊魚)'에 대하여 김려는 진해 어민들로부터 이런 이야기를 전해 들었다. 평상시 가래 상어가 다닐 때는 등의 지느러미만 세우지만, 화가 나면 양 옆의 지느러미까지 모두 세운다. 그런 상태로 어민이 탄 배 밑을 지나면 배가 잘려 나간다. 심지어 거대한 고래의 허리가 잘려 나가기도 하고 복부가 찢겨 나가기도 한다. 이런 이야기는 진해 어민들이 가래 상어를 바다의 제왕으로 두려워했음을 알려주기에 충분하다.

이처럼 상어 가죽은 용의 비늘을 연상시킬 뿐만 아니라, 상어 자체가 바다의 제왕을 연상시키기에 그 가죽으로 뒤웅이를 감쌌다고 이해할 수 있다. 나아가 조선시대를 대표하는 도검의 칼집이나 손잡이도 상어 가죽으로 감쌌다.

한국 칼의 전통은 신석기 시대의 돌칼을 시작으로 고조선 시대의 비파형 동검, 삼한시대의 환두 대도를 거쳐 조선시대의 환도(還刀)로 면면히 이어져왔다. 조선시대 환도는 칼집에 둥근 고리가 달려 있어서 환도라고 불렸다. 『세종실록』 오례에 의하면, 조선시대 칼에는 크게 운검(雲劒)과 패검(佩劍) 두 가지가 있었다. 운검은 왕의 측근 장군이 소지하는 특별 환도였다. 반면 패검은 일반 장군이나 무사가 사용하는 보통 환도였다. 둘 다 환도였지만 칼집의 색깔과 띠에서 차이가 났다. 운검의 경우 칼집을 상어 가죽으로 감싸고, 주홍색 칠을 하며 무두질한 가죽 띠를 썼다. 반면 패검은 칼집을 어피로 감싼 것까지는 운검과 같았지만, 주홍색 대신 검은색 칠을 하고 무두질한 가죽 대신 사슴 가죽을 쓴 것이 달랐다. 조선시대 환도의 칼집에 상어 가죽을 감싼 것은 삼한시대 환두 대도의 전통을 계승한 것이었다. 중국의 요녕성 지역에서 시작된 비파형동검은 칼집을 나무 또는 청동으로 제작하고 금 등으로 화려하게 장식했다.

반면 삼한시대 환두 대도의 칼집은 상어 가죽으로 감쌌다. 그 이유는 무엇보다도 삼한 지역의 바다에 상어가 많기 때문이었다. 울산 반구대 암각화에는 상어를 위시한 바다 생물들이 조각되어 있다. 이는 선사시대부터 울산 지역 사람들이 상어를 관찰하고 어획하였음을 의미한다. 실제로 가야, 진한 지역의 패총이나 고분에서는 상어 이빨 또는 상어 척추 뼈가 다량 발굴된다. 이를 통해 삼한 지역 사람들이 선사시대부터 상어를 어획해 고기는 식용하고 이빨이나 뼈로는 장식품이나 도구를 제작했음을 추정할 수 있다. 오늘날 경북 지역에서 널리 애용되는 상어 고기 즉 돔배기 역시 그 결과라 할 수 있다. 그 과정에서 상어 가죽도 다양한 용도로 활용되다가 환두 대도의 칼집과 손잡이까지 감싸게 되었다고 이해할 수 있다. 그 전통이 고려시대를 거쳐 조선시대 환도의 칼집과 손잡이에까지 이어졌던 것이다.

조선시대 운검 칼집에 주홍색 칠을 한 이유는 주홍색이 군사 또는 전쟁을 상징하기 때문이었다. 조선시대 국방을 담당하던 병조는 하관(夏官)이라고도 불렸는데, 병조가 여름처럼 뜨거운 관청이기 때문이었다. 인간의 일 중에서 전쟁 또는 군사는 마치 여름처럼 뜨겁고 피처럼 격렬한 것이기에 군사를 담당하는 병조를 하관이라고 불렀던 것이다. 그러므로 운검의 칼집을 주홍색으로 한 이유는 칼집의 색을 통해 전쟁 본질을 드러내기 위함이라고 할 수 있다.

한편 패검의 칼집에 검은색 칠을 한 이유 역시 전쟁의 본질을 드러내기 위해서였다. 『손자병법』에서는 전쟁의 본질을 '속임수'라고 하였으며, 그 속임수는 '깊은 지혜'에서 나온다고 하였다. 조선시대 유교에서 속임수 또는 지혜를 상징하는 색은 바로 검은색이었다. 그러므로 패검의 칼집에 검은색을 칠한 이유는 장군이나 무사가 칼을 뽑기 전에 깊이깊이 생각하고, 한번 칼을 뽑았으면 확실하게 적을 소탕해야 한다는 뜻이라고 할 수 있다.

그 같은 사실을 잘 보여주는 조선시대 유물이 바로 '이순신장검'이다. 보물 326호인 '이순신장검'은 현재 아산 현충사에 소장되어 있다. 한 쌍으로 이루어진 이순신장검은 길이가 2미터에 가깝다. 환도 형식으로 제작된 이순신장검의 칼집은 상어 가죽으로 감싸졌으며 색은 검은색이다. 그 칼에는 이순신 장군이 직접 쓴 검명(劍銘)이 있어서 칼을 대하는 장군의 마음이 잘 드러나 있다.

첫 번째 칼의 검명은 '석자의 칼로 하늘에 맹세하니(三尺誓天)/ 산하의 색이 돌변한다(山河動色).'이다. 이 검명은 언제 칼을 뽑을지에 대한 장군의 맹세이다. 칼은 아무 때나 뽑는 것이 아니다. 외적이 쳐들어오거나 역적이 일어나 나라를 위기에 빠뜨릴 때 뽑는다. 그래서 칼을 뽑아야겠다고 결심하는 그 순간, 온 천하의 색깔은 핏빛으로 돌변한다. 두 번째 칼의 검명은 '한바탕 휘둘러 소탕하니(一揮掃蕩)/ 핏물이 산천을 물들인다(血染山河).'이다. 이 검명은 칼을 뽑은 후 어떻게 할지에 대한 장군의 맹세이다.

칼을 뽑았으면 적을 섬멸하는 것이 마땅하다. 외적도 사람이고 역적도 사람이지만 칼을 뽑은 이상 살려둘 수 없다. 천하의 끝이라도 쫓아가 죽여 소탕해야만 한다. 그래서 칼을 한번 뽑게 되면 온 천하를 피로 물들어야 한다. 이렇게 여름처럼 강렬하고, 피처럼 붉은 무사의 일편단심을 한 자루 칼에 담에 상어 가죽으로 감싼 검은색 칼집에 꽂았다가, 조국의 위기 앞에 분연히 뽑아내 적을 소탕하겠다는 맹세가 바로 이순신 장군의 마음이자 조선시대 무사의 마음이었던 것이다.

덧붙이는 글

상어는 연골어류(軟骨魚類) 악상어목에 속하는 물고기로서 전 세계의 외양(外洋)에 널리 분포한다. 몸길이는 콜롬비아의 바다에 사는 상어의 경우 16센티미터밖에 되지 않을 정도로 작으며, 가장 큰 상어인 고래상어는 최대 18미터까지 성장하는 등 종류에 따라 크기가 다양하다. 몸은 머리 · 몸통 · 꼬리 · 지느러미의 4부로 구분되고, 체형은 방추형(紡錘形, 원통형에 양끝이 원뿔 모양)이다. 일반적으로 지느러미가 발달되어 있으며, 등지느러미에 강한 가시를 가진 것도 있다.

5-6
곰솔, 조선의 해양문화를 떠받치다

곰솔은 바닷가 모래밭이나 산에서 자라는 소나무로 색이 검다. 그래서 '검은 소나무'라고도 하는데, 줄여서 '검솔' 또는 '곰솔'이라고도 한다. 바닷가에서 자라는 곰솔은 육지에서 자라는 소나무와 여러 면에서 대비된다. 먼저 육지에서 자라는 소나무는 붉은색이기에 적송(赤松)이라고 하지만 바닷가에서 자라는 곰솔은 검은색이기에 흑송(黑松)이라고 한다. 적송은 육지에서 자라므로 육송(陸松)이라고도 불리고, 곰솔은 바닷가에서 자라므로 해송(海松)이라고도 불린다. 붉은색의 육송은 여자 같은 느낌을 주기에 여송(女松)이라 하는 반면, 검은색의 해송은 남자 같은 느낌을 주기에 남송(男松)이라 한다.

바닷가의 곰솔이 검은색인 이유는 소금기 가득한 바닷바람 때문이다. 사시사철 불어오는 거친 바닷바람 속에 잔뜩 들어 있는 소금기를 온몸으로 맞으면서 곰솔의 줄기와 가지는 모두 시커먼 색이 된 것이다. 그런 면에서 곰솔은 바닷바람에 검게 그을린 바다

사람들의 또 다른 모습이라 할 수도 있다.

거친 바닷바람을 맞으며 자라는 곰솔은 단단하고 무겁다. 이런 곰솔의 특징이 조선시대 해양 정책과 딱 맞아떨어졌다. 명나라 해금(海禁) 정책의 영향을 받은 조선시대 해양 정책은 수세적, 방어적이었다. 조선은 대양을 넘어 적극적으로 활동하는 길을 포기하는 대신 연해 지역을 소극적으로 방어하는 데 치중했다. 그러다 보니 조선시대 해양활동을 상징하는 군함, 조운선을 비롯하여 상선, 어선 등도 모두 무겁고 느리다는 특징을 갖게 되었다. 조선시대에 그런 군함, 조운선, 상선, 어선을 만드는 데 가장 적합한 목재가 다름 아닌 곰솔이었다. 곰솔은 단단하고 무겁기에 곰솔로 배를 만들면 당연히 무겁고 느릴 수밖에 없다.

건국 직후부터 조선 정부는 군함, 조운선을 만들기 위한 곰솔을 안정적으로 확보하기 위해 송금(松禁) 정책을 시행했다. 말 그대로 소나무 벌목을 금지하는 정책이 송금정책이었다. 바닷가의 경우, 해안으로부터 30리 이내의 모래밭과 산 중에서 소나무가 잘 자라는 곳을 송전(松田) 또는 봉산(封山)이라는 명목으로 소나무 벌목을 금지했다. 해안으로부터 30리 이내의 모래밭이나 산에서 자라는 소나무가 바로 곰솔이었다. 따라서 조선시대 바닷가에서 시행된 송금정책은 결국 곰솔을 확보하기 위한 정책에 다름 아니었다.

조선시대 바닷가 송전이나 봉산의 곰솔을 불법으로 벌목하면 엄벌에 처해졌다. 예컨대 송전에 방화하면 사형이었다. 조선 후기의 경우, 바닷가 화전민들이 경작지를 개간하기 위해 송전을 불태우는 일이 잦았기에 이를 엄금하고자 사형까지 시켰던 것이다. 또한 다 자란 곰솔 10그루를 벌목하면 사형, 1그루부터 9그루까지는 귀양이었다. 어린 곰솔은 1그루만 벌목해도 곤장 60대의 엄벌에 처했다. 게다가 송전이나 봉산 안에 집을 지으면 곤장 100대에 유배 3천 리라는 중형에 처했다. 조선 후기, 땅 한 평 없는 바닷가 백성들이 살 곳을 찾아 송전이나 봉산에 들어가 무허가로 집을 짓고 사는 일이 많았기에 나타난 일이었다.

경상 좌수영성지 곰솔, 천연기념물 240호

그런데 조선시대 송전과 봉산은 주로 경상도와 전라도에 지정되었다. 경상도와 전라도에서는 섬도 많고 올록볼록한 해안선도 많을 뿐만 아니라, 일본을 비롯한 해양세력을 방어하기 위한 수군기지까지 밀집 배치되었기 때문이다. 조선 후기 송전의 경우 총 293곳이 지정되었는데, 그중 90%에 육박하는 264곳이 경상도에 있었다. 반면 봉산의 경우 총 282곳이 지정되었는데, 그중에 절반이 넘는 142곳이 전라도에 있었다. 이 때문에 경상도와 전라도의 바닷사람들은 크나큰 고통을 겪어야 했다.

순조 1년(1801)의 신유박해 때, 정약전과 정약용 형제는 천주교 신자라는 죄목으로 각각 흑산도와 강진에 유배되었다. 그들이 보고 들은 흑산도와 강진 어민들은 양반들에게 수탈당하고, 농민들에게도 무시되는 가엾기 짝이 없는 처지였다. 그럼에도 정부에서는 어민들을 보호하지 않고 방치할 뿐이었다. 심지어 정부에서도 송금 정책을 이용해 어민들을 억압하는 데 앞장서는 상황이었다.

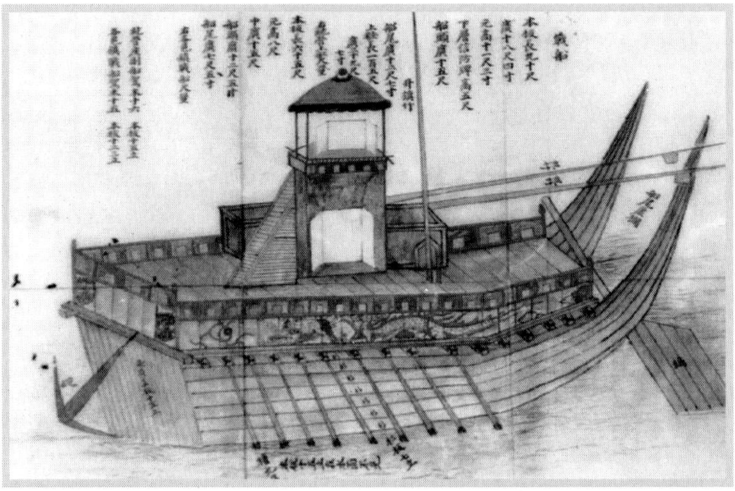

조선의 곰솔로 만든 막강한 전함, 판옥선. 임진왜란 때 혁혁한 전공을 세운 군함이다.

이런 현실을 타개하고자 정약전은 순조 4년(1804)에 '송정사의(松政私議)'라는 글을 지어 송금 폐지를 주장하기까지 했다.

강진 다산초당에서 유배생활 하던 정약용이 보고 들은 송금의 폐단 역시 참혹했다. 그것을 정약용은 '승발송행(僧拔松行, 스님이 어린 소나무를 뽑네)'라는 시에서 이렇게 묘사하고 있다. 다산초당 뒤편의 작은 봉우리를 넘으면 백련사(白蓮寺)라는 오래된 절이 있고 그곳에서 혜장선사가 수행했다. 다산초당이나 백련사 모두 만덕산에 자리했고, 만덕산 아래로는 강진만 바닷물이 접해 있으며, 소나무가 무성했다. 그래서 만덕산은 봉산으로 지정되었다. 다산은 유배생활 중 혜장선사를 만나기 위해 백련사에 다녀오곤 했다. 어느 날인가, 다산이 백련사로 가는 길에 보니, 웬 스님이 산을 돌아다니며 어린 소나무를 뽑고 있었다. 다산이 불러 이유를 물었다. 스님은 울며 말하기를 '작년에 전라좌수영의 소교(小校)가 절에 와서 태풍에 부러진 소나무 가지를 증거로 송금을 어겼다고 협박해 돈을 뜯어 가더니, 올해는 또 군함을 만든다고 소나무를 베어 갔지만 정작 군함은 하나도 만들지 않았으니, 소나무가 큰 화근(禍根)이라 여겨 어린 소나무를 미리 뽑습니다.'라고 대답했다. 다산은 형 정약전처럼 송금 폐지를 주장하지는 않았지만, 바닷사람들을 위해 송금을 크게 변통해야 한다고 주장했다.

조선시대 바닷가에서 시행된 송금 정책이 어민들을 괴롭게 만든 이유는 곰솔을 놓고 어민과 정부가 경쟁관계를 형성했기 때문이다. 정부는 군함과 조운선을 만들기 위한 곰솔을 확보하고자 부득이 송금 정책을 시행했다. 그런데 곰솔은 군함과 조운선을 위해서만 필요한 것이 아니었다. 경상도와 남해안을 따라 빽빽하게 늘어신 수군기지를 건설하는 데도 곰솔이 필요했고, 수군기지에 몰려 사는 군 가족들의 가옥을 짓기 위해서도 곰솔이 필요했다. 심지어 수군기지를 운영할 자금을 확보하기 위해서도 곰솔이 필요했다. 조선시대 수군 지휘관들은 운영자금을 확보하기 위해 소금을 만들어 파는 일이 많았다. 그런데 조선시대 경상도와 전라도 바닷가에서는 가마에 바닷물을 넣고 나무를 때서 소금을 만들었다. 그런 소금을 자염(煮鹽)이라고 했는데, 자염을 만들 때 최고의 나무는 단연 곰솔이었다. 송진을 품은 곰솔이 다른 나무에 비해 화력이 월등히 좋았기 때문이다. 이처럼 곰솔이 다양한 방면에서 필요하다 보니 정부에서는 강력한 송금 정책을 통해 곰솔을 확보하고자 했던 것이다. 결국 조선시대 국가 차원의 해양활동을 대표하는 군함, 조운선, 수군기지, 수군활동 등은 곰솔을 바탕으로 구현되었다고 할 수 있다.

그런데 조선시대 어민들 역시 살아가기 위해서는 곰솔이 꼭 필요했다. 어선, 상선을 비롯하여 어민들이 살아야 할 집 그리고 죽어서 들어가는 관까지도 다 곰솔로 만들었기 때문이다. 그뿐이 아니었다. 어민들 역시 곰솔을 때서 자염을 만들었다. 그렇게 민간 차원의 해양활동을 대표하는 어선, 상선, 어촌, 소금생산 등등이 곰솔을 바탕으로 구현되었던 것이다. 이처럼 조선시대를 대표하는 해양활동은 국가 차원이든 아니면 민간 차원이든 공히 곰솔을 바탕으로 구현되었다는 특징을 갖고 있다. 그런 면에서 조선의 해양문화를 떠받친 것은 바로 곰솔이었다고 해도 과언이 아니다.

덧붙이는 글

다산초당은 전라남도 강진군 도암면 만덕리에 있는 조선 후기의 주택으로 정면 5칸, 측면 2칸이다. 조선 후기의 대표적 사상가인 정약용(丁若鏞)이 1801년(순조 1) 신유사옥에 연루되어 강진으로 귀양와 이곳에서 유배생활을 하던 중, 1808년에 윤규로(尹奎魯)의 산정이던 이 초당으로 처소를 옮겨 1818년 귀양에서 풀릴 때까지 10여 년간 생활했다. 정약용은 그곳에서 『목민심서』 등을 저술하고 실학을 집대성함으로써 실학사상의 산실로 널리 알려지게 되었다.

5-7
매향비(埋香碑), 바닷가 사람들의 천년 소원을 기록하다

우리 조상들은 대략 반만년 전부터 만주와 한반도에 정착해 국가를 형성하기 시작했다. 그렇다면 만주와 한반도에 정착하기 이전, 우리 조상들은 어느 곳에서 살다가 만주와 한반도로 오게 되었을까? 현재까지의 연구결과에 따르면, 우리 조상들은 저 멀리 시베리아의 바이칼호 주변 또는 대흥안령 북쪽 지역에서 살다가 따뜻한 곳을 찾아 남하하면서 요서, 요동, 만주, 한반도 등지로 이동해 정착했다고 한다.

남하하기 이전 우리 조상들의 주 생업은 당연히 목축 또는 수렵, 어로, 채집이었다. 바이칼호 주변이나 대흥안령 북쪽 지역은 농업을 주 생업으로 삼기에는 너무나 추웠기 때문이다. 따라서 남하하기 이전 우리 조상들은 목축 또는 수렵, 어로, 채집을 주 생업으로 삼았으며 주류 종교는 당연하게도 시베리아의 샤머니즘이었다.

샤머니즘에서는 우주가 천상계(天上界), 중간계(中間界), 지하계

(地下界)의 세 부분으로 구성된다고 생각한다. 그중에서도 천상계가 제일 좋은 곳으로 상상되었다. 천상계에 사는 천신(天神)은 고통도 없고 죽음도 없이 신통력을 발휘한다고 믿었다. 그래서 중간계에 사는 인간들의 최대 꿈이자 소망은 천상계 천신들의 축복을 받거나, 아니면 인간 스스로 천상계에 태어나는 것이었다. 그런 샤머니즘적 소망이 신라 때에 선도(仙道) 또는 풍류도(風流道)라는 신앙으로 표현되었다.

보물 제614호 사천 매향비(왼쪽). 경남 사천시 곤양면 흥사리에 있다. 제주도에 있는 복신미륵(福神彌勒)(오른쪽).

삼국시대에 불교를 수용하면서 우리 조상들의 주류 신앙은 기왕의 샤머니즘에서 새로이 불교로 바뀌었다. 그런데 불교는 세계관이나 내세관에서 샤머니즘과 통하는 부분이 적지 않았다. 예컨대 불교는 중생들이 업에 따라 천(天), 아수라(阿修羅), 인(人), 축생(畜生), 아귀(餓鬼), 지옥(地獄)의 육도(道)를 윤회한다고 하는데, 천은 샤머니즘의 천상계에 해당하고, 인과 축생은 중간계에 해당하며, 아수라와 아귀 그리고 지옥은 지하계에 해당한다. 따라서 불교의 세계관은 샤머니즘의 세계관과 별로 충돌하지 않는다고 할 수 있다. 뿐만 아니라 불교 이론상 최고의 소망은 육도에서 벗어나 해탈하는 것이라고 하지만, 실제 사람들은 해탈이 아니라 천에 태어나기를 소망하였다는 점에서 샤머니즘의 소망과 크게 다를 것이 없었다. 그 같은 사실을 가장 잘 보여주는 것이 과거 천 년간 바닷가에서 성행했던 매향(埋香) 풍습이었다.

매향은 말 그대로 향목(香木)을 바닷가 개펄에 파묻는 풍습이었다. 매향에는 향나무를 위시하여 소나무, 참나무, 상수리나무 등 바닷가에 흔한 나무를 사용하였다. 매향을 한 후에는 기념비를 세웠는데 그 비석이 바로 매향비(埋香碑)였다. 현재 매향비는 20여 개가 알려졌는데, 멀리 신라 때부터 가까이 조선시대 때 세워졌다. 매향 장소는 서해안과 남해안 등의 바닷가이다. 즉 과거 천 년간 바닷가 사람들이 매향을 하고 매향비를 세웠던 것이다. 그 같은 매향 풍습은 중국이나 일본에는 없고 오직 한국의 바닷가에서만 나타났던 특별한 풍습이었다.

그런데 현재 알려진 매향비 20여 개는 대부분 고려 말, 조선 초에 세워졌다. 예컨대 보물 614호로 지정된 경남 사천 매향비는 우왕 13년(1387) 8월에 세워졌다. 사천 바닷가 사람들이 주축이 되어 세운 이 매향비에는 매향 시기, 매향 장소, 매향 목적 등이 자세히 기록되어 있다. 예컨대 매향 목적은 청정법(清淨法), 무생인(无生忍), 불퇴지(不退地)를 얻고, 먼 훗날 미륵이 하생할 때 바닷가에 파묻었던 침향(沈香)을 가지고 미륵님을 만나 도솔천으로 가기 위함이었다. 즉 매향의 최종 목표는 도솔천에 태어나기 위함이었던 것이다.

도솔천은 불교의 천(天) 중에서 즐거움과 기쁨이 넘치는 곳. 즉 극락 중의 극락이었다. 그래서 불교가 수용되던 삼국시대에 우리 조상들이 가장 가고 싶어 했던 천이 바로 도솔천이었다. 그 도솔천의 통치자가 바로 미륵이었다. 따라서 도솔천에 가기 위해서는 우선 미륵을 만나야 했고, 미륵을 만날 때 최고의 예물이 바로 침향(沈香)이었다. 바로 이 같은 맥락에서 바닷가 사람들이 개펄에다 매향을 했던 것이다.

후삼국시대를 전후로 한국의 주류 불교는 기왕의 교종(敎宗)에서 새로이 선종(禪宗)으로 바뀌었다. 공(空)을 최고의 가치로 여기는 선종은 미륵이나 도솔천을 헛된 꿈으로 치부한다. 그래서 고려시대가 되면 왕실이나 상류층에서는 미륵이나 도솔천을 잘 믿지 않았다. 반면 바닷가 사람들은 여전히 미륵과 도솔천을 믿고 소망했다. 나아가 조선시대가 되면 왕실과 양반들이 성리학을 신봉하면서 불교 자체를 탄압하게 되었지만, 그때에도 바닷가 사람들은 여전히 미륵과 도솔천을 소망하며 매향을 했다. 이유는 간단했다. 조선시대 유교와 양반들이 바닷가 사람들에게 꿈과 소망을 제시하지 못했기 때문이다. 뿐만 아니라 생활과 안전도 보장하지 못했다.

저 멀리 북방 시베리아에서 목축과 수렵, 어로, 채집을 하며 살던 우리 조상들이 요서, 요동, 만주, 한반도로 이주해 정착하자 당연하게도 주 생업은 농업으로 바뀌었다. 농업이 주력 생업이 되면서 나머지 생산 활동은 평가절하되었다. 대표적인 것이 어업과 상공업이었다. 특히 바닷가 어업은 시간이 가면서 더더욱 평가절하되었다. 그것은 육지 중심의 세계관인 성리학이 만연했던 조선시

미륵을 그린 고려 시대의 불화

대에 더더욱 그랬다. 조선 양반들은 '농자천하지대본(農者天下之大本)'이라 하며 농업을 국가 산업의 근간으로 인정하였지만, 어업에 대하여는 언급 자체가 없었다. 언급 자체가 없었다는 것은 정책배려가 전혀 없었다는 뜻이나 같다. 게다가 고려 말과 조선 초에는 왜구와 홍건적이 창궐하기까지 했다.

왜구가 창궐하면서 가장 먼저 생존위협을 당한 사람들은 물론 바닷가 사람들이었다. 하지만 국가권력은 바닷가 사람들의 생존에 대하여 별 신경을 쓰지 않았다. 우선 자신들부터 살고자 했고, 여력이 생기면 농민들을 보호하고자 했지만, 바닷가 어민들에 대하여는 상대적으로 소홀하였다. 이런 상황에서 바닷가 사람들은 자신들의 생존을 확보하기 위해 갖가지 노력을 기울였다. 그중의 하나가 바로 매향이었다.

예컨대 우왕 13년(1387) 8월에 세워진 사천 매향비에는 '무상묘과(无上妙果)를 얻기 위해서는 반드시 실천과 소원이 함께해야 한다. 실천은 있지만 소원이 없다면 그 실천은 외롭게 되고, 소원은 있지만 실천이 없다면 그 소원은 헛되게 된다. 소원이 없다면 결과가 없고, 실천이 없다면 복이 없다.'고 하였다.

이런 구절로 본다면 사천 매향비의 핵심 용어는 소원이고, 그 소원은 복이다. 복에는 이 땅의 복도 있을 것이고, 저 하늘의 복도 있을 것이다. 그중에서 이 땅을 살아가는 사람들의 첫 번째 소원은 당연히 이 땅에서 안전하고 행복하게 사는 것일 테지만, 그것이 불가능하기에 저 도솔천을 소원하게 되었던 것이다. 만약 그들이 이 땅에서도 안전하고 행복하게 살 수 있다는 확신이 있었다면 미륵에게 기도하고 간구하는 것이 아니라, 이 땅의 권력자들에게 기도하고 간구했을 것이다. 하지만 그들은 이 땅의 권력자들에게 기도하고 간구해봐야 아무 소용없다는 것을 알았기에, 미륵에게 기도하고 간구했던 것이다. 그런 일이 어찌 사천 바닷가에서만 있었으랴? 모르기는 몰라도 한반도의 바닷가 곳곳마다 그랬을 것임을 미루어 알 수 있다. 그런 의미에서 과거 천 년간 바닷가에서 성행한 매향 풍습은 이 땅의 꿈을 빼앗긴 바닷사람들의 꿈을 향한 함성이라 할 만하다.

덧붙이는 글

샤머니즘은 초자연적인 존재와 직접적으로 소통하는 샤먼을 중심으로 하는 주술이나 종교이다. 엑스터시[忘我·脫我·恍惚]와 같은 이상심리 상태에서 초자연적 존재와 직접 접촉·교섭하여, 이 과정 중에 점복(占卜)·예언·치병(治病)·제의(祭儀)·사령(死靈)의 인도(引導) 등을 행하는 주술·종교적 직능자인 샤먼을 중심으로 하는 종교현상을 말한다. 북아시아의 샤머니즘이 가장 고전적·전형적인 것으로 알려져 있으나 지역에 따라 여러 샤머니즘의 형태가 있으며, 다른 종교현상과 복합되어 있는 경우도 적지 않다.

5-8
서해, 조선의 정치어업(定置漁業)을 꽃피우다

조선시대 동북아의 해양교류는 해류와 바람에 의해 촉진되었다. 동북아의 해양을 흐르는 해류에는 적도 부근에서 올라오는 난류와 사할린에서 내려오는 한류가 있다. 한반도의 경우, 여름철이 되면 계절풍과 함께 난류인 흑조(黑潮)가 올라온다. 여름철에 계절풍과 난류를 타면 오키나와 열도에서 한반도 서해까지 손쉽게 올 수 있다. 이 여름철의 계절풍과 난류를 타고 수많은 이방인들이 조선 땅에 들어왔다. 조선 태조 때에는 오키나와의 망명 국왕 온사도(溫沙道)가 진주 지역에 도착하였으며, 조선 효종 때에는 네덜란드의 하멜이 제주도 지역에 표류하기도 했다. 여름철의 계절풍과 난류를 타고 오는 것은 사람만이 아니었다. 사실 여름철의 계절풍과 난류를 타고 서해로 들어오는 주인공은 다름 아닌 난류성 물고기였다.

서해로 들어오는 대표적인 난류성 물고기는 조기이다. 동중국해에서 겨울을 보낸 조기는 봄철이 되면 산란을 위해 난류를 타고 서해로 올라온다. 춘삼월쯤 전라도 앞바다에 도착한 조기는 서해를 거슬러 올라가며 산란을 한다. 그렇게 조기가 지나는 서해의 길목 길목에는 조기 어장이 형성되었다. 그중에서도 전라도 법성포와 황해도 연평도 등이 유명한 조기 어장이었다. 예컨대 조선 고종 대의 인물인 오횡묵은 『지도군 총쇄록』에서 봄철 법성포의 조기 어장 모습을 이렇게 묘사하였다.

> 법성포의 서쪽 바다는 배를 댈 곳이 없다. 이곳에 있는 칠뫼라는 작은 섬들이 위도에서부터 나주까지의 경계가 되는데, 이를 통칭하여 칠산 바다라고 한다. 서쪽 바다는 망망대해이다. 해마다 고기가 많이 잡히므로 팔도에서 수천 척의 배들이 이곳에 모여들어 고기를 사고파는데, 오고 가는 거래액이 가히 수십만 냥에 이른다. 이때 가장 많이 잡히는 물고기는 조기로서 팔도 사람들이 모두 먹을 수 있을 정도로 어획량이 많다. 지도군의 칠산도에서는 매년 봄에 조기 어장이 형성된다. 본래 칠산 어장은 바다 폭이 백여 리나 되어 팔도의 어선들이 몰려든다. 그물을 치고 고기를 잡는 배가 근 백여 척이 되며, 상선 또한 왕래하여 그 수가 거의 수천 척에 이른다.

겨우내 먹을 것이 부족했던 조선시대 사람들에게 조기는 서해가 주는 크나큰 선물이었다. 그래서 조선시대 사람들은 봄철 춘궁기에 서해에서 잡은 조기로 부족한 영양을 채웠다. 조기를 소금에 절여 말린 것이 굴비였다. 조기는 한문으로 조기(助氣)라고 쓰는데, 말 그대로 춘궁기의 부족한 기운을 도와주거나 여름철 입맛 없는 사람들의 밥맛을 돋아 주는 물고기였다. 조선시대 서해의 봄과 여름은 조기를 잡기 위한 어선 그리고 조기를 매매하기 위한 상선들로 아연 활기를 띠곤 했다.

조선시대 서해에서 잡힌 조기는 가난한 서민들의 부족한 기운을 북돋아주는 물고기였을 뿐만 아니라 궁중의 수라상에도 오르는 귀중한 물고기였다. 춘삼월에는 전라도 법성포 등에서 잡힌 조기가 궁중에 진상되었다. 4월에는 황해도의 연평도 등에서 잡힌 조기가 궁중의 수라상에 올랐다. 이렇게 우리의 조상들이 귀천할 것 없이 즐겨 먹던 물고기가 바로 조기였다.

김홍도필 풍속도화첩 / 어살

여름철의 난류와 마찬가지로 겨울철의 한류 역시 서해에 풍성한 선물을 안겨주었다. 겨울철에 사할린에서 내려오는 한류는 대한해협을 지나면서 한 가닥이 서해로 거슬러 올라간다. 그 한류를 따라 다양한 한류성 물고기들이 서해로 찾아온다. 대표적인 어종이 청어이다. 청어는 한류를 따라 서해로 오기 때문에 동해나 남해보다는 서해에서 잡히는 청어가 훨씬 좋다고 한다. 이유는 서해를 거슬러 올라오면서 살이 찌기 때문이다. 조선시대의 기록에 의하면, 청어는 동지 전에 경상도 동해 쪽에 등장하여 남해를 지나 음력 3월에 황해도에 나타나는데, 황해도의 청어가 남해의 청어보다 곱절이나 크다고 한다. 실제로 조선시대에 가장 유명한 청어 어장은 백령도 어장이었다. 음력 2월쯤에 백령도, 대청도, 소청도 부근 바다에서 잡힌 청어는 생물 상태로 궁중에 진상되어 수라상에 올랐다. 조기가 춘궁기의 부족한 기운을 돕거나 여름철의 밥맛을 돋아주는 역할을 했다면, 청어는 겨울철 서민들의 먹거리로 이용되었다. 특히 조선시대에는 청어를 비유어(肥儒魚)라고도 하였는데, 값이 싸고 맛이 있어 가난한 선비들이 즐겨 먹었기에 이런 이름이 붙었다고 한다.

역사적으로 볼 때, 청어는 우리나라뿐만 아니라 중국과의 관계에서도 중요한 역할을 했다. 한반도의 서해를 거슬러 올라온 한류는 평안도 앞바다를 지나 요동반도와 산동 반도 쪽으로 흐른다. 청어가 그 한류를 따라 갔으므로 요동반도와 산동반도 부근에서도 청어가 잡혔다. 청어는 우리나라뿐만 아니라 중국에서도 서민대중들의 사랑을 받는 물고기였다.

그런데 한류성 물고기인 청어는 서해에서 풍어와 흉어가 뚜렷하였다. 서해에서 한류의 활동이 왕성할 때는 청어 역시 많이 잡혔지만 그렇지 않을 때는 잘 잡히지 않았던 것이다. 서해에서 한류의 활동이 약해지면 당장 요동반도와 산동반도 쪽에서 청어가 잡히지 않았다. 그렇게 되면 중국에서 청어 값이 치솟게 마련이고, 그에 비례하여 중국 어부들이 백령도, 대청도, 소청도 어장으로 몰려들었다. 김문기 교수의 「19세기 조선과 청의 어업분쟁」(『19세기 동북아 4개국의 도서분쟁과 해양경계』, 2008)이라는 논문에 의하면 19세기 중반을 전후하여 중국 바다에서 청어가 사라졌다고 한다. 그래서 겨울철에 중국 어부들이 대거 서해로 몰려들어 청어를 잡아갔다고 하는데, 중국 선단의 규모가 어마어마하여 조선 정부에서 감당하기 어려울 정도였다고 한다. 실제로 19세기 우리나라의 기록에는, '중국 어선들이 천 척 또는 백 척 단위로 무리를 이루어 바다를 덮고 와서 정월부터 바다 한가운데 머문다.'는 내용이 있다. 조선정부에서는 불법 어로를 자행하는 중국 어부들을 자력으로 제압하지 못하여 중국정부에 단속을 요청하곤 했지만 별무효과였다. 중국 정부는 조선 측의 입장보다는 자국의 어민들을 우선시했기 때문이었다.

조선시대 서해는 동해 그리고 남해와는 달리 갯벌이 드넓게 발달하였다. 그래서 조선시대에 서해에서는 연안어업과 함께 소금산업이 발달하였다. 조선시대 서해에서는 어살로 대표되는 정치어업(定置漁業)이 발달했는데, 어살의 발달은 그 무엇보다도 드넓은 갯벌 덕분이었다. 조선시대 소금은 지금과 달리 자염(煮鹽)이었다. 바닷물을 갯벌에 가두어 말려 짠물을 만든 다음, 이 짠물을 가마에 넣어 끓여 만든 소금이 자염이었다. 서해, 남해, 동해에서 모두 자염이 이루어졌지만 역시 중심은 갯벌이 발달한 서해였다. 조선시대 서해는 조기와 청어 그리고 정치어업으로 대표되는 전통수산업의 중심지이자 자염으로 대표되는 제염업의 중심지였다. 계절풍과 해류를 따라 물고기를 쫓는 어부들의 거친 숨소리, 어부들에게서 한 푼이라도 싸게 물고기를 사려는 상인들의 흥정소리, 갯가의 소금가마에서 올라가는 자욱한 연기, 포구의 어시장에서 펄떡이는 물고기들, 어촌 사람들의 분주한 발걸음 등등이 전통시대 서해의 평화로운 풍경을 수놓았다.

덧붙이는 글

정치어업이란 정치어구(定置漁具)를 이용한 어업이란 뜻이다. 정치어구는 어구의 이동성에 따른 분류 중 옮기기 힘든 어구를 지칭하는데, 일반적으로 옮기지 힘든 어구를 고정어구라 하며 그중에서도 어획과정이 완료될 때마다 고정된 위치를 비교적 쉽게 옮길 수 있는 것과 없는 것이 있는데, 후자를 특히 정치어구(定置漁具)라 한다. 조선시대 서해의 어살은 일정한 수면에 설치하고 하는 정치어업의 상징이었다.

06
청어의 세계사

6-1
올라우스의 회상: 청어, 중세 한자동맹을 이끌다

북국에 몰아닥친 바람은 매서웠다. 독일에서 시작된 종교개혁의 소용돌이가 북유럽에 몰아치자 올라우스 마그누스(Olaus Magnus)는 스웨덴의 대주교였던 형과 함께 이탈리아로 망명해야 했다. 그의 형 요하네스가 사망했을 때(1544년), 형의 뒤를 이어 스웨덴의 대주교로 임명되었지만 끝내 고국으로 돌아가지 못할 운명이었다.

비록 추방당한 몸이었지만, 고국을 향한 올라우스의 애정은 남달랐다. 이탈리아에서 망명생활을 하던 내내, 그는 기억을 더듬어 북유럽에 대한 저술에 혼신의 힘을 기울였다. 그 첫 성과가 1539년 베니스에서 인쇄된 「카르타 마리나(Carta Marina)」, 말 그대로 스칸디나비아의 '해도(海圖)'였다. 이것은 스칸디나비아를 정확하게 묘사한 최초의 지도로 유명하다. 당시 유럽에서 "가장 크고, 가장 정확하며, 가장 상세한 스칸디나비아 지도"라고 일컬어지고 있듯이, 그림에는 스칸디나비아에 산재하는 다양한 인종과 동물, 그리고 그 생활상이 실감 나게 묘사되어 있다. 그것도 잠시, 먼바다로 눈을 돌리면 상황은 달라진다.

'해도'라는 제목처럼, 이 지도의 제일 큰 매력은 바다에 있다. 노르웨이 서쪽의 바다는 기기괴괴한 '괴물'들로 가득 차 있다. 선박을 공격하는 거대한 뱀, 인간을 잡아먹는 거대한 바닷가재, 대항해시대 이후까지 두려움의 대명사였던 크라켄 등 헤아릴 수 없는 바다괴물들이 등장한다. 그중에서 가장 많이 등장하는 것이 물을 뿜으며 배를 위협하거나 공격하는 괴물이다. 이 괴물이 무엇인지는 쉬이 짐작하리라. 바로 고래(whale)이다. 올라우스가 묘사한 바다괴물은 대부분 고래, 바다코끼리, 대왕오징어 등 실제 해양생물을 모델로 한 것이다. 바다에 대한 두려움, 정보의 부정확함은 해양생물을 과장하고 변형시켜 거대한 괴물로 만들었다. 르네상스가 도래했음에도 여전했던 중세적인 상상력을 이 한 장의 지도는 보여준다.

머나먼 고향, 북유럽에 대한 올라우스의 열정은 멈추지 않았다. 그로부터 16년이 지난 1555년, 필생의 역작 『북방민족의 역사(Historia de Gentibus Septentrionalibus)』가 로마에서 출간되었다. 전체 22장, 8백여 페이지의 방대한 분량을 자랑하는 이 책은 스칸디나비아의 자연, 종교, 민속, 산업, 전쟁, 동물 등에 대한 정보를 망라하고 있다. 올라우스는 각 장에서 「카르타 마리나」에 묘사된 그림을 설명하는 데에 심혈을 기울였다. 그런 면에서 『북방민족의 역사』는 「카르타 마리나」에 대한 상세한 주석서이자, 방대한 해설서의 성격을 띠고 있다.

『북방민족의 역사』의 마지막 여섯 장은 스칸디나비아의 가축, 짐승, 새, 물고기, 벌레 등의 동물을 실었다. 21장은 '괴물 물고기'을 다루었는데, 「카르타 마리나」에서 보았던 '바다괴물'의 모습을

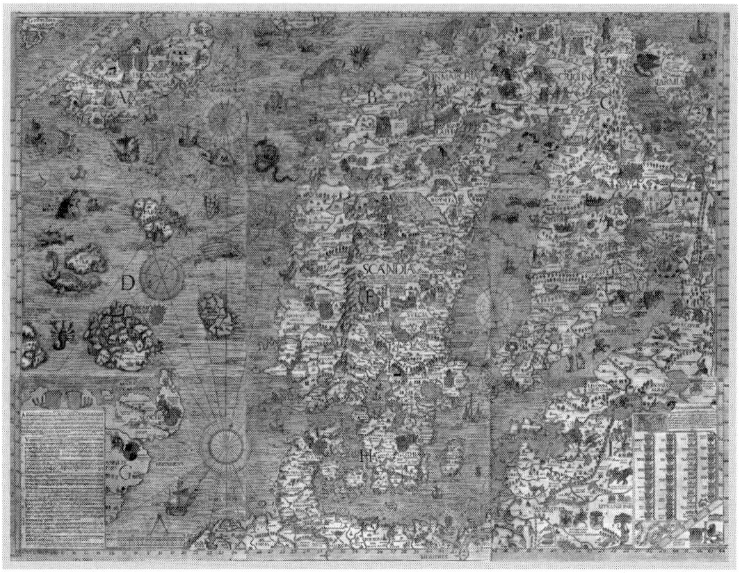

1539년 스웨덴의 올라우스 마그누스가 펴낸 「카르타 마리나(Carta Marina)」. 스칸디나비아 일대를 정확히 그린 해도(海圖)로 유명하다.

해설과 함께 확인할 수 있다. 20장은 스칸디나비아의 '물고기' 어업을 다루고 있다. 이 둘의 비교는 흥미롭다. 「카르타 마리나」를 살펴보면, 바다괴물은 모두 노르웨이의 서쪽 바다에만 출몰하지, 발트해에는 존재하지 않는다. '미지(未知)'와 '기지(旣知)'의 차이가 괴물의 존재를 규정한 것이다.

올라우스는 발트해에서 가장 중요한 어떤 물고기의 어로 모습을 재밌게 표사했다. 그림을 보면, 네 무더기의 물고기 떼가 있다. 무엇을 말하려는 것일까? 먼저 상단에 있는 무더기는 물고기가 너무 몰려들어 해안가에 '그냥' 널브러져 있는 것이다. 가운데 뜰채 그림은, 물고기가 너무 많이 몰려드니 굳이 먼 바다로 나갈 필요 없이, 해변에서 뜰채로 뜨기만 하면 된다는 것이다. 하단 왼편은 이렇게 잡은 물고기를 가지런히 정리한 모습이다. 그렇다면, 물고기 떼 위의 미늘창은 무엇을 의미할까?

발트해에서 이렇게 묘사될 수 있는 물고기는 오직 하나, 오늘날에도 기네스북에 바다에서 제일 많이 나는 물고기로 등재되었던 물고기, 바로 청어(herring)였다. 북해에서 발트해로 들어가는 입구인 준트 해협은 청어가 산란을 위해 회유하는 길목으로, 스칸디나비아반도 최남단의 스코네(Skåne) 지방과 그 맞은편의 뤼겐(Rügen) 섬이 어장의 중심지였다. 올라우스는 바로 이 스코네 지방에서 행해졌던 청어어업을 그림으로 남겼던 것이다.

매년 9월에서 10월이면 준트 해협에 엄청나게 몰려드는 청어의 경제적 가치에 눈독을 들인 것은 독일북부의 상업도시 뤼베크(Lübeck)였다. 기름기가 많은 청어는 쉬이 부패했으므로 저장을 위한 소금이 필요했다. 발트해는 염도가 낮아 소금을 만드는 것이 어려웠다. 뤼베크는 이 점에 주목했다. 다행히 뤼베크의 남서쪽에는 암염 산지인 뤼네부르크(Luneburg)가 있었다. 뤼베크는 뤼네부르

올라우스 마그누스가 1555년 펴낸 유명한 책 『북방민족의 역사』에 나온 준트 해협 청어어업

크에서 확보한 소금을 공급함으로써 청어교역에서 유리한 입지를 다졌다. 어로에는 직접 관여하지 않았지만, 가공부터 유통, 그리고 염장용의 소금의 공급을 독점하면서 뤼베크는 엄청난 부를 쌓았다.

중세 유럽의 경제를 지배했던 한자동맹(Hanseatic League)은 발트해와 북해가 연결되는 뤼베크와 함부르크가 1241년에 맺은 상업동맹이 발단이 되었다. 독일북부와 발트해의 상업도시들이 가입함으로써 전성기에는 2백여 개에 이르렀다. 한자동맹은 유럽을 넘어 아시아로 연결되는 강력한 상업네트워크를 형성했다. 이런 한자동맹을 지탱했던 것이 발트해에서 풍부하게 나는 청어였다. 당시 스코네와 뤼겐섬을 지배하고 있던 덴마크는 한자동맹의 청어교역 독점을 견제하여 여러 차례 압력을 가해왔다. 그렇지만 한자동맹은 굴복하지 않았다. 1370년 슈트랄준트 협약을 맺으면서 청어교역에 대한 독점권을 끝내 지켜냈다. 한자도시라는 개미군단이 국가라는 코끼리에 마침내 승리를 거둔 것이다. 이로써 화려한 한자동맹의 시대가 전개되었다.

이제 남겨놓았던 질문으로 돌아가자. 대답은 올라우스가 직접 할 것이다. "청어는 풍부하게 공급되기 때문에 매우 싸게 살 수 있다. 그것들은 엄청나게 몰려들어 바닷가에 스스로를 바치는데, 어부들의 그물을 찢어놓을 정도일 뿐만 아니라, 그것들이 떼로 몰려들 때는 도끼나 미늘창을 그 한가운데 꽂으면 꼿꼿하게 서 있을 정도이다." 청어가 얼마나 많은지 막대기를 꽂아도 자빠지지 않는다는 것이다. 한자동맹의 중심지로서 번영을 구가했던 뤼베크는 '한자동맹의 여왕', '영광 중의 영광'으로 불리었다. 뤼베크를 '한자동맹의 여왕'이자, '영광 중의 영광'으로 인도했던 것은 청어라는 이 작은 물고기였다.

지상의 모든 것이 그러하듯, 영광의 순간은 어느샌가 연기처럼 사라져버린다. 올라우스가 아스라한 북국의 기억을 되살리고 있을 때 발트해를 가득 메웠던 청어는 이미 사라져갔다. 한자동맹의 영광도 종말을 맞이했다. 이제 청어가 이동해갔던 북해의 국가, 네덜란드와 영국이 그 영광을 맞이할 준비를 하고 있었다.

올라우스가 그린 '물을 뿜어대는 괴물'의 이미지는 당대의 지리학자 세바스찬 뮌스터, 동물학자 콘라드 게스너 등에게 영향을 주었고, 대항해시대 바다를 건너 중국을 거쳐 조선에도 전해졌다. 올라우스가 묘사했던 청어잡이의 모습이 바로 이 땅에서도 펼쳐졌었다는 사실을 우리는 기억하고 있을까? 하나의 물고기는 서로 다른 두 세계를 이어주고 있다.

덧붙이는 글

올라우스 마그누스의 「카르타 마리나」에 등장하는 괴물의 이미지들은 콘라드 게스너와 같은 유럽의 동물학자들에게 큰 영향을 끼쳤다. 특히 물을 뿜으며 선박을 위협하는 괴물은 명말청초 중국에 왔던 예수회 선교사 마테오 리치의 「만국곤여전도」(1602)와 페르비스트의 『곤여도설』(1672)을 통해 동아시아에도 전해졌다. '파륵아(把勒亞)'로 불린 이 괴물은 「카르타 마리나」의 이미지가 변형된 것이다. 이규경 또한 이 괴물을 보았지만, 그것이 고래라는 사실은 끝내 알지 못했다.

6-2
문경새재를 넘은 물고기: 조선 선비, 청어장사를 하다

음력 십일월, '태백'을 넘어 '소백'의 관문 문경새재로 몰아치는 겨울바람은 맵찼다. 지게꾼들은 연신 얼어붙은 손을 비비며 다급하게 길을 재촉했다. 그들의 등짐에는 괴산으로 가서 팔 물건들이 재여 있었다. 매서운 겨울바람과 함께 우리바다에 몰려든 물고기, 바로 청어였다. 소금에 재이고 몸은 얼어붙었지만, 바다를 향한 그리움이 가시지 않은 눈동자 속으로 조선 제일의 관문 문경새재가 잠시 머물렀으리라.

노비들을 시켜 동해와 남해에서 나는 청어를 새재 너머 괴산으로 판매했던 사람은 성주에 유배 와 있던 어떤 선비였다. 조광조의 문하로 기묘사화에 스승이 죽임을 당하자, 다른 문인들이 해를 당할 것을 염려하여 조상을 하지 않을 때 당당하게 상례를 다했던 선비, 이문건(1494~1567)이 그 주인공이다. '묵재(默齋)'라는 호로 잘 알려진 그의 삶은 사화와 유배로 점철되었다. 기묘사화 끝에 중종 16년(1521) 낙안으로 유배되었던 그는 중종 28년(1527) 복

'소백'의 관문 문경새재

권되어 순탄한 관료생활을 이어나갔다. 하지만 명종 즉위년(1545) 을사사화가 발생하자, 이듬해 성주로 유배되어, 끝내 해배(解配)를 보지 못하고 그곳에서 생을 마감했다.

이문건을 유명하게 만든 것은 그의 일기 때문이다. 그는 마흔한살부터 일흔셋에 사망할 때까지 일기를 썼다. 전체 10책 중에 3책부터 끝까지가 성주에서의 유배생활을 담고 있다. 얼핏 단조롭게 여겨지는 그의 유배생활은 의외로 다채로웠다. 중앙에서 고관을 지낸 경력과 조광조의 문하라는 학통은 유배 중임에도 그를 지방의 유력자로 떠올렸다. 『묵재일기』를 보면, 유배 중인 이문건이 성주목사를 비롯하여 주변의 지방관, 관찰사와 얼마나 친밀한 관계를 형성했는지를 알 수 있다. 퇴계 이황을 비롯한 지방의 사림들과의 교유관계도 흥미롭다. 더하여 다양한 의료행위, 세시풍속, 노비나 장인들의 생활모습 등 관찬사료에서는 볼 수 없는 조선중기의 풍부한 일상이 담겨 있다.

성주가 깊은 내륙에 위치함에도 불구하고, 뜻밖으로 다양한 해산물이 이곳까지 유통되었다. 『묵재일기』에는 대구, 넙치, 숭어, 조기, 전어, 삼치, 방어, 병어, 문어, 오징어 등의 바닷물고기 이름이 등장한다. 이문건이 주변의 친분을 활용하여, 여러 경로를 통해 구입하거나 제공받았던 것들이다. 이들 물고기 중에서 가장 많이 유통되었던 것은 단연코 청어였다. 매년 11월부터 이듬해 2월까지 청어에 대한 기록은 계속 이어졌다. 다른 물고기들이 몇 마리, 몇 두름, 혹은 몇 첩 정도의 단위로 헤아려졌던 것과 달리 청어는 그 단위가 달랐다.

예컨대, 명종 19년(1564) 10월부터 이듬해 정월까지 그가 경상도의 각 지방관으로부터 제공받은 청어의 양은 우리의 상상을 뛰어넘는다. 부산첨사에게 10동(冬), 진주목사에게 20동을 비롯하여 하동, 밀양 등의 지방관에게서 모두 63~64동을 제공받았다. '1동'은 물고기 종류에 따라 단위를 달리하는데, 조기는 1천 마리, 청어는 2천 마리이다. 그렇다면 12만 6천에서 12만 8천 마리이다. 이와 별개로 노비인 만수가 쌀 10말로 바꾼 청어 50두름(冬音, 20마리)을 비롯하여 자잘한 것을 합하면 적어도 1,115마리이다. 그해 겨울에만 거의 13만 마리의 청어를 확보했던 것이다. 이문건은 이처럼 풍부한 청어를 판매하여 경제를 일구었던 것이다.

왜 하필이면 청어일까? 이유는 너무나 자명하다. 조선시대를 통틀어 가장 많이 났던 물고기가 바로 청어였다. 조선전기에 청어는 조기, 대구와 더불어 대표어종이었다. 하지만 대구가 동해와 남해, 조기가 서해에서 난다면, 청어는 전 해역에서 났다. 조선 후기에는 명태가 강력한 경쟁상대로 떠올랐다. 서유구(1764~1845)는 함경도에서 무진장하게 나는 명태를 묘사하면서, 청어가 명태와 더불어 가장 많이 나는데, 초여름에는 사방 수백 리의 바다를 메워 청어를 먹지 않는 이가 없다고 했다. 이익(1681~1763)도 이 점을 분명히 했다.

> 해마다 가을이 되면 함경도에서 나는데, 형체가 매우 크다. 겨울이 되어 날씨가 추워지면 경상도에서 나고, 봄이 되면 차츰 전라도와 충청도로 옮겨 간다. 봄과 여름 사이에 황해도에서 나는데, 점차로 서쪽으로 옮아갈수록 점점 자잘해져서 극히 천해지니 사람마다 먹지 않는 이가 없다.

가을철에 함경도 바다에서 내려오기 시작하여, 동해와 남해를 거쳐 봄과 여름 사이에는 황해도에 이른다고 했다. 조선 후기에 '북해의 명태, 남해의 대구, 서해의 조기'로 대별된다면, 청어는 사시사철, 동서남북의 바다에서 모두 잡히는 거의 유일한 물고기였다. 명태가 조선 말기를 대표하는 어종이라고 한다면, 청어는 전 시기를 통틀어 가장 중요한 물고기였다. 청어야말로 조선시대를 대표하는 어종이라고 할 수 있다.

정약전(1758~1816)은 "정월이 되면 알을 낳기 위해 해안을 따라 회유해 오는데, 이때 청어 떼는 수억 마리가 대열을 이루어 오므로 바다를 덮을 지경"이라고 했다. 유한준(1732~1811)은 청어가 너무나 많이 나서 선박으로 청어의 양을 헤아리기에 이르렀으며, 청어 한 두름에 1~2문밖에 하지 않아 물려서 다 먹을 수 없다고 했다. 심지어는 논밭의 거름으로 쓰며, 더 심한 경우에는 버리기까지 한다고 했다.

조선 후기의 문신 성해응(1760~1839)은 "이른바 청어라는 것은 무리를 이루어 바다를 덮어 오는데, 사람이 배를 버리고 그

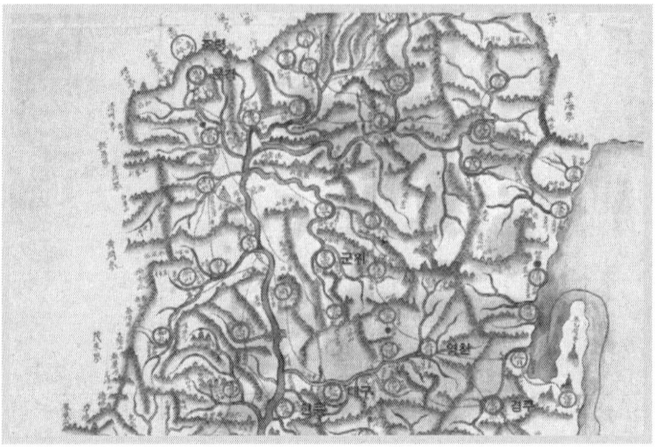

「해동지도」

위에 설 수 있다"고 했다. 청어 떼가 얼마나 많은지, 사람이 그 위에 올라가도 빠지지 않는다는 것이다. 성해응의 이 말은 발트해의 청어어업을 묘사했던 올라우스 마그누스를 떠오르게 한다. 스코네에 몰려드는 청어가 얼마나 많은지 그 위에 미늘창을 꽂아도 넘어지지 않는다고 묘사한 그림은 성해응의 말과 너무나 닮았다. 청어는 우리바다와 유럽의 바다를 하나의 이야기로 이어주고 있다.

이문건은 멀리는 광양, 하동 등의 지방관들로부터 제공받는 것에 만족하지 않고, 괴산에서 넘어온 노비들을 현풍, 대구, 고령, 때로는 김해와 동래까지 보내어 청어를 구매했다. 동해와 남해에서 잡힌 청어는 낙동강을 따라, 혹은 육로를 통해 성주를 거쳐서 문경새재를 넘었던 것이다. 이문건의 사례는 청어가 어떻게 심산유곡에까지 유통되었는지를 보여준다. 180여 년이 지난 영조 12년(1736) 겨울, 영천과 군위를 지나던 권상일(1679~1759)은 말에 싣고, 등에 지고 청어가 내륙으로 끊임없이 흘러드는 모습을 보면서,

"바다가 무진장하다는 것을 알겠다"고 했다. 이규경의 말을 그대로 빌리면, "속언에 '궁핍한 선비와 가난한 백성들이 만약 청어가 없었다면 어떻게 소찬(素餐)을 해결할 수 있었겠는가'라고 했으니, 과연 명언이다."

이문건이 성주에서 해배되기를 고대하고 있을 때, 바다 건너 로마에서는 스웨덴에서 망명 왔던 올라우스 마그누스(1490~1558)가 고국을 그리워하고 있었다. 마그누스가 생애를 마칠 즈음에 발트해의 청어가 대거 북해로 이동했듯이, 이문건이 세상을 떠났을 즈음에 동아시아의 바다에도 거대한 변화가 일렁이고 있었다. 그것은 앞으로 조선이 맞이할 참혹한 전쟁의 전조이기도 했다. 소빙기(Little Ice Age)의 기후변동이 본격적으로 몰아치려 했던 것이다.

덧붙이는 글

동아시아 3국에서 '청어(Herring)' 기록이 가장 먼저 등장하는 곳은 우리나라였다. 고려 말 이색은 청어를 노래하는 세 편의 시를 남겼다. 조선시대에는 전국 곳곳에서 가장 많이 잡히는 물고기였다. 때문에 청어는 동짓달부터 종묘뿐만 아니라, 사대부가문에도 천신(薦新)했다. 이규경은 "청어는 물고기들 중에서 가장 많이 나는 것이다. … 대개 연해에서 물고기가 나는 곳은 모두 그 기간이 있지만, 청어는 동서남북을 막론하고 사시사철 항상 난다."고 했다. 조선시대를 통틀어 가장 중요한 물고기였던 것이다.

6-3
조선 물고기 청어, 임진왜란을 알리다

돌이켜 보면, 조짐은 늘 있었다. "무인년(1578) 가을, 혜성이 하늘에 뻗쳤는데, 그 모양이 흰 비단을 편 것과 같았으며, 서쪽에서 동쪽을 향해 펼쳐져 있더니 몇 달이 지나 사라졌다. 무자년(1588), 한강의 물이 3일 동안 붉은 모습을 띠었다. 신묘년(1591), 죽산 태평원 뒤에 쓰러져 있던 돌이 저절로 일어났다. 또 통진현(通津縣)에서는 쓰러져 있던 버드나무가 다시 일어섰다. 그러자 백성들 사이에서는 '곧 도읍을 옮길 것이다'하는 말이 떠돌았다." 이 모든 조짐은 하나의 사건을 향해 있었다. 그 이듬해는, '임진년'이었다.

임진왜란이 끝나고 유성룡은 참혹한 전쟁을 반성하며 후세를 경계하기 위해 『징비록』을 저술했다. 말미에는 「녹후잡기(錄後雜記)」를 두어 임진왜란에 대한 자신의 단상들을 남겼다. 그 첫머리가 임진왜란이 발생하기 전의 다양한 조짐들이었다. 여기에는 또 하나의 흥미로운 징조가 있었다. 이야기는 바다로부터 시작되었다.

또 동해에서 나던 물고기가 서해에서 나더니, 점차로 한강에까지 이르렀다. 해주는 본래 청어가 났는데, 최근 10여 년 동안 전혀 잡히지 않다가, 홀연히 요동의 바다로 이동하여 났다. 요동사람들이 그것을 '새로운 물고기(新魚)'라고 불렀다.

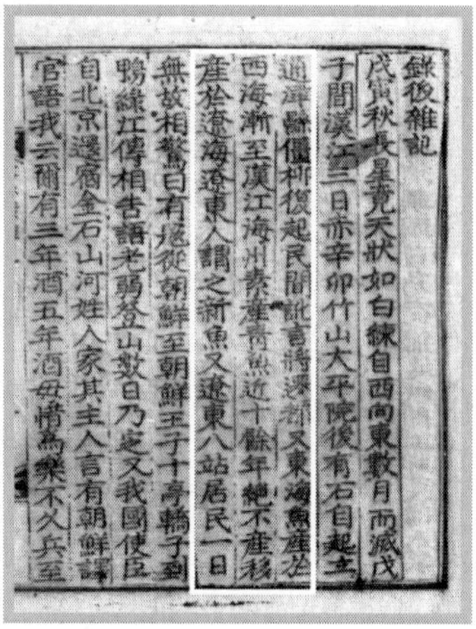
錄後雜記
戊寅秋長星竟天狀如白練自西向東數月而滅戊
子閒漢江三日赤辛卯竹山大平院後有石自起立
通津縣僵柳復起民間訛言將遷都又東海魚産於
西海漸至漢江海州素産青魚近十餘年絶不産移
産於遼海遼東人謂之新魚又遼東八站居民一日
無故相驚曰有㺚從朝鮮至朝鮮王子十尋轎子到
鴨綠江傳相告語老弱登山數日乃定又我國使臣
自北京還宿金石山河姓人家其主人言有朝鮮譯
官語我云爾有三年酒五年酒毋憐爲樂不久兵至

청어의 이동이 기록된 유성룡 『징비록』의 「녹후잡기」

임진왜란이 일어나기 전에 동해의 물고기가 서해로 이동해 오더니 한강까지 거슬러 갔으며, 해주에서 나던 청어가 중국의 요동 앞바다로 이동했다. 이전에 보지 못했던 물고기였기에, 그곳 사람들이 청어에게 '새로운 물고기'라는 이름을 붙였다는 것이다.

몇 해 뒤에 이수광도 비슷한 기록을 남겼다. 그는 "청어는 매년 봄마다 우리나라 서남해에서 많이 났다. 선조임금 경오년(1570) 이후부터 전혀 잡히지 않았다. 듣자 하니 중국의 청주(青州) 지역에서 많이 난다고 한다"고 했다. 유성룡과 이수광의 기록은 일치한다. 동해의 물고기가 서해로 이동하고, 서해에서 나던 청어는 중국의 산동과 요동 바다로 옮아갔던 것이다.

물고기의 이동이라니? 특히 청어라는 물고기가 중국의 바다로 이동했다는 것은 어떻게 이해해야 할까? 중국에는 청어가 나지 않았단 말인가? 사실, '청어(青魚)' 혹은 이것을 줄인 '청(鯖)'이라는 이름은 중국에서 유래한다. 전한(前漢) 때에 등장하는 '오후청(五侯

鯖)'의 고사가 그것이다. 그렇지만 이때의 '청어'는 중국의 강과 호수에 널리 분포하면서, 크게는 150센티미터까지 자라는 민물고기이다. 우리가 알고 있는 바다청어(herring)는 중국에 나지 않았다. 그렇기 때문에 중국에는 '청어'를 가리키는 단어가 존재하지 않았다. 16세기 후반에 홀연히 나타난 청어는 중국인들에게 '낯선' 것이었다.

'낯선' 이 물고기의 이동에 당황했던 것은 중국인만이 아니었다. 숙종 44년(1718) 겨울, 사은부사(謝恩副使)로 북경을 찾았던 이관명은 중국의 식탁에 올라온 '낯익은' 물고기를 보고 감회에 젖어 다음 같이 술회했다.

> 청어는 우리나라 물고기이다. 이곳에서는 본래 그것이 없었다. 수십 년 이래로 이곳에서도 많이 잡혔다. 이곳 사람들이 처음에 그 이름을 알지 못해서 '조선 물고기(朝鮮魚)'라고 했다.

이관명의 당혹감은 분명하다. 조선 전기에는 겨울철에 북경으로 사행을 갈 때, '청어'를 가지고 갔었다. 그런데 이제는 더 이상 청어를 가지고 갈 필요가 없게 되었다. 청어가 중국에서도 풍부하게 났기 때문이다. 그렇기에 이관명은 청어를 '우리나라 물고기'라고 하면서, 우리바다에서 넘어왔기에 이름을 알지 못했던 중국인들도 '조선 물고기'라고 했다고 했다.

중국인들은 산동과 요동의 바다에 몰려드는 낯선 물고기를 '새로운 물고기', 혹은 '조선 물고기'라고 했다가, 민물청어와 구분하기 위해 '바다청어(海靑魚)'라는 말을 사용하기도 했다. 그러다 마침내는 '청어'라는 우리 물고기 이름을 받아들였다. 『요재지이(聊

齋志異)』로 유명한 포송령(蒲松齡)은 '청어행(靑魚行)'이란 시를 지어 그 풍성함을 노래했다.

강희 11년(1672) 산동성 내양(萊陽) 출신인 송완(宋琬)은 사천(四川)으로 부임해 가면서 고향의 물고기 맛을 그리워했다.

> 청어는 길이가 한 자가 되지 않는데 등이 푸르고 뺨은 붉다. … 시장에 막 나오면 가격이 자못 높아도 곧바로 다 팔리는데 10전이 채 되지 않는다. 바닷가 사람들이 이것으로 식사를 대신하기도 했는데, 이를 '청어죽(靑魚鬻)'이라고 했다.

송완의 이 말은 우리에게도 꽤 알려져 있다. 이덕무가 인용했기 때문이다. 그래서 오늘날에도 이것을 조선시대의 기록으로 오해하는 경우가 종종 있다. 이덕무는 "송완은 내양사람이다. 내양은 우리나라의 서해와 연결되어 있으므로 그곳에서 나는 청어도 우리나라와 같은 것"이라고 했다. 황해라는 바다가 하나의 물고기를 서로 이어주고 있는 것이다.

그럼에도 여전히 의문은 남아 있다. 왜 청어는 이동했을까? 여기에 대한 해답은 분명하다. 지구적인 환경변화, 바로 소빙기(Little Ice Age)의 기후변동 때문이다. 15세기 중반부터 19세기 중반까지 지속되었던 동아시아의 소빙기는 17세기를 전후하여 그 절정을 이루었다. 당시의 평균기온은 오늘날에 비해 1.5~2.0도 정도 낮았다. 한겨울이면 네덜란드의 운하, 영국의 템즈강, 중국 아열대의 강과 호수들이 꽁꽁 얼어붙었다. 유럽의 발트해는 물론이고 우리의 동해마저도 여러 차례 결빙됐다. 차가워진 바다 수온으로 물고기들은 좀 더 따뜻한 남쪽바다로 이동해야 했다. 강한 리만 한류

임진왜란 전 동해에서 서해로 이동해 중국까지 이동했다는 '조선어(朝鮮魚)'는 청어였다. 그 대이동은 기후변화와 전쟁을 예고하고 있었다. 이순신 장군의 『난중일기』에는 청어를 잡아 전쟁 때 군량미와 바꾸었다는 기록이 있다.

를 타고 동해 바다의 물고기들이 서해 바다로 유입되었던 것도 이 때문이었다. 발트해의 청어는 보다 일찍부터 북해로 이동했으며, 일본 홋카이도의 청어도 남하하여 혼슈 동북지역에까지 출현했다. 이런 변화는 세계적인 현상이었던 것이다.

소빙기의 기후변동은 임진왜란에도 영향을 끼쳤다. 전쟁이 시작된 다음 해부터 이른바 '계갑대기근(1593~1594)'이 조선을 덮쳤다. 절대적인 식량부족으로 사람이 사람을 잡아먹는 참혹한 참상이 곳곳에서 벌어졌다. 전쟁은 소강상태에 들어가고, 곡물확보가 군사동원보다 더 중요해졌다. 우리바다를 지키는 조선 수군에게도 이 문제는 비껴가지 않았다. 다행히 통제사 이순신에게는 한 가지 해결책이 있었다. 바로 청어였다. 대기근의 끝자락인 을미년(1595)

부터 청어를 잡아 군량을 확보하는 방책을 세웠다. 『난중일기』에는 그해 11월에 "이날 저녁 청어 1만 3,240두름을 곡식과 바꾸려고 이종호가 받아 갔으며," 12월에는 "황득중과 오수 등이 청어 7천여 두름을 싣고 왔기에 김희방의 무곡선(貿穀船)에 계산하여 주었다"고 했다. 청어는 이순신이 이끄는 수군이 군량미를 확보하는 중요한 방편이었던 것이다.

하나의 물고기가 빚어낸 이야기는 여기에 그치지 않는다. 그것의 이동이 거대한 전쟁의 조짐이 되었던 그때에, 지구 건너편 유럽 모퉁이의 작은 한 나라가 17세기의 위대한 역사를 막 시작하려 하고 있었다. 그리고 그 한가운데에도 청어라는 물고기가 있었다.

덧붙이는 글

'오후청의 고사'는 전한 성제 때에 누호라는 인물이 다섯 외척제후의 집을 돌아다니며 얻은 어육을 섞어서 먹었던 일에서 유래한다. 다만 누호가 먹었던 '청어'는 우리가 알고 있는 바다청어(Herring)가 아니라, 강과 호수에 사는 민물고기였다. 동아시아 3국은 모두 '청어(青魚)'라는 한자어명이 있었지만, 그 뜻은 서로 달랐다. 중국이 민물에서 나는 물고기였다면, 일본의 '청어'는 사바라고 일컬어지는 고등어였다. 조선 후기에는 바다청어를 의미하는 조선의 '청어'가 중국과 일본에도 쓰였다. 청어는 진정한 '조선 물고기'였던 셈이다.

6-4 델프트의 푸른빛: 청어와 네덜란드의 번영

1660년 봄, 헨드릭 하멜(1630~1692)은 강진에 있었다. 스무 살에 동인도회사 소속으로 고국을 떠났던 청년은 삼 년 뒤(1653), 나가사키를 향하던 중에 태풍을 만나 조선에 표착했다. 몇 차례의 우여곡절을 거쳐 1656년부터 강진병영에 살게 되었는데, 마침 그해에는 오랜만에 호의적인 절도사를 만나 안도하고 있었다.

그때 그의 고국 네덜란드의 델프트에서는, 하멜보다 두 살 연하의 요하네스 베르메르(1632~1675)가 자신의 고향 모습을 화폭에 담았다. 풍경화를 거의 그리지 않았던 베르메르에게 「델프트 풍경」은 이례적인 작품이었다. 그것은 델프트 남동쪽에 위치한 콜크항의 맞은편에서 델프트를 바라본 모습이다.

델프트는 푸른빛이다. 「델프트 풍경」에는 마르셀 프루스트를 매혹시켰던 찬란한 '황색'도 있지만, 베르메르의 다른 작품처럼, 끝내 눈길이 머무는 곳은 푸른빛이다. 「진주귀걸이를 한 소녀」의 터번이 푸른색이 아니라고 상상해보라. 「편지를 읽는 푸른 옷의

17세기의 유명한 네덜란드 화가 요하네스 베르메르가 그린 「델프트 풍경」. 이 그림에 네덜란드의 번영과 청어어업 발전상이 숨어 있다.

여인」이나 「화가의 아틀리에」처럼, 베르메르의 작품 곳곳에서 푸른색은 이국적인 신비를 뿜어낸다. 「델프트 풍경」에도 뭉게구름 사이의 하늘, 운하의 잔물결, 수문 오른편 건물의 지붕에 푸른색이 물들어 있다. 그리고 또 하나, 오른편에 매여 있는 선박에도.

한적하게만 보이는 「델프트 풍경」에는 당시 세계를 지배했던 네덜란드의 번영과 그 비밀이 담겨 있다. 그 비밀을 풀 첫 열쇠가 바로 오른편에 매여 있던 두 척의 배이다. 밑이 널찍한 이들 배는 매년 6월이면 북해(North Sea)로 나아가 청어를 잡던 선박이었다. 그런데 그림을 살펴보면, 왼편에도 몇 척의 선박들이 있다. 그렇다면 어떻게 오른편의 선박만이 청어잡이배라고 확신할 수 있을까? 아니, 그 전에 청어가 왜 중요한가?

네덜란드의 번영은 청어라는 물고기와 떼려야 뗄 수 없는 관계이다. 중세시대 '금요일의 물고기' 청어는 발트해의 준트해협에 풍부하게 났다. 뤼베크가 '한자동맹의 여왕'이 될 수 있었던 것도 이 작은 물고기 때문이었다. 그랬던 청어가 15세기에는 발트해에서 점차 사라지더니 네덜란드의 앞바다인 북해로 이동해버렸다. 유럽의 궁벽했던 이 '저지대(Nederland)'는 그 기회를 놓치지 않았다. 역사학자 티모시 브룩은 네덜란드 청어어업의 성공을 '윈드폴(windfall)', 곧 '뜻밖의 횡재'라고 표현했다. 소빙기(Little Ice Age)라는 지구적인 기후한랭화로 인해 스칸디나비아와 발트해에서 나던 청어가 대거 남하한 것이 '윈드폴'의 배경이었던 셈이다.

네덜란드 청어어업의 성공신화에 상징처럼 등장하는 것이 '빌렘 벤켈소어'라는 어부이다. 그는 14세기 중반에 단칼에 청어의 내장을 제거하여 통 속에 염장하는 기술을 개발했다고 알려져 있다. 이것은 일대 혁신이었다. 기름기가 많은 청어는 쉽게 부패했는데, 이 새로운 염장법을 통해 1년 동안 보관이 가능해졌다. 여기에 소금물을 새로 갈면 길게는 2년이나 보관할 수 있었다. 덕분에 청어의 장거리 교역이 가능해졌다.

새로운 청어염장법의 등장은 원양어업을 가능하게 했다. 이제 청어어선들은 잡은 청어를 급하게 연안으로 옮겨 염장작업을 할 필요 없었다. 청어를 잡은 즉석에서 내장을 제거하여 통절임을 했다. 이를 위해서는 보다 폭넓은 갑판이 필요했다. 이렇게 해서 등장한 것이 '뷔스(buss)'라는 청어잡이 전문선박이다. 1416년에 처음 등장한 뷔스는 혁신에 혁신을 거듭하여, 악천후 속에서도 조업하면서 염장작업을 할 수 있도록 개선되었다. 그 적재량은 80톤에서

Roelof van Salm 「Dutch Herring Fishery」

100톤에 달했고, 세 개의 돛대를 장착했다. 뷔스에는 염장 숙련공은 물론이고 통 만드는 기술자도 동승했다. 네덜란드는 이 두 가지의 기술혁신을 기반으로 주변의 경쟁국들을 압도했다.

네덜란드 어선들은 청어의 이동경로를 따라 셰틀랜드 제도에서 스코틀랜드, 잉글랜드, 도거뱅크까지 쫓아가면서 조업을 했다. 네덜란드에서 청어어업은 국가사업으로 그들은 이것을 '거대어업(Great Fishery)'이라고 불렀다. 어선의 수는 1560년에 1천 척, 1610년에는 1천5백 척, 1620년에는 2천 척에 이르렀다고 한다. 1669년의 통계에 따르면 네덜란드에는 3만 명의 어부들이 있었고, 청어어업에 수반하는 보존가공업 및 통과 그물 제조업을 포함하면 45만 명이 종사했다고 한다. 이것은 전체 인구의 5분의 1에 해당하는 비율이다.

북해는 네덜란드의 바다였고, 청어는 네덜란드의 광맥이었으니, 암스테르담은 청어의 뼈 위에 건설되었다는 말이 과장은 아니리

라. 프랑스의 박물학자 퀴비에(1769~1832)는 "커피 콩, 홍차 잎, 열대지역의 향신료, 그리고 비단을 짜는 누에조차도 북쪽 바다에서 잡히는 청어보다 국가의 부에 더 영향을 끼친 것은 없다"라고 했다. 북해의 청어로 거대한 부를 일구었던 국가! 「델프트 풍경」에 보이는 오른편의 선박이 바로 네덜란드 번영의 비밀인 청어잡이배 '뷔스'이다.

푸른빛으로 돌아가자. 델프트의 푸른빛은 아시아로부터 왔다. 베르메르가 그토록 소중하게 다루었던 '블루' 물감은 아프가니스탄에서 생산되는 청금석을 원료로 하는 울트라마린이었다. 18세기 초에 프러시안 블루가 탄생하기 전까지 푸른색 안료는 오로지 동방으로부터 왔다. 베르메르의 그림들에서 푸른빛이 신비감을 더하는 이유가 여기에 있다.

델프트에는 또 하나의 푸른빛이 있으니, '델프트 블루'로 알려진 청화백자이다. 17세기에 대량의 중국자기가 유입되면서 청화백자의 푸른빛은 단숨에 유럽의 왕족과 귀족들을 매료시켰다. 눈치 빠른 델프트 도공들은 중국의 청화백자를 모방하여 모조품을 만들었다. 바로 '델프트 블루'이다. '델프트 블루'는 고가의 중국자기를 구입할 수 없었던 유럽 서민들의 수요와 욕망을 충족시켰다. 이들 델프트의 푸른빛을 가능하게 했던 것은 아시아와 교역하던 동인도회사가 있었기 때문이다. 「델프트 풍경」에서 왼편에 길게 늘어서 있는 붉은 타일의 지붕이 동인도회사 델프트 지부의 창고이다. 이것이 네덜란드 번영의 비밀을 캐는 두 번째 열쇠이다.

델프트에 빛이 쏟아진다. 구름에 흐려진 전경과 달리, 후경에는 햇살이 눈부시다. 베르메르의 그림에는 예외 없이 창이 있고, 빛이 들어온다. 연결된 세계 속에서 새롭게 밀려드는 발견들을 해석하

델프트 블루

려는 열정이다. 이런 빛이 조선에는 투과되지 않았다. 조선의 문은 닫혀 있었고, 외부에서 들어온 하멜이라는 빛도 애써 외면했다. 하멜은 조선에서도 청어를 만났고, 그의 동료는 조선인에게 벤켈소어의 청어염장법을 가르쳐주었다. 하멜이 조난당하고 얼마지 않아, 네덜란드 동인도회사는 명청교체로 파괴된 경덕진을 대신하여, 일본에 자기제작을 주문했다. 임진왜란 때 끌려갔던 조선인 도공이 만든 '일본자기'가 그림 속 저 붉은 창고에 보관되어 있었을지도 모를 일이다. 조선은 눈감았지만, 세계로 연결되어 있었다.

다시 그림으로 들어가자. 저기 로테르담 수문의 다리 위를 베르메르와 그의 동갑내기 친구들, 레벤후크와 스피노자도 거닐었으리다. 5월의 햇살이 델프트를 푸르게 비춘다. 자, 이제 닻을 올려라. 푸른 파도 넘실대는 북해에는 델프트처럼 '푸른 물고기'가 기다리고 있으리니.

덧붙이는 글

네덜란드에는 베르메르와 동갑내기인 유명한 두 인물이 있었다. 스피노자(1632~1677)와 레벤후크(1632~1723)가 그들이다. 암스테르담 출신인 스피노자가 렌즈세공으로 생계를 꾸렸던 것은 잘 알려진 사실이다. 레벤후크는 베르메르와 같은 달 같은 동네에서 태어났다. 포목상이라는 직업보다 현미경 제작자로 더 유명한 레벤후크는 자신이 만든 현미경으로 최초로 미생물을 관찰한 사람이 되었다. 베르메르가 사망했을 때 그 유류품을 관리했던 것도 그였다. 그는 베르메르의 그림 「지리학자」와 「천문학자」의 모델로 여겨진다.

6-5
이지항과 홋카이도의 청어: '북해'의 물고기, 소빙기를 풍요롭게 하다

낯선 곳에서도, 낯익은 것은 있다. 동래출신의 수어청 무관 이지항(李之恒)이 강원도로 가기 위해 부산포에서 출항했던 것은 숙종 22년(1696) 4월 13일이었다. 출발 때부터 순탄치 못했던 바람은 보름째 되던 날 더욱 거세게 몰아붙여 일행을 망망대해로 떠돌게 했다. 허허한 대해를 정처 없이 표류하다, 열사흘 만인 5월 12일에 어느 외딴 섬으로 밀려갔다. 그 섬은 '태산 같은 산'은 눈으로 덮여 있었고, 산기슭 밑에는 임시로 지은 20여 채의 초가가 있었다. 허기진 몸을 이끌고 안을 들여다보니, 그곳에는 무수한 물고기들이 매달려 있었다. 모든 것이 낯설었지만, 눈에 익은 것도 있었다. 거기에 매달려 있는 물고기, 바로 청어와 대구였다.

이지항이 표착했던 곳은 아이누족이 살고 있던 에조치(蝦夷地), 즉 오늘날의 홋카이도였다. 이지항 일행에게 안도의 숨을 쉬게 했던 눈 덮인 '태산 같은 산'은 해발 1721미터의 '리시리산(利尻山)'으로 보인다. 이지항 일행은 홋카이도의 서쪽 최북단에 표착했던 것

리시리산

이다. 그곳은 북쪽의 차가운 바다, 바로 '북해(北海)'의 땅이었다.

조선에도 '북해'가 있었다. 함경도의 바다가 곧 '북해'였다. 차가운 바닷물이 흐르는 북해에는 따뜻한 남쪽바다에서 볼 수 없는 물고기들이 있었다. 조선 후기의 문인 성해응(成海應, 1760~1839)은 '북해'에서만 나는 물고기를 다음과 같이 말했다.

> 천하를 둘러싼 바다는 물고기가 자라는 곳이니, 천하가 그것을 공유한다. 다만 우리 북해에서만 나는 물고기가 있으니, 그 어종은 『이아(爾雅)』, 『비아(埤雅)』, 『광아(廣雅)』 등의 여러 책에서는 일체 보이지 않는다. 단지 우리나라만이 그 이익을 독점하는 것은 네

종이다. 명태어(明太魚), 대구어(大口魚), 청어(靑魚), 목어(牧魚)가 그것이니, 모두 우리 이름이다.

이 중에 은어(銀魚)로도 불렸던 '목어'는 도루묵을 말한다. 성해응은 우리바다에서만 나는 물고기로 명태, 대구, 청어, 도루묵이 있다고 했다. 중국에는 이들 물고기가 나지 않아 한자 이름이 없고, 우리나라만 그 이름이 있다는 것이다.

성해응의 이 말은 틀린 것도 아니지만, 그렇다고 전적으로 옳은 것도 아니다. 이들 물고기 중에 청어와 대구는 어느 때부터인가 중국에도 나기 시작했고, 성해응이 살았을 때는 이미 중요한 물고기로 되어 있었다. 시선을 일본으로 돌리면 더욱 흥미롭다. 일본에서도 청어는 거의 알려지지 않았지만, 어느 때부터인가 이들 물고기가 일본경제에 매우 중요한 지위를 차지하게 되었다.

그렇다면 '어느 때'는 언제일까? 이전에는 나지 않던 청어가 중국바다에 홀연히 출현하게 되었던 일은 유성룡의 『징비록』에 기록되어 있다. 임진왜란 10여 년 전에 벌어진 이때의 이변은 참혹한 전쟁의 조짐으로 여겨졌다. 고상안은 남해까지만 나던 대구가 서해에서 나기 시작했던 것도 이때라고 했다. 바로 이때 즈음에 일본에서는 '청어(herring)'를 가리키는 한자가 처음으로 등장했다. 일본에서 청어는 '카도' 혹은 '니신'이라고 하는데, 한자로는 '비(鯡)'나 '연(鰊)'자를 쓴다. 더 앞선 '비(鯡)'자가 처음 출현했던 것은 1548년으로, 16세기 중반이었다.

'비(鯡)'라는 글자에서 볼 수 있듯이, 홋카이도의 아이누족에게 청어는 단지 물고기에 그치는 것이 아니었다. 추운 날씨로 벼농사가 되지 않던 홋카이도에서 청어는 쌀을 대신하는 주식이었고, 또한 교역으로 쌀을 바꿀 수 있는 중요한 물품이었다. 이지항이 이곳 사람들은 물고기를 주식으로 한다고 기록했던 것도 이런 이유 때문이었다. 밥을 먹을 수 없어 잇몸이 모두 상할 정도였던 이지항 일행이 그나마 목숨을 이을 수 있었던 것도 '낯익은' 음식, 바로 청어 때문이었다.

일본에서 청어어업이 발전했던 배경에는 홋카이도에 대한 본토인의 진출과 관련이 있다. 백여 년에 걸친 홋카이도의 동란을 평정하고 정치적 입지를 공고히 한 가키자키(礪崎) 가문은 도요토미 히데요시, 도쿠가와 이에야스로부터 아이누족과의 교역독점권을 획득했다. 마츠마에(松前)로 성을 바꾼 이 가문은 홋카이도 최남단에 위치한 '마츠마에(松前)'를 근거지로 하여 홋카이도를 실질적으로 지배했다. 이지항에게 아이누 사람들이 '마츠마이'라고 가리켰던 곳이 바로 '마츠마에'였다.

홋카이도에는 쌀이 생산되지 않았기 때문에, 마츠마에 번은 다른 다이묘처럼 연공미(年貢米)를 징수할 수 없었다. 결국 아이누와의 교역을 통해 재정을 확보해야 했다. 이렇게 하여 주목받은 것이 연어, 해삼, 전복, 다시마와 같은 해산물이었다. 그중에서 가장 풍부하게 나는 것이 바로 청어였다.

에도시대 홋카이도의 청어어업은 너무나 눈부셨다. 이지항의 표류로부터 90여 년이 지난 1788년 막부순견사(幕府巡見使)를 수행하여 '에조치'를 시찰했던 후루카와 고쇼켄(古川古松軒)은 청어어업이 가장 번성했던 에사시(江差)를 지나면서 그때의 목격담을 다음처럼 남겼다.

> 에조치와 마츠마에의 사람들은 청어로써 한 해 동안 필요한 모든

> 일의 비용으로 삼는다. 때문에 청어가 올 때가 되면 사무라이든 상인이든 구분 없이, 의사나 신관에 이르기까지 자신들이 살던 집은 빈 집으로 버려두고 각자 해변에 임시막사를 세워서 앞다투어 청어잡이를 한다. 남자들은 바닷가에서 작업하고, 부인과 아이들은 청어를 갈라 청어알젓을 만드는 일을 한다. 그중에서 건장한 사내는 열에서 열다섯이 모여서 큰 배를 타고 에조치로 청어를 잡으러 간다. 이 때문에 마츠마에에서는 일본의 풍흉에 전혀 상관하지 않는다. 청어가 수많이 오는 해는 풍년이라고 하고, 청어가 조금 오는 해는 흉년이라고 한다.

후루카와가 묘사한 청어어업의 번성함은 에사시병풍도(江差屛風圖)에 고스란히 담겨 있다. 해안가의 임시막사와 바다를 가득 메운 배들은 모두 청어잡이를 위한 것이었다. 이지항은 마츠마에에 도착하기 나흘 전인 7월 23일, '예사치(曳沙峙)'에 당도했다고 했다. 그 '예사치'가 바로 '에사시(江差)'이다.

청어가 얼마나 많이 잡히던지, 사람들은 물려서 먹지 못하여 고양이 먹이로 줄 지경이었다. 이렇게 되자 청어의 풍부함에 눈독을 들인 집단이 나타났다. 오우미(近江) 상인들은 청어를 으깨어 비료로 만들어서 일본 전역으로 유통시켰다. '금비(金肥)'로도 불렸던 청어비료(鰊肥)는 정어리비료(鰮肥)와 더불어, 에도시대의 '농업혁명'을 이끌었다. 뿐만이 아니었다. 홋카이도의 청어비료를 전국적으로 유통시켰던 '기타마에부네(北前船)'는 마츠마에에서 오사카로 연결되는 해양교역 네트워크를 형성하여, 에도시대 상품경제의 발전에 결정적인 기여를 했다. 이지항은 마츠마에의 인물과 물산은 그 풍성함이 우리나라 큰 도시보다 백배나 더하다고 했다. 이러한 풍성함은 해산물교역, 특히 청어로부터 나온 것이었다.

에사시 청어어업

메이지시대에도 홋카이도의 청어어업은 더욱 발전하여, 이른바 '백만석시대(百萬石時代)'를 이끌었다. 그렇지만 청어어업은 1897년을 정점으로 하여, 점차로 쇠퇴했다. 남부에서 청어가 잡히지 않게 되자, 어장은 계속 북부로 이동했다. 마침내 1955년에는 사실상 청어가 사라져버렸다. 이런 현상은 중국과 우리 바다에서도 나타났다. 19세기 후반 서해와 남해에서 자취를 감추기 시작한 청어는 20세기 전반에는 기껏 동해에서만 났다. 이런 현상은 소빙기

(Little Ice Age)가 끝나고 온난화(Warming)가 본격화되는 것과도 일치한다.

21세기 오늘날, 성해응의 말했던 '북해의 물고기'들은 훨씬 먼 베링해로부터 공급받는다. 청어, 명태, 도루묵 같은 한류성어종은 동해에서도 보기 어려운 물고기가 되었다. 일제강점기까지 함경도의 청진에는 '북해의 물고기'들이 많이 났다고 한다. '철과 정어리의 도시'였던 청진에는 '북해의 물고기'들이 여전히 넘쳐날까? 돌이켜보면, 부산사람 이지항은 성큼 다가온 '환동해시대'를 처음으로 목격했던 선구자였으리라.

덧붙이는 글

이지항이 표류했던 시기(1696.4.~1697.3.)는 동아시아 해양사의 관점에서 보면 매우 흥미로운 때였다. 당시 동해의 독도에는 일본어선들이, 서해의 연해에는 중국의 '황당선'이 출몰하여 곳곳에서 어업분쟁을 일으키고 있었다. 이지항이 고국으로 돌아온 이듬해인 1698년에는 대중국무역의 적자를 해소하기 위해 일본의 막부가 구리를 대신하여 전복과 해삼 등의 해산물을 수출품으로 적극 장려했다. 근세 동아시아의 수산물교역 네트워크가 형성되고 있었던 것이다. 당시의 국제적 어업분쟁은 이런 배경에서 출현했다.

6-6
바렌츠의 꿈:
북극항로와 환동해시대의 개막

네덜란드 선장 바렌츠, 그는 꿈이 있었다. 북극항로를 찾는 것이었다. 스칸디나비아를 돌아 시베리아 북쪽으로 중국에 갈 수 있는 항로, 유럽의 관점에서 이른바 '북동항로'였다. 그가 자신의 꿈에 더 가까워졌음을 직감하고, 세 번째 항해를 떠났던 것은 이 땅에서 임진왜란이 한창이던 1596년 봄이었다. 그는 북극항로를 찾아 이미 두 차례를 항해를 했었다.

1594년의 첫 항해에서 그는 노바야젬랴를 '발견'하고, 항로를 찾았다고 확신했다. 이듬해는 큰 희망에 부풀어 출항했지만, 중국과 교역할 상품을 실은 일곱 척의 배는 노바야젬랴의 북쪽을 돌아 내려가던 길에 부빙에 막혀버렸다. 이제 세 번째 도전이 시작된 것이다. 이번에는 새로운 항로를 찾아 훨씬 북쪽으로 올라갔다. 그런 중에 또 큰 섬을 '발견'했다. 오늘날 스발바르라고 일컬어지는 '스피츠베르겐'이다. 그곳에 대한 탐험을 미처 마치기 전에, 급히 동쪽으로 노바야젬랴를 향해야 했다. 부빙을 피하기 위해서는 여름이 중요했기 때문이다. 북쪽해안을 넘어갈 때만 해도 그의 예상이 적중하는 듯했다. 그렇지만 카라해 입구에 들어서자마자 그들의 배는 거대한 얼음바다에 갇혀버렸다. 한여름인 8월의 일이었다.

그와 일행은 결국 다음 여름 얼음이 풀릴 때까지 기다려야 했다. 그들은 배를 분해하여 집을 만들고, 곰과 물개를 잡아먹으며 영하 60도의 혹독한 겨울을 나야 했다. 이듬해 6월 날씨가 풀리자 살아남은 자들은 배의 잔해로 보트를 만들어 러시아 해안으로 탈출했다. 그렇지만 쇠약해질 대로 쇠약해진 그는 고국을 보지 못할 운명이었다. 위대한 탐험가 빌렘 바렌츠는 끝내 혹한의 동토를 벗어나지 못하고 죽음을 맞이했다. 이와 함께 북극항로를 찾던 그의 꿈도 꺾였다.

바렌츠의 꿈이 좌절되고 70여 년이 흐른 뒤에, 전라도 여수에서는 한 무리의 이국인들이 어둠을 타고 조선을 탈출하는 데에 성공을 거두었다. 이들 중 한 명인 핸드릭 하멜은 조선에 억류되어 있던 13년 동안(1653~1666) 밀린 임금을 받아내기 위해 본국 동인도회사(VOC)에 보고서를 제출했다. 그의 보고서에는 매우 흥미로운 기록이 등장한다.

> 동북쪽으로는 넓은 바다가 있다. 그곳에서 매년 네덜란드나 다른 나라의 작살이 꽂혀 있는 고래가 꽤 발견된다. 12월, 1월, 2월, 3월에는 청어가 많이 잡힌다. 12월과 1월에 잡히는 청어는 우리가 북해(North Sea)에서 잡는 것과 같은 종류이며, 2월과 3월에 잡히는 청어는 네덜란드의 튀김용 청어처럼 크기가 작은 종류이다.

스피츠베르겐의 고래어업을 그린 그림(Abraham Storck, 1690년). 그림 하단 오른편의 '노바야젬랴'와 중앙 왼편에 '스피츠베르겐'이 미지의 섬으로 남아 있고, 이들 사이에는 고래 떼들로 가득 차 있다.

네덜란드 작살이 꽂힌 '고래'와 북해에서 나는 것과 같은 '청어'였다. 하멜이 조선에서 보았던 해양생물은 이것이 전부는 아니었을 것이다. 그런데도 그가 꼭 집어서 고래와 청어를 언급한 이유는 무엇일까?

까닭은 너무나 명백하다. 청어는 궁벽한 이 '저지대[네덜란드]' 국가를 유럽최고의 해양부국으로 성장시켰다. 그렇다면 고래는 네덜란드의 번영과 무슨 관련이 있을까? 하멜이 조선에 머물렀던 동안에 네덜란드의 포경어업은 절정에 달해 있었다. 고래는 청어와 더불어, 네덜란드 해양산업의 중요한 근간이었던 것이다.

네덜란드에서 포경어업이 발전할 수 있었던 결정적인 계기는 한 장의 지도 때문이었다. 바로 「바렌츠의 지도」였다. 러시아인의

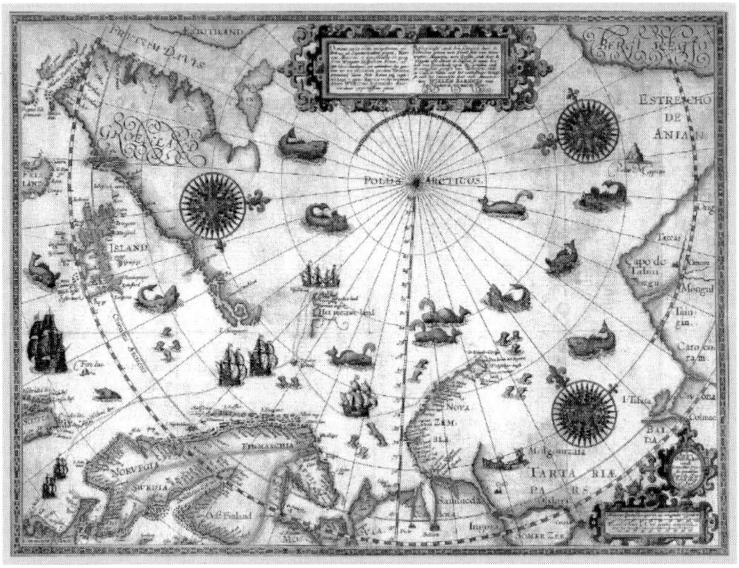

바렌츠의 지도

도움을 받아 탈출에 성공했던 바렌츠의 부하들은 세 번째 항해의 정보를 담은 지도를 내놓았다. 바렌츠 일행은 북위 76도에서 겨울을 보낸 최초의 유럽인으로, 그들의 지도는 북극에 대한 최신의 정보를 담고 있다.

지도를 보면, 바렌츠의 항해경로가 표시되어 있다. 암스테르담을 출발했던 그들은 노르웨이 해안을 돌아가다가 북쪽으로 직진하여 스피츠베르겐을 발견하고, 다시 노바야젬랴를 향했음을 볼 수 있다. 스피츠베르겐과 노바야젬랴의 지도는 완성되지 못했다. 스피츠베르겐에 대한 조사를 마치기 전에 노바야젬랴로 향했기 때문이다. 또한 노바야젬랴 북단을 돌아 카라해 입구에 그림이 그치고 있는 것은 그곳이 그들의 최종 도달지점이자, 조난지역임을 말해준다.

「바렌츠의 지도」는 북극항로를 찾으려는 탐험가들을 자극하여, 열광적인 관심을 불러왔다. 그런데 정작 관심을 끌었던 것은 엉뚱한 것이었다. 북극주위의 바다를 가득 메우고 있는 '괴물'들, 바로 고래였다. 이때까지 유럽인의 고래에 대한 지식은 한정되어 있었다. 올라우스 마그누스의 스칸디나비아 지도, 「카르타 마리나」에서 보듯이, 대부분이 괴물처럼 묘사되었다. 「바렌츠의 지도」에도 마그누스의 영향을 충분히 확인할 수 있다. 고래들은 거대한 물고기나 괴물로 묘사되어 있는 것이다.

바렌츠의 발견에 먼저 관심을 보였던 것은 영국의 모스크바회사였다. 이름에서 알 수 있듯이, 모스크바회사는 시베리아해안을 따라 중국으로 갈 수 있는 '북동항로'를 찾는 데에 혈안이 되어 있었다. 이런 그들에게 바렌츠가 전해준 고래 이야기는 새로운 항로의 개척만큼이나 관심을 끄는 것이었다. 1607년 모스크바회사는 어떤 탐험가에게 스피츠베르겐을 조사하게 했다. 조사의 결과는 흡족했다. 스피츠베르겐에서 포경산업은 충분한 가치가 있다는 결론이었다. 이때 이 조사를 받았던 인물이 영국의 유명한 항해가 헨리 허드슨이었다.

영국이 관심을 보이자, 네덜란드도 급해졌다. 영국이 스피츠베르겐에 포경기지를 건설하자, 네덜란드도 북방회사를 설립하여 포경기지를 건설하고 군함을 파견했다. 결국 1618년 스피츠베르겐의 포경권을 놓고 영국과 네덜란드는 무력충돌을 했다. 그 결과 영국은 서해안, 네덜란드는 북측과 북서부해안을 분할했다. 1620년대는 네덜란드의 우위가 확립되면서, 스피츠베르겐의 포경어업을 사실상 독점했다.

이제 다시 하멜의 이야기로 되돌아가자. '네덜란드 작살이 꽂힌 고래'는 바로 스피츠베르겐의 고래를 말한다. 하멜이 청어와 고래를 언급했던 것은 단순히 조선의 어업을 설명하기 위한 것이 아니었다. 이것은 결국 유럽의 바다와 아시아의 바다가 연결되어 있다는 것, 곧 북극항로를 찾으려는 것이었다. 1608년, 이번에는 네덜란드의 요청으로 북동항로를 찾아 노바야젬랴를 향했던 헨리 허드슨이 북동항로의 개발이 불가능하다고 선언했지만, '북동항로' 개척에 대한 열망이 하멜의 시대에도 계속되었음을 보여준다.

북극항로는 끝내 열리지 않았다. 당시는 오늘날보다 훨씬 한랭했던 소빙기였기 때문이었다. 한랭했던 날씨는 청어, 대구, 명태와 같은 한류성어류를 유럽의 북해와 아시아의 바다에 몰아다 주었다. 그렇지만 다른 한편으로 혹독한 추위는 한여름의 북극바다를 얼어붙게 하여 바렌츠의 앞길을 막았다.

21세기 오늘날 바렌츠와 하멜이 그토록 찾고자 했던 북극항로가 열리고 있다. 바렌츠의 꿈을 가능하게 한 것은 지구적인 기후변화, 곧 온난화(Warming)이다. 온난화로 북극항로가 열리면서 주목받는 곳이 있다. 동해이다. 바렌츠를 막았던 얼음이 녹듯이, 이 땅 한반도에도 해빙이 올까? 청어가 넘쳐나던 동해로, '환동해시대'가 성큼 다가오고 있다.

덧붙이는 글

하멜이 언급한 고래와 청어는 해양관념을 바꾸는 데에도 중요한 일조를 했다. 브리튼섬에서 행해지는 네덜란드의 청어어업은 강성해지고 있던 영국의 심기를 불편하게 했다. 스피츠베르겐에서 포경을 둘러싼 영국과 네덜란드의 갈등은 1618년 무력충돌로 이어졌다. 결국 바다의 소유를 둘러싼 국제적 논쟁이 벌어졌다. 네덜란드의 휴고 그로티우스는 『자유해양론』(1609)을, 영국의 존 셀던은 『폐쇄해양론』(1635)을 주장했다. 이런 갈등은 17세기 패권을 둘러싼 영란전쟁으로 이어졌다. 고래와 청어는 분쟁의 한가운데 있었다.

참고 문헌 · 찾아보기

참고 문헌

01 해상제국의 출현

주경철, 『대항해시대-해상팽창과 근대 세계의 형성』, 서울대학교출판부, 2008.

——, 『크리스토퍼 콜럼버스: 종말론적 신비주의자』, 서울대학교출판문화원, 2013.

미야자키 마사카쓰, 이수열, 이명권, 현재열 옮김, 『바다의 세계사』, 선인, 2017.

시드니 민츠, 김문호 옮김, 『설탕과권력』, 지호, 1998.

존 H. 엘리엇, 김원중 옮김, 『대서양의 두제국-영국령 아메리카와 에스파냐령 아메리카 1492-1830』, 그린비, 2017.

재닛 아부-루고드, 박흥식, 이은정 옮김, 『유럽 패권이전: 13세기 세계체제』, 까치, 2006.

폴 뷔텔, 현재열 옮김, 『대서양: 바다와 인간의 역사』, 선인, 2017.

N. A. M. Rodger ed., *The Sea in History-The Modern World*, Woodbridge: Boydell Press, 2017.

Norman J. W. Thrower (ed.). *Sir Francis Drake and the Famous Voyage, 1577-1580: Essays Commemorating the Quadricentennial of Drake's Circumnavigation of the Earth*, California: University of California Press. 1984.

Friede, Juan; Keen, Benjamin (eds), *Bartolomé de las Casas in History: Toward an Understanding of the Man and his Work. Collection* spéciale: CER. DeKalb: Northern Illinois University Press, 1974.

James Tuten, "Liquid Assets: Madeira Wine and Cultural Capital among

Lowcountry Planters, 1735-1900". *American Nineteenth Century History*. 6 (2), 2005, pp. 173-188.
Richard Zacks, *The Pirate Hunter: The True Story of Captain Kidd*, New York:Hachette Books. 2003.

02 해양중국의 역사

강봉룡, 『바다에 새겨진 한국사』, 한얼미디어, 2005.
곡금량 편저, 김태만 외 옮김, 『바다가 어떻게 문화가 되는가』, 산지니, 2005.
권혁수, 『근대 한중관계사의 재조명』, 혜안, 2007.
김용구, 『만국공법』, 소화, 2008.
김한규, 『천하국가』, 소나무, 2005.
모모로 시루 엮음, 최연식 옮김, 『해역아시아사 연구 입문』, 민속원, 2012.
이근우 외, 『19세기 동북아 4개국의 도서분쟁과 해양 경계』, 동북아역사재단, 2008.
조너선 클레멘츠, 허강 역, 『해적왕 정성공』, 삼우반, 2008.
조세현, 『부산화교의 역사』, 산지니, 2013.
조세현, 『천하의 바다에서 국가의 바다로』, 일조각, 2016.
조세현, 『해양대만과 대륙중국』, 부경대학교출판부, 2017.
주경철, 『문명과 바다』, 산처럼, 2002.
주완요, 손준식 외 옮김, 『대만-아름다운 섬 슬픈 역사』, 신구문화사, 2003.

03 지도에 숨겨진 비밀

이근우, 『세종실록 속의 대마도 · 일본 기사』 1, 소명출판, 2019.
이근우, 「조선왕조실록 일본 관련자료 번역의 문제점」, 『동북아문화연구』 40, 2014.

이근우, 「조선통신사와 일본 지도」, 『동북아시아문화학회 국제학술대회 발표자료집』 10, 2014.
이근우, 「해동제국기의 지리정보와 이예」, 『한일관계사연구』 51, 2015.
이근우, 「해동제국기의 일본국 · 유구국 지도에 대하여」, 『한일관계사연구』 59, 2018.

04 해양교류의 발신지, 부산

자료

『慶尙道地理志』, 『慶尙道 續撰地理志』, 『新增東國輿地勝覽』, 『增補文獻備考』, 『東萊府誌』, 『東萊府邑誌』, 『왜관관수일기(倭館館守日記)』, 『倭館移建謄錄』, 『東萊府接倭狀啓謄錄可考事目抄冊』, 『徳川幕府役職集成』, 『通航一覧』, 『正德信使記錄』

논문 · 단행본

李進熙, 『李朝の通信使-江戸時代の日本と朝鮮』,講談社, 1976.
辛基秀 外, 『江戸時代の朝鮮通信使』, 毎日新聞社, 1979.
中村榮孝 外, 『朝鮮通信使』, 東湖書館, 1982.
민족문화추진회, 『국역 해행총재』, 1984.
仲尾宏 外, 『大系 朝鮮通信使第1-8巻』, 明石書店, 1993.
笹間良彦, 『復元江戸生活図鑑』, 柏書房, 1995.
深井雅海, 『江戸城をよむ』, 原書房, 1997.
京都文化博物館, 『こころの交流 朝鮮通信使』, 2001.
브라이언 페이건, 윤성옥 옮김, 『기후는 역사를 어떻게 만들었는가』, 도서출판 중심, 2002.
平井聖 감수, 『江戸城と将軍の暮らし』, 学習研究社, 2004.
조선통신사문화사업회, 『마음의 교류 조선통신사』, 2004.
조선통신사문화사업회, 『조선시대 통신사 행렬』, 2005.
仲尾宏, 『朝鮮通信使をよみなおす』,明石書店, 2006.

山本博文,『将軍と大奥』, 小学館, 2007.
中江克己『見取り図で読み解く江戸の暮らし』, 青春出版社, 2007.
박화진,『에도 공간 속의 통신사』, 도서출판 한울, 2010.
김덕진,『대기근 조선을 뒤덮다』, 푸른역사, 2008.
김덕진,『세상을 바꾼 기후』, 다른출판사, 2013.
윤유숙,『近世日朝通交と倭館』, 岩田書院, 2011.
田代和生,『新 · 倭館-鎖國時代の日本人町-』, 2011.
小山満信 · 松島修二 · 中山弘之 · 河合徹(2004),「江戸時代の対馬のくらしを探る-宗家文書史料による天気調査を通して-」『対馬歴史民俗資料館報』27.

05 조선의 해양 인식과 관음신앙

원사료

『三國史記』,『高麗史』,『朝鮮王朝實錄』,『高宗實錄』,『日省錄』,『承政院日記』,『國譯 東萊府誌』, 동래문화원, 2000.
『國譯 萊營誌』, 부산광역시사편찬위원회, 2010.
『韓國水産誌』 1권, 민속원, 2001.

저서

金昊鍾,『朝鮮後期 鹽業史硏究』, 경북대학교 사학과 박사학위논문, 1988.
김경옥,『조선후기 島嶼硏究』, 혜안, 2004.
김수희,『근대 일본어민의 한국진출과 어업경영』, 경인문화사, 2010.
김용숙,『조선조 궁중풍속연구』, 일지사, 1987.
김의환,『朝鮮後期 鹽業의 發展과 鹽業政策』, 충북대 사학과 박사학위 논문, 2004.
부경대 해양문화연구소,『조선전기 해양개척과 대마도』, 국학자료원, 2007.
부산광역시 수영구,『경상좌수영성지정비기본계획』, 옛터, 1999.
손승철,『조선통신사, 일본과 통하다』, 동아시아, 2006.

윤용출, 『조선후기의 요역제와 고용노동』, 서울대학교 출판부, 1998.
이문기 외, 『한중일의 해양인식과 해금』, 동북아역사재단, 2007.
이욱, 『朝鮮後期 魚鹽政策 研究』, 고려대 사학과 박사학위 논문, 2002.
한복려, 『궁중음식과 서울음식』, 대원사, 2003.

06 청어와 물고기의 상상

김문기, 『바다, 물고기, 지식: 근세 동아시아의 어류박물학』, 한국학술정보, 2019.
유성룡, 이재호 옮김, 『징비록』, 역사의 아침, 2007.
이문건, 김인규 옮김, 『묵재일기』, 민속원, 2018.
이순신, 송찬섭 옮김, 『난중일기』, 서해문집, 2004.
티머시 브룩, 박인균 옮김, 『베르메르의 모자』, 추수밭, 2017.
헨드릭 하멜, 김태진 옮김, 『하멜표류기』, 서해문집, 2003.
今田光夫, 『ニシン文化史: 幻の鰊・カムイチェップ』, 共同文化史, 1986.
中西聰, 『海の富家の資本主義: 北前船と日本の産業化』, 名古屋大學出版會, 2009.
Chet Van Duzer, *Sea Monsters on Medieval and Renaissance Mops*, London: The British Library, 2014.
Jan de Vries, Ad van der Woude, *The First Modern Economy: Success, Failure, and Perseverance of the Dutch Economy, 1500~1815* (Cambridge University, 1997)
Joseph Migg, *Sea Monsters: A Voyage around The World's Most Beguiling Map*, Chicago: The University of Chicago Press, 2013.
Kathy Hunt, *Herring: A Global History*, London: Reaktion Books Ltd, 2017.
P. G. Foote(edt.), *Olaus Magnus: A Description of the Northern Peoples 155 Vol.Ⅲ*, London: The Hakluyt Society, 1998.
김문기, 「소빙기와 청어: 천・해・인의 관점에서」, 『역사와 경계』 89, 2013.

김문기, 「온난화와 청어: 천 · 해 · 인의 관점에서」, 『역사와 경계』 90, 2014.
김문기, 「소빙기의 성찬: 근세 동아시아의 청어어업」, 『역사와 경계』 96, 2015.

찾아보기

김문기

부경대 사학과 교수

근세 동아시아 환경사, 해양사 전공

박원용

부경대 사학과 교수

서양 근현대사 전공

박화진

부경대 사학과 교수

일본사 전공

신명호

부경대 사학과 교수

조선시대사 전공

이근우

부경대 사학과 교수

한국고대사 전공

조세현

부경대 사학과 교수

중국 근현대사, 해양사 전공